교토 사원문화 기행

교토 사원문화 기행

2023년 7월 25일 초판 1쇄 발행

지은이   윤병모

펴낸이   권혁재

편   집   권이지
교정교열   천승현
디자인   이정아

인   쇄   성광인쇄
펴낸곳   학연문화사
등   록   1988년 2월 26일 제2-501호
주   소   서울시 금천구 가산디지털1로 16 가산2차 SKV1AP타워 1415호

전   화   02-6223-2301
전   송   02-6223-2303
E-mail   hak7891@chol.com

ISBN   978-89-5508-493-1 (03910)

교토 사원문화 기행

윤병모 지음

학연문화사

들어가는 말

　이 책은 교토京都의 사원문화寺院文化를 중심으로 문화유산을 소개한 것
이다. 사원문화 안에 불교사원은 물론 넓게 신도神道의 신사神社까지 포함
하였다. 일본은 사원과 신사의 나라다. 교토는 일본문화의 중심지로 교토
시내에 있는 불교사원만 해도 1,500개가 넘는다. 교토는 사원과 신사가
일본전체에서 가장 많고 또 사원이나 신사에 소장된 귀중한 문화재가 수
도 없이 많다. 일본문화를 이해하려면 교토를 방문하여야 되고 교토를 이
해하려면 교토소재 사원과 신사를 방문해야 된다.

　교토는 천년이 넘는 역사를 가지고 있다. 하나의 나라가 이렇게 오래
한 곳에 수도를 둔 경우는 동서양의 역사를 찾아보아도 별로 없다. 더구
나 천년의 역사가 고대부터 중세를 거치고 근세에 이르기까지 한 곳에 머
물렀다는 것은 세계사에 그 유례가 없다. 이러한 특수성은 천황제와 맞물

려 있고 일본문화를 이해하려면 신도, 무가武家정권 등을 알아야 한다. 천황제는 고대부터 시작하여 지금까지 유지되고 있는 일본의 국가체제이다. 세계사에 천년이 넘게 하나의 제도가 지금까지 이어지고 있는 것은 카톨릭의 교황제도와 일본의 천황제라 할 수 있다. 이러한 밑바탕에는 신도와 불교가 있다. 근대 시기에 들어와 신도와 불교가 분리되기 전에 일본에는 신불습합神佛褶合이라는 독특한 시스템이 있었다. 곧 일본의 토착신앙인 신도와 외래 신앙인 불교가 하나로 융합하여 천년이 넘게 유지되어 온 것이다. 천황제가 오늘날까지 살아남은 것은 신불습합과 그 이후 신도의 저변 확대에 있는지도 모른다. 무가정권은 일본역사에서 12세기부터 19세기 말까지 700년 가까이 무사武士들이 중앙정권을 장악한 것이다. 이 또한 세계사에서 찾아 볼 수 없는 경우이다. 일본을 이해하려면 이상과 같은 천황제, 신도와 불교, 무가제도 등 이 세 가지 키워드를 씨줄과 날줄로 풀어야 한다. 그러한 것의 중심에 바로 교토가 있다.

일본은 한국의 이웃으로써 아주 가까운 나라이다. 흔한 말로 일의대수一衣帶水라는 표현을 쓴다. 일본의 역사가 한국사와 다른 점은 종교와 정치의 융합에 있다. 근대 이전 시기의 신불습합이 대표적이다. 신도는 불교뿐만 아니라 도교와 유교까지도 융합한다. 이것은 천황을 전면에 대신 내세우고 무가정권이 700년 가까이 지속된 이유가 될 수 있다. 무가정권은 불교와 도교 또는 유교까지 녹아들은 신도를 거부하지 않았다. 때문에 신도와 천황제는 불가분의 관계로 이어진다. 물론 무가정권이 항상 불교를 신봉한 것은 아니고 때로는 불교를 탄압하기도 하였다. 하지만 근세에 이르기까지 불교는 신불습합의 형태로 계속 유지되어 왔다.

한국사는 왕조 중심으로 역사가 이루어져 그 왕조가 선택한 종교는 번성하고 그렇지 않은 종교는 탄압을 받아왔다. 조선시대 배불숭유 정책이 그 대표적이다. 유교 원리주의를 주장한 조선왕조의 정권은 그만큼 배타적이고 내부 지향적으로 발전할 수밖에 없었다. 근세시기에 들어와 신불습합이라는 종교형태의 일본과 유교 원리주의 주장한 조선왕조는 그 결말이 어떻게 되었는지 역사가 증명한다. 다만 신불습합 형태가 올바른 방향으로 나아갔다는 것이 아니고 그 속에 녹아들은 불교와 도교 심지어 유교까지 숨어들은 이면을 보아야 한다. 정권 이념차원에서 오로지 유교원리만을 철저히 고수한 조선왕조의 결말이 아쉬울 뿐이다. 종교는 전근대시기에 정권유지는 물론 민중생활에 아주 중요한 요소를 차지하였다. 조선왕조 전기에는 철저한 불교 탄압정책으로 불교의 씨를 말렸고 후기에는 천주교를 철저하게 탄압하였다. 그만큼 종교는 민중생활에 대한 파급효과가 크고 그것이 정권유지에 까지 영향을 미치게 되었다. 일본 중세에도 사원과 신사세력이 지나치게 확대되어 정권차원에서 이를 일소한 예도 있다.

조선왕조에 들어와 불교에 대한 탄압으로 유수한 국내의 사원은 축소되거나 파괴되었다. 때문에 현재 교토에서 보는 것처럼 사원의 규모가 엄청나고 건물이 큰 것은 보기 드물다. 교토에도 근대시기에 들어와 불교탄압을 받아 많은 사원들이 축소되고 파괴된 적도 있다. 하지만 오늘날 남아 있는 교토의 사원을 보더라도 그 규모와 크기는 생각할 수 없는 정도로 크고 많다. 일본은 무엇이던지 작게 만들었을 것이라는 관념을 대번 깨지게 한다. 700년 동안 이어진 무가정권이 때로는 탄압도 했지만 지원과 기부도 많이 했기 때문에 오늘날 교토의 대사원으로 남는다. 또 그들 사원 안에는 수백 년도 넘게 간직해온 국보와 보물들이 수 없이 많다.

조선왕조가 성리학의 발달과 불교 탄압으로 그나마 선종불교가 살아남았다는 측면은 어떻게 보면 조선조는 기본적으로 문文의 국가였다고 할

수 있다. 곧 형이하적인 세계보다는 형이상적인 세계를 추구한 국가로 이
해할 수 있다. 형이상의 세계는 철저성과 배타성으로 이어지기 쉽다. 형
이하의 세계는 이런 면에서 좀 더 자유롭다. 조선왕조가 형이상의 세계를
추구하던 시기에 일본은 신불습합 곧 신도와 불교가 융합하는 형태에 무
武가 더해지는 결과를 낳는다. 선종불교는 자력불교로 해탈을 위해 자신
과의 고행을 마다하지 않는다. 그렇기 때문에 일본은 불교에서도 선종불
교보다는 염불을 강조하는 타력불교가 유행한다. 조선왕조가 자력불교
인 선종이 살아남아 오늘날까지 이어지게 된 것은 세계불교사에서 자랑
할 만하다. 일본은 무가정권 시기에 타력불교가 유행하고 다도와 정원이
아우른 건축문화 발달로 형이하의 세계를 추구하게 된다. 이런 것들이 근
대문명을 흡수하는 데 조선왕조보다는 거부반응이 덜하고 빨라던 것으로
해석된다.

　무가정권의 지원 또는 묵인아래에 발달한 일본의 사원과 신사 그리고
그들이 소장한 문화재를 보면서 우리가 가지고 있지 않은 문화유산을 그
려본다. 물론 일본 고대문화의 원류는 한국에 있다. 그것이 중세를 통해
일본 만의 독특한 사원과 건축 그리고 정원과 다도문화를 만들었다. 사원
과 신사에 꾸며진 정원은 일본만의 특색을 이루는 부분이 많다. 정원이
잘 발달한 교토의 사원과 신사를 좀 더 자세히 살펴보는 일은 같은 동아
시아 문화권에 사는 사람으로 또는 가장 가까운 나라의 문화를 이해한다
는 측면에서 먼저 해야 할 일이다.

　교토에는 다양한 사원과 신사가 많지만 그 사원과 신사를 잘 이해하
고 보려면 시기 선택이 매우 중요하다. 교토의 사원과 신사는 봄철 벚꽃
과 가을철 단풍시즌이 가장 아름답다. 벚꽃은 매년 4월초에서 중순사이
가 절정이지만 그때그때 기후에 따라 절정시기가 다르다. 단풍은 11월 중

순부터 12월 초순까지이지만 이것도 매년 기후에 따라 조금씩 그 절정기가 다르다. 더구나 같은 교토라 하더라도 북부 산간지대와 그 밖의 지역은 기온차가 달라 이것도 절정기가 조금씩 다르다. 교토역 2층 관광안내소에 가면 각 지역별, 사원별 벚꽃과 단풍의 정보를 매일 확인할 수 있다. 봄철의 벚꽃시즌은 그 기간도 짧아 맞추어 방문하기 어려운 문제가 있다. 또 하얀색이 주종이다 보니 단조로움을 느낄 수도 있다. 하지만 가을철 단풍은 울긋불긋한 단풍이 여기저기 물들어 있어 사원을 찾으면 건물과 어울려 아름다운 광경을 많이 보게 된다. 또 가을철 단풍기간은 봄철 벚꽃시즌보다 좀 길으니 시간적인 여유도 있다. 봄철 벚꽃시즌과 가을철 단풍시즌이 아닌 때에 교토의 사원을 찾으면 그 효과는 반감된다. 때문에 봄철과 가을철에 교토를 찾는 것과 여름과 겨울에 교토를 가는 것은 그 만족도 면에 있어서 차이를 보인다.

교토역 2층에 있는 관광안내소에는 각종 언어로 교토관광에 대한 다양한 서비스와 정보를 얻을 수 있다. 처음으로 교토에 가는 사람들은 이곳을 방문하여 정보를 얻는 것이 좋다. 오사카 간사이공항에서 내려 교토직행 버스를 타면 시간과 요금도 절약할 수 있다. 간사이공항에서 출발한 버스는 종점이 교토역으로 승객을 그 주변에 내려 준다. 숙소는 되도록이면 교토역 주변에 잡는 것이 좋다. 교토역 1층 밖에 있는 버스승강장에서 버스를 타면 교토의 대부분 관광지역을 갈 수 있다. 숙소와 버스승강장이 가까운 것은 그만큼 시간을 단축한다는 의미를 지닌다. 유명한 사원이나 신사는 거의 다 버스가 간다고 할 수 있다. 이 버스승강장 초입에 있는 자판기에 1일 버스승차권을 매일 판다. 이 1일권은 하루에 한해 아주 먼 곳만 아니면 교토의 대부분 지역을 마음대로 타고 내릴 수 있다. 이러한 교토의 관광 시스템과 많은 문화유산으로 교토를 찾는 관광객이 매년 증가

하고 있다. 서양인은 물론 한국과 중국에서도 많은 사람들이 찾는다. 단체로 움직이는 것이 아니라 소그룹별로 움직이는 개별여행이 교토관광의 대세를 이룬다. 때문에 가을철에는 유명한 관광지인 청수사나 금각사 등은 발 디딜 틈이 없을 정도이다.

교토에는 주로 사원과 신사가 서쪽과 동쪽 그리고 북쪽에 몰려 있는 경우가 많다. 그렇기 때문에 해가 동쪽에서 뜨니 오전에는 서쪽에 있는 사원과 신사를 둘러보고 오후에는 동쪽에 있는 사원과 신사를 둘러보면 햇빛을 잘 받아 사진도 잘 나온다. 여행일정을 잘 짜야만 주어진 시간 안에 최대한 많은 사원과 신사를 보고 또 만족도를 올릴 수 있다. 사진을 직접 찍지 않는 여행은 복기를 하지 않는 바둑과 같다. 본인이 직접 발로 밟아 보고 또 아름다운 모습을 찍어 오며 간직하는 것이 진정한 여행의 모습이다.

일본의 대부분이 그렇지만 교토의 사원과 신사는 외부 촬영은 허용되는데 내부는 촬영이 금지되어 있다. 이 때문에 내부에 대부분 소장되어 있는 그림과 불상 등은 촬영을 할 수 없다. 저자는 필자가 직접 찍은 사진 이외에는 취급하지 않는다. 나중에 다시 살펴보려면 본인이 찍은 사진 이외에는 현장감이 떨어지고 기억에도 없기 때문이다. 기억에도 없는 것을 되살리려고 한다면 그것은 독자에 대한 기만이다. 그래서 이 책에서는 교토의 사원과 신사를 주로 외부에서 촬영하여 선정된 사진만을 게재한다. 이 책에 나와 있는 사진은 모두 필자가 찍은 사진으로 아직 국내에 알려지지 않은 교토의 명소가 많아 사진을 많이 게재할 수밖에 없다. 그냥 말로만 하면 교토 사원과 신사의 웅장함 특히 벚꽃과 단풍의 아름다움을 알수가 없다. 필자는 교토시내와 교토부의 중요한 사원과 신사를 거의 대부분 답사하였다. 모두 90여 곳 이상에 달한다. 그것도 벚꽃과 단풍이 절정을 이룰 때였다. 교토의 중요한 사원과 신사를 대부분 취급하며 그것도 벚꽃과 단풍이 함께 소개된 책은 국내에 아직 없다. 이 책으로 인하여 그동안 알지 못했던 교토 사원과 신사의 매력에 마음껏 빠져보자. 다만 시간이 없는 분들을 위해 8개의 사원만을 추천한다면 다음과 같이 들을 수 있다. 곧 청수사, 금각사, 은각사, 남선사, 용안사, 천룡사, 동복사, 연력사 등이다. 이들 8개의 사원은 다른 곳은 몰라도 교토를 대표하는 사원들로 꼭 들려야 하는 곳에 해당한다.

마지막으로 이 책에는 교토의 사원과 신사 그리고 각종 역사용어, 건축용어, 정원용어 등이 수없이 많이 나온다. 독자들은 한 번에 이를 이해하기 어려워 그때그때 필요할 때마다 반복해서 설명하기로 한다. 또한 그러한 용어 중에 일본화된 말은 일본발음으로 쓰고 한자를 병기하도록 하며 순수한 한자식 용어는 우리말로 발음하기로 한다. 예를 들어 일본스님의 이름은 대부분 순수한 한자식이다. 또 사원이름도 한자식이어서 그대로 우리말 발음대로 표기한다. 그렇다고 해도 괄호 안에 일본말 발음을 함께 넣어 현지에서 찾아갈 때에 유용하도록 하였다.

2023년 7월
윤병모

목차

고산사와 그 주변의 산사

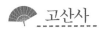 고산사

　교토에 들어와 어느 쪽부터 여행을 시작할지 고민이 서는 경우가 많다. 교토는 그만큼 사원과 신사에서 보듯 많은 문화유산과 벚꽃, 단풍 등 빼어난 곳이 풍부하다. 여행에서 행선지 선정과 순서는 매우 중요한 문제들이다. 물가가 비싼 일본에 왔다면 이것은 더욱 세심하게 고려하여야 한다. 보통 교토 서쪽은 낙서洛西라고 하며 동쪽은 낙동洛東이라 하고 가운데는 낙중洛中 또 북쪽은 낙북洛北, 남쪽을 낙남洛南이라 칭한다.

　여행 순서를 정한다면 한 마디로 정리하여 다음과 같이 말 할 수 있다. 곧 오전에 해가 동쪽에서 떠서 햇빛을 정면에서 잘 받는 낙서에 있는 사원들이 순광順光으로 사진이 잘 나온다. 오후가 되어 낙동에 있는 사원을

고산사 석수원에 있는 선재동자가 정원을 바라보고 있다.

찾아가면 그 반대로 사진이 잘 나온다는 점이다. 이 때문에 오전에는 교토 서쪽에 가고 오후에는 동쪽을 찾아가는 것이 교토여행의 자연스런 방법이다. 그렇다면 교토 서쪽에서 우선 찾아가야 할 곳은 아라시산嵐山 주변 여러 사원일 터인데 굳이 필자가 고산사를 먼저 소개하는 것은 이곳이 아라시산 보다도 한참 더 서북쪽으로 올라가야만 하는 수고로움이 있기 때문이다. 이 때문에 고산사는 사람들이 특히 외국인이라면 잘 찾아가지 않는 사원에 속한다. 하지만 고산사는 세계문화유산에 지정되어 있어 무시할 수 없는 사원이다. 고산사에 가려면 시간이 많이 걸리지만 그래도 그만한 가치가 있는 사원에 해당한다. 고산사를 가기 위해서는 교토역에서 JR버스 다카오 게이호쿠센高雄 京北線 도가노오梅の尾 슈잔周山행 버스를 타고 약 55분 가야한다. 차를 타고 목적지에 도착하면 슈잔가도 바로 옆에 고산사 입구 안내판이 있고 이어서 돌계단이 보인다. 이런 수고로움에도 불구하고 막상 찾아가면 고산사는 작은 산사에 불과하다는 실망을 얻는다. 하지만 천천히 사원 경내를 돌아보며 음미하면 이 사원이 왜 세계문화유산에 지정되어 있는지 금방 깨닫게 된다.

고산사高山寺(고잔지)는 교토 서북쪽 도가노오산栂尾山 중턱에 자리 잡고 있는 진언종 어실파御室派 사원에 해당한다. 고산사가 있는 도가노오 지역은 단풍으로 이름이 높은 다카오산高雄山의 신호사神護寺에서도 더 안쪽으로 깊숙이 가야 나오는 산중으로 옛날부터 산악수행처로 이름이 높았다. 고산사 주변에는 서명사西明寺와 신호사 등의 사원이 있으며 이들 사원과는 달리 고산사는 1994년에 세계문화유산에 등재되었다. 고산사 석수원이 가마쿠라시대 건물 특색을 잘 보여주며 자연과 조화롭고 찾는 이에게 안도감을 주어 일본문화의 한 전형을 보여주기 때문이다. 사가嵯峨 들판에서도 멀리에 있는 고산사를 찾아가는 것은 이 지역이 숲으로 둘러싸여 있고 또 한적한 산사이기도 하지만 오히려 그러한 고즈넉함이 더 매력으로 다가오기 때문이다.

헤이안시대에 고산사는 신호사의 별원別院으로 운영되었으나 고산사의 실질적인 창건은 가마쿠라시대에 들어와 승려인 명혜明惠에 의해서였다. 774년 고닌光仁천황의 발원으로 처음 사원이 세워지게 되는데 이름은 신원사 도가노오보神願寺 都賀尾坊라

고산사 석수원 마루에 햇빛이 들어 오고 있다.

고 칭하며 헤이안 초기에 천태종으로 개종된다. 그 뒤 고산사는 황폐화되어 갔지만 신호사를 재건시킨 무사출신 진언종의 승려인 문각文覺에 의해 다시 커지며 신호사의 별소別所처럼 되어 간다. 하지만 문각이 쇼군가將軍家와 천황가天皇家의 상속 분쟁이라는 정쟁에 휘말려 유배당하자 고산사는 다시 황폐화된다. 명혜는 1206년 '일출선조 고산지사日出先照 高山之寺'라는 편액을 천황가로부터 하사받으며 고산사를 다시 창건하게 된다. 이 말은 『화엄경탐현기』에 나오는 말로 고산사 석수원에 걸려 있다. 문각스님을 사사했던 명혜스님은 화엄종 부흥도량을 고산사에 열고 건물을 정비하여 갔다.

고산사는 사원 입구에서 돌계단을 통해 올라가야 한다. 아래에서 석수원을 바라보면 축대가 높게 쌓이고 그 위에 건물이 올라서 있음을 보게 된다. 대뜸 고산사는 넓은 마당을 가진 사원이 아니라는 느낌을 처음부터 받는다. 나무들 사이에 자연스럽게 난 돌계단을 올라가면 석수원 건물이

고산사 개산당으로 고즈넉한 분위기를 자아 낸다.

고산사 본당인 금당으로 석가여래를 본존으로 한다.

제일 먼저 방문객을 맞는다. 추색이 한창 물든 고산사 돌계단에는 울긋불긋한 단풍과 떨어진 나뭇잎으로 멋진 빛깔을 연출하고 있었다.

창건 당시 고산사는 대문과 금당, 13중탑, 아미타당, 나한당, 종루, 동서경장東西經藏 등 여러 건물이 있었으나 모두 사라지고 창건 당시의 경장 건물이 현재 석수원石水院 형태를 이룬다. 석수원은 1224년 고토바後鳥羽상황의 가모별원賀茂別院을 옮긴 것으로 가마쿠라 전기 화엄종 승려인 명혜의 선당禪堂에 해당한다. 고산사는 중세이후 잦은 화재로 인하여 모두 소실되고 가마쿠라시대의 건물이 현재 남아 있어 그것이 바로 석수원이라 할 수 있다. 곧 석수원은 명혜상인明惠上人 시대의 모습을 유일하게 보여준다고 할 수 있다. 상인은 고승에 대한 존칭의 표현이다. 석수원은 침전풍寢殿風 주택양식이지만 경장을 개조한 건물로 현재 국보에 지정되어 있다. 석수원은 널조각을 얹힌 팔작지붕 건물에 해당한다. 널조각은 고케라부키柿葺라 하는데 이는 나무를 얇게 켠 것으로 보통 2~3㎜ 정도 박판薄板을 사용한 지붕을 말한다. 금각사와 은각사에도 이런 고케라부키 지붕을 볼 수 있다.

아침 일찍 고산사를 찾다 보니 석수원 지붕에 어린 운무가 주변 나무와 어울려 성스런 느낌마저 든다. 석수원 마루 중앙에는 선재동자 목상이 있으며 석수원 다다미에 앉아 잠시 생각에 빠져보니 동쪽에 떠오르는 햇살이 강렬하게 석수원 실내 안으로 들어오고 있었다. 석수원은 간소하며 앞마당 정원도 그리 넓지 않은 아담한 규모를 가지지만 고요함 속에 넉넉함을 느낄 정도로 좋은 자리에 위치하여 있다.

석수원에는 석수원 건물 이외에 객전과 유향암遺香庵이 있고 유향암에는 1931년에 만든 다정茶庭이 있다. 다정에서 재배되는 차는 가마쿠라시대에 임제종 개조인 영서榮西가 당시 중국 남송에 유학할 때에 가져온 종자를 뿌려 그것이 지금까지 내려온다는 유래가 있다. 유향암 뒤에는 일본 최고最古의 다원茶園임을 알리는 석비가 보인다. 그만큼 일본 차문화와 고산사와의 관계를 이 석비를 통해 알 수 있게 한다. 석수원에서 돌계단을 통해 올라가면 개산당開山堂과 명혜스님 묘인 개산묘開山廟가 보이고 또 이곳을 거쳐 금당에 이른다. 명혜 조각상이 있는 개산당은 에도시대 건물에 해당한다. 금당은 고산사 본당으로 무로마치시대에 소실된 것을 에도시대인 1634년 인화사 고어당古御堂을 옮겨 놓은 건물이다. 금당은 팔작지붕에 동판을 입힌 건물이라 할 수 있다. 고산사 금당은 키가 큰 나무들 사이에 숨겨져 있어 잘 보이지도 않으나 그 대신 고즈넉한 분위기는 있다. 고산사는 큰 사원은 아니다. 하지만 단풍과 어우러진 고산사 석수원과 금당 건물을 보고 내려올 때는 마음이 한결 간결해 진다. 필자는 가을에 이 고산사를 두 번이나 찾았는데 갈 때마다 분위가 좀 다른 느낌을 주었다.

참고로 일본 사원에서 보는 지붕 재료에 대해 좀 더 살펴보면 다음과 같다. 먼저 고산사 금당에서 보는 도반부키銅板葺는 아스카시대부터 전해진 것으로 주로 궁전이나 신사, 사원의 전각에 사용된 것을 말하며 동판을 얇게 잘라 이어붙인 지붕 방식에 해당한다. 이외에 히와다부키檜皮葺는 히노키나무 곧 편백나무 껍질을 얇게 켜 이어 붙인 지붕으로 신사 및 사원 건물에서 많이 보인다.

 ## 서명사

서명사西明寺(사이묘지)는 고산사에서 JR버스를 타고 바로 한 정류장만 내

서명사 산문으로 서명사는 소박한 산사에 속한다.

려가면 있는데 고산사에서 걸어 내려 올 수 있는 거리에 해당한다. 서명사는 마키노오산槙尾山에 있는 진언종 대각사파 사원이다. 교토시 북서쪽 슈잔가도周山街道에서 기요타키천淸瀧川을 건너 그 대안의 산중턱에 위치한다. 슈잔가도 연변의 고산사와 다음에 보는 신호사를 삼미三尾(산비)의 명찰이라 한다. 삼미는 다카오高雄, 高尾와 상류에 있는 도가노오栂の尾 그리고 마키노오槙の尾를 합해 삼미라 한다. 기요타키천은 교토 북구와 우경구로 흘러가는 요도천淀川 수계의 가츠라천桂川 지류라 할 수 있다. 요도천은 비와호에서 흘러내리는 유일한 하천에 해당한다.

서명사는 홍법대사 공해弘法大師 空海의 제자인 지천대덕智泉大德이 신호사의 별원으로 창건되며 유래한다. 그 후로 사원은 황폐화되었지만 12세기 중반에 중흥불사를 일으켜 본당과 경장, 보탑 등이 들어섰고 1290년 신호사로부터 독립하게 된다. 16세기 중반에 병란으로 가람은 소실되며 신호사에 합병되었으나 1602년에 다시 중흥한다. 현재 가람은 1700년에 재건된 것이다. 에도시대 전기에 이축된 건물인 객전은 본당 좌우에 있으며 당시에는 식당이라 해서 승려들의 생활이나 계율 도량으로 사용되었다. 식당은 일반적 의미의 식당이 아닌 승려들이 일상생활 속에 수행을 겸하는 장소를 말한다. 서명사 정문인 표문表門은 단층문으로 본당과 함께 1700년 세워진 건물에 해당한다. 이외에 서명사에는 종루와 고리, 출입구에 있는 지월교指月橋 등이 있다. 지월교 입구에는 '단풍의 명소 서명사'라고 팻말이 붙어 있다. 서명사는 단풍과 어우러진 작은 산사에 불과하지만 시간을 내어 고산사를 찾아갔다면 서명사에도 들려야 이 지역 사원을 모두 돌아본다는 의미를 지닌다.

신호사 비사문당은 오대당과 나란히 하고 있다.

신호사

　신호사神護寺(진고지)는 서명사에서 JR버스를 타고 한 정거장 가면 있다. JR버스는 1일권을 사면 고산사, 서명사, 신호사, 인화사, 용화사, 등지원, 금각사까지 몇 번이고 마음대로 타고 내릴 수 있다. 다만 금각사는 와라텐진わら天神 정류장에서 내려 북쪽으로 300m 직진하면 나온다. JR버스 1일권은 교토역 버스승강장 옆에 별도의 판매처가 있어 그곳에서 구입하면 된다. 여기서 구입을 못하면 일단 버스에 승차한 다음 운전기사에게서 직접 구입할 수도 있다. 관광객 특히 외국인에게 매우 편리한 제도이다. 교토시영버스 1일권은 교토역 버스승강장 입구 자동판매소에서 구입할 수 있고 몇 번이고 하루에 한해 사용할 수 있다. 다만 아주 먼 외곽 지역은 교토시영버스 1일권으로 갈 수 없고 추가요금을 내야한다. 예를 들어

신호사 오대당으로 향배가 건물 앞 쪽에 튀어 나와 있다.

히에이산 연력사를 갈 경우에 교토시영버스 1일권으로는 갈 수 없고 거리에 따라 별도의 요금을 현금으로 지급하여야 한다. 어쨌든 JR버스 1일권이던 교토시영버스 1일권이던 이는 교토를 여행하는데 아주 유용한 제도라 할 수 있다.

신호사는 서명사 아래에 있던 사원으로 다카오高雄에 있다. 고야산 진언종高野山 眞言宗의 본산이며 나라시대 말기부터 헤이안시대 초기까지의 귀족인 와케노 키요마로和氣淸麻呂에 의해서 개창되었다. 신호사는 다카오산高雄山 중턱에 있는 사원으로 단풍명소에 해당한다. 기요타키천에 놓여 있는 고웅교高雄橋로부터 긴 출입구를 통해 올라가면 산속에 금당, 다보탑, 대사당 등의 건물을 볼 수 있다. 신호사는 헤이안시대 초기 승려로 중국으로부터 진언밀교를 수입한 홍법대사 공해가 동사東寺나 고야산 경영에 힘쓰기 전에 일시 머문 사원으로 유명하다. 헤이안시대 승려로 일본 천태종 개조인 최징最澄도 신호사에서 법화경을 강의한 적이 있어 신호사는 일본불교사에 있어 중요한 사원의 하나에 해당된다.

신호사 정식 명칭은 신호국조진언사神護國祚眞言寺라 한다. 이런 명칭에서 보듯 신호사는 국가진호鎭護를 기원하는 밀교사원이라는 점을 분명히 하고 있다. 진호라는 말에 대해서는 다음에 설명할 기회가 있다. 고웅사高雄寺는 현재 신호사가 위치한 곳에 오래 전부터 있었던 사원에 해당한다. 와케노 키요마로 묘가 현재 신호사 경내에 있어 그와 관계되는 사원이라 볼 수 있지만 창립 당시의 사정은 잘 알려진 바 없다. 신호사는 공해 이후인 헤이안시대 말기에 쇠퇴의 길에 접어든다. 하지만 중세에 들어와 무사 출신 승려인 문각文覺에 의해 1168년부터 다시 일어서며 가마쿠라시대에는 화엄종을 재건시킨다.

신호사는 슈잔가도 JR버스 정류장으로부터 약 20분 이상 걸어야 하는

신호사 금당으로 당당한 모습을 보여준다.

산중턱에 있어 많은 계단을 오르고 내려가야 한다. 신호사 입구에 당도하면 계단 옆으로 고웅산 신호사 참도라는 팻말이 서있음을 보게 된다. 많은 계단을 통해 올라가면 누문이 제일 먼저 방문객을 맞이한다. 누문 기둥에는 '홍법대사 영장靈場유적 본산 고웅산 신호사'라는 편액이 기둥에 붙어 있고 좌우에 목조 사천왕상이 놓여 있음을 본다. 누문에 들어와 오른쪽에는 서원과 와케노 키요마로 영묘, 종루, 명왕당 등이 있고 그 앞에 오대당五大堂과 비사문당毘沙門堂이 남쪽을 향해 서 있음을 본다. 비사문당 옆에는 대사당大師堂이 있으며 오대당 북쪽의 돌계단을 통해 올라가면 정면에 금당이 나오고 그 뒤로 높은 곳에 다보탑이 있음을 본다. 금당에 올라서면 아래로 오대당과 비사문당이 일직선으로 늘어서 단풍과 함께 멋진 장관이 연출됨을 볼 수 있다. 사원 서쪽 끝에는 지장원地藏院이 있다. 누문과 비사문당, 종루는 1623에 건립되었으며 종루에 걸린 범종은 국보로 지정되어 있다. 팔작지붕 형태의 금당은 기와를 얹힌 건물로 1934년에 세워졌다. 오대당도 1623년에 팔작지붕 형식으로 세워졌고 대사당은 비사문당 서쪽에 있으며 근세 초에 재건된 널조각 지붕을 가진 주택풍 불당에 해당한다. 다보탑은 금당에서 돌계단을 통해 올라가야만 볼 수 있는데 금당과 함께 1934년에 건립되었으며 안에는 국보인 오대허공장보살상五大虛空藏菩薩像이 있다.

신호사는 비록 산중에 있지만 전각도 크고 건물이 많으며 또 단풍도 아름답다. 고산사가 세계문화유산에 지정되어 있어 일반 관광객은 고산사만을 보고 돌아가는데 고산사에 왔다면 서명사는 몰라도 신호사는 꼭 가볼 필요가 있다. 생각보다 큰 사원이고 일본적 냄새가 물씬 풍기는 사원의 풍모와 함께 주변 밀집된 나무들에서 오는 맑은 공기가 매력으로 들어온다.

2

사가 들판과 아라시산의 사원

🪭 대각사

다음으로 교토 서쪽인 사가嵯峨와 아라시산嵐山지역으로 내려온다. 사가는 보통 가츠라천桂川 북쪽을 지칭하며 그 아래쪽에 있는 도월교 주변을 아라시산 지역이라 하지만 요즘은 이를 통째로 묶어 아라시산이라 부르기도 한다. 어쨌든 북쪽에서 남쪽으로 가기 위해 사가 들판을 먼저 찾는다.

대각사는 사가 들판에 위치한 대사원으로 비교적 찾아가기 쉽다. 교토역 버스승강장에서 차를 타면 대각사가 종점인 버스가 있다. 사가지역에서 가장 유명한 곳은 천룡사와 그 탑두사원이지만 이왕에 천룡사까지 왔다면 대각사까지 가볼 필요가 있다. 대각사가 비록 세계문화유산에 들어

대각사 현관 앞의 꽃길로 대각사는 꽃이 많은 사원이다.

가 있지는 않지만 대각사와 어우러진 대택지라는 큰 연못이 함께 있어 볼

만하다. 위치상 사가지역에서 가장 북쪽에 있는 대각사부터 시작하여 그

중간에 있는 작은 사원을 둘러보고 천룡사와 도월교를 넘어 아라시산의

법륜사까지 내려간다. 대각사는 그런 코스를 가진다.

　대각사大覺寺(다이카쿠지)는 교토 서쪽의 사가에 있는 진언종 대각사파의

대본산으로 창건은 사가천황이며 본존은 부동명왕이다. 천황가와 관련

이 깊은 사원으로 정식 명칭은 구사가어소 대각사문적舊嵯峨御所 大覺寺門跡

이라 한다. 대각사는 876년에 사가천황의 이궁이었던 사가원嵯峨院을 사

원으로 개조한데서 시작한다. 남북조시기에는 북조인 무로마치막부의

유력사원이 되었고 그 후 3대 쇼군인 아시카가 요시미츠足利義滿의 아들을

문적으로 맞는다. 문적사원門跡寺院은 황실이나 귀족이 출가해서 주지를

맡는 사원을 말한다. 오닌의 난 때 대각사는 황폐화된다. 오닌應仁의 난은

무로마치시대인 1467년에 발생하여 1477년까지 약 10년간에 걸쳐 벌어진 내란에 해당한다. 당시 이 난의 주요한 전장이었던 교토는 거의 전역이 잿더미로 변하였다. 결국 이 전란의 영향으로 일본에서 막부의 영향력이 쇠퇴하고 대신 도요토미 히데요시가 등장하는 이른바 전국시대戰國時代가 돌입하는 계기를 만든다. 오닌의 난에 대해서는 서방사에서 추가 설명할 기회가 있다.

대각사는 오닌의 난 이후 도요토미 히데요시와 도쿠가와 이에야스의 원조에 의해 일본에서 가장 오래된 문적사원으로 그 이름을 높이게 된다. 천황가와 관련이 깊은 문적사원인 대각사에는 궁전풍 건물이 많이 남아 있다. 가람 중심축을 남쪽에서 보면 당문唐門인 칙사문勅使門과 어영당御影堂, 심경전이 있고 어영당 동쪽에는 오대당과 서쪽에는 신전이 있으며 신전 북쪽에는 정침전이 있음을 본다. 칙사문은 천황의 칙사가 사원에 출입할 때에 사용하던 문이고 어영당은 사원을 창시한 승려나 종조의 존영을 모신 건물에 해당한다. 건물 사이에는 지붕이 있는 낭하가 연결되고 있는데 대각사 낭하는 무라사메 낭하村雨の廊下라고 하며 비를 안 맞고 이 건물에서 저 건물로 옮겨갈 수 있는 장점이 있다. 또한 대각사 낭하는 신전과 정침전 그리고 어영당을 연결하는 주 기능으로 침전조寢殿造(신덴츠쿠리) 건물에서 결코 뺄 수 없는 역할을 한다.

대각사 주 건물인 신전宸殿에서부터 낭하가 옆과 뒤 건물과 연결되고 있음을 본다. 신전은 문적사원에서 독특한 건물에 해당하며 곧 신宸은 천황가의 건물을 의미한다. 현관을 통해 들어오며 마주하는 신전은 에도시대 양식을 한 맞배지붕 건물에 해당한다. 신전은 문적사원에서나 볼 수 있는 건물로 중요한 행사는 이곳에서 이루어진다. 또 연관있는 천황이나 역대 문주門主 곧 주지 스님의 위패를 모시기도 한다. 보통 신전 앞의 오른쪽에는 귤나무를 심고 왼쪽에는 벚꽃을 심는다. 신전 앞뜰에는 하얀 모래가 깔려 있고 신전 앞에는 칙사문이 있다. 19세기 중반에 재건된 칙사문은 당파풍唐破風(가라하후)으로 이 당파풍은 건물 가운데를 凸모양으로 하고 양쪽 끝을 凹모양 곡선형으로 처리한 것이 특징이다. 당파풍은 사원이나 신사에서 주로 현관문이나 향배向拜(고우하이) 등에 사용된다. 향배는 사원이나 신사 건물의 중앙이 앞으로 더 돌출된 공간으로 불당이나 신사입구 계단 위에 설치하는 경우가 많고 또 평지에서는 예배공간이기도 하다.

　발길을 돌리면 대각사 신전을 뒤로 하여 긴 회랑이 연결되며 어영당에 이르게 된다. 맞배지붕을 한 어영당은 천황 즉위시 사용되던 향연전饗宴殿을 1925년 이축한 건물에 해당한다. 어영당에서 회랑을 통하면 안정당安井堂이 나온다. 안정당 천장에는 운용도雲龍圖가 있는데 안정당은 1871년에 이축한 건물이다. 안정당 바로 옆에는 오대당이 있고 오대당 동쪽에는

벚꽃 속에 대택지를 바라 본다.

대택지가 있다. 오대당은 대각사 본당에 해당하며 사원의 동쪽에 위치한다. 18세기 말엽 건물로 당시에는 가람 중심부에 있었지만 20세기에 들어와 현재 위치로 이전되었다.

다시 발길을 돌려 어영당에 돌아와 직진하면 정침전正寢殿이 나오는데 그 안에 12개의 방이 들어서 있음을 본다. 정침전은 모모야마시대에 세워진 서원조書院造 형식의 맞배지붕 건물에 해당한다. 정침전 뒤로는 회랑을 통해 영명전靈明殿이 나온다. 영명전 뒤편에는 심경전心經殿이 있는데 이 건물은 법륭사 몽전夢殿을 모방하여 지은 것으로 안에는 약사여래상이 있다. 1925년에 건립된 심경전은 콘크리트조 팔각당 건물로 역대 천황의 사경을 모아 두었다. 이외에도 가람 동쪽의 대택지大澤池 주변에는 호마당護摩堂과 대일당大日堂 그리고 1967년에 건립된 심경보탑心經寶塔이 있다. 대택지는 사가천황이 중국 동정호洞庭湖를 모방하여 만든 것으로 유명하며

대각사 어영당으로 정면이 역시 돌출되어 있다.

일본에서 가장 오래된 정원 연못에 해당한다.

대각사를 처음 방문하면 그 규모의 방대함과 이 건물에서 저 건물로 옮겨 가는 회랑만을 기억할 수 있다. 하지만 대각사는 그 옆에 바로 붙어 있는 대택지와 함께 관람하여야 그 의미를 배가시킬 수 있다. 대택지는 가을에는 단풍으로, 봄에는 벚꽃으로 교토에서도 매우 유명한 장소에 해당한다. 천천히 대각사 건물들을 돌아보고 대택지를 한 바퀴 돌아보며 자신만의 여유로움을 찾는 장소로는 제격이다.

이제 앞서 말한 고산사에서도 나오는 침전조寢殿造(신덴츠쿠리)라는 용어에 대해 알아보자. 침전조는 헤이안시대부터 중세시대에 걸쳐 천황가나 귀족층이 살던 주택 양식을 말한다. 침전조는 무로마치시대 말기부터 모모야마시대에 들어와 서원조書院造로 변하며 현재 일본식 주택의 원류가 된다. 헤이안시대에 비록 침전조 건축이 등장하였지만 서원조와 더불어 그러한 명칭은 에도시대의 말기인 1842년경부터 나오기 시작하였다. 침전조는 헤이안시대부터 시작하여 가마쿠라시대를 거쳐 무로마치시대인 오닌의 난 때에 교토 건물 거의 대부분이 불타 없어질 때까지 상류층 주택양식의 대부분을 이루어왔다.

침전조 주택은 외곽에 흙담을 치고 그 안에 정전正殿인 침전을 세우며 그 남쪽에는 중정中庭을 배치하여 마치 건물 구조가 ㄷ자를 거꾸로 한 모습을 띤다. 이와 같은 침전조 양식은 10세기에 거의 완성되어 일본궁전에서 거주와 의례 공간으로 정착하게 되는 배경이 된다. 침전조 건물은 정원주변에 있는 건물로 인해 가장 밖에 있는 흙담에 이어 또 하나의 울타리가 세워지게 되는 셈이다. 이와 같은 이중구조는 침전조 건물의 가장 큰 특징을 이룬다. 또 침전 남쪽 중정도 의식이 진행되는 공간으로 지금과 같은 관상용 역할은 아니었다. 정원에 커다란 연못을 만드는 경우에는 연못 안에 작은 섬이나 다리를 설치하고 향연이 베풀어지면 유흥의 공간이 되기도 한다. 침전조 건물은 중문中門과 중문 회랑에 의해 안과 밖이 구별되는 이중구조를 가진다.

침전조는 일본정원의 한 원형原形으로 알려진다. 이 정원은 헤이안시대 귀족이 살던 침전조 건축과 함께 조성된 정원이기도 하다. 침전조는 현재 남아 있는 것이 매우 드물며 침전조 정원은 침전조 건물의 한 부속물에 해당한다. 침전조 정원은 건물 앞에 넓은 정원을 꾸미는 것이 특징이다. 침전은 거주의 공간으로 침전에서 가장 전망이 가장 좋은 장소에 정원을 꾸민다. 침전 앞에는 행사를 진행하기 위해 하얀 모래를 깐다. 그 반대편에는 축산築山 즉 인공으로 만든 산이나 연못 또는 연못 안의 섬 등 조형을 배치한다. 또 연못 안 섬들을 연결하기 위해 아치 형태의 주홍색 다리를 놓는 경우도 있다. 침전에서 바라보는 침전조 정원에는 자연스런 산수山水나 유명한 곳의 자연 풍광을 그대로 모사해 놓는다. 자연풍경을 모사해 정원 내 설치하는 기법을 축경縮景(슈쿠케이)이라 하며 그런 정원을 축경정원이라 한다. 이 수법은 헤이안시대부터 에도시대까지 유행하던 일본식 정원기법에 해당한다. 정원이 크면 연못도 크게 만들어서 배로 이곳저곳 유람할 수 있도록 선착장도 마련한다. 침전조 건물 남쪽 끝 연못 주변에는 조전釣殿(츠리도노)도 만들어서 낚시나 향연을 즐긴다. 또 정원 북동쪽에 급수원을 조성해 연못에 물을 공급하기도 한다. 침전조 정원에서 연못이 없는 경우도 있지만 이것은 극히 예외적인 사례에 해당한다.

이와 같은 침전조 건물은 무로마치시대 후기부터 에도시대 초기에 걸쳐 서원조書院造(쇼인츠쿠리)가 성립하는 원인이 되기도 한다. 서원은 본래 선승들이 사는 거주공간으로 도서실 또는 서재였으나 이후에는 손님 접대를 위한 거실로 그 의미가 바뀐다. 서원은 그 쓰이는 용도와 장소에 따라 대서원大書院, 소서원小書院, 흑서원黑書院, 백서원白書院 등으로 구별된다. 침전조가 의식과 거주의 공간이라면 서원조는 이처럼 다양한 형태로 그 의미가 구분된다.

먼저 대서원에 대해 언급하면 대서원은 무가武家에서 손님 접대용 객실로 사용하던 큰 사이즈의 오모테 자시키를 지칭한다고 할 수 있다. 소서원은 주인이 사는 중심 건물과 떨어진 별채와 같은 작은 자시키를 말한다. 자시키座敷는 다다미방 또는 객실을 의미하는데 가마쿠라시대 중기 상층上層의 무가주택을 말하는 것으로 손님에게 주연을 베풀던 방이다. 그 후 자시키를 중심으로 주택이 널리 보급되며 자시키는 서원조 건물의 기본 공간이 되었다. 자시키는 오모테 자시키表座敷와 오쿠 자시키奧座敷 두 가지가 있는데 전자가 손님접대를 위한 공간이라면 후자는 가족전용 거실로서 안쪽에 설치되었다.

다다미疊는 세계에서 유례가 없는 것으로 일본고유의 바닥재에 해당한다. 고대에는 왕골이나 짚 등을 사용한 형태였는데 바닥에 까는 일종의 돗자리였다고 할 수 있다. 물론 고대시대에도 이를 사용하지 않을 때에는 다다미를 접어 두기도 하였다. 무로마치시대에 들어와 서원조가 등장하며 방 전체에 다다미를 까는 양식으로 발전하며 다다미는 이제 접을 필요가 없어졌다. 또한 전보다 다다미는 훨씬 두껍게 만들고 다도가 확대됨에 따라 일본인 특유의 무릎을 꿇어앉은 자세인 정좌正座(세이자)와 함께 다다미도 많이 보급되기 시작한다. 에도시대에 와서 다다미 자체가 건축물을 구성하는 중요한 요소가 되었다.

흑서원(구로쇼인)은 쇼군이나 최상층 무사인 다이묘大名 또 고승 등 신분이 높은 사람들이 살던 개인 저택으로 손님접대 공간은 아니다. 흑서원은 히노키나무 상록침엽의 고목高木을 사용하며 수기옥조풍數寄屋風(스키야즈쿠리)으로 구성된다. 여기서 수기옥조풍은 다실茶室을 의미한다. 흑서원은 천장이나 미닫이문 등 모두 검은 칠을 해서 흑서원이라 한다. 흑서원으로는 니죠성 흑서원과 서본원사 흑서원이 유명하다. 또 흑서원에는 장벽화障壁畵(쇼헤키가)라는 것이 있지만 그 구성이 소박하다. 이점이 바로 백서원과 다른 점이다. 장벽화에 대해서 말하면 장벽화는 일종의 병풍 그림이지만 그렇다고 접었다 폈다하는 그림은 아니다. 단지 벽면에 고정된 벽화형식의 그림을 말한다. 흑서원 장벽화에 채색된 그림은 없고 수묵화만이 있거나 아예 없는 경우도 있다.

백서원(시로쇼인)은 무가에서는 개인용으로 사용되었고 사원에서는 손님 접대를 위한 저택에 해당한다. 다다미 방이 설치된 것이 특징이다. 백서원은 흑서원과는 다르게 장벽화에 금벽金璧 채색화나 수묵화가 그려져 있다. 때문에 화려한 느낌을 준다. 곧 히노키나무를 켜서 색칠을 일체하지 않으며 단지 백목白木 그대로의 서원을 말한다.

청량사

대각사와 천룡사에 빛이 가려 사람들이 잘 모르는 풍광 좋은 사원이 몇 군데 있다. 이를 차례대로 소개해 본다. 먼저 바로 청량사라 이름하고 보통 사가 석가당嵯峨 釋迦堂이라 하는 사원이다. 이 사원도 대각사에서 조금 아래 방향에 있기 때문에 교토역 버스승강장에서 대각사행 버스를 타고 사가 석가당 정류장에서 내리면 된다. 대각사를 찾는 사람이라면 청량사를 비롯해 주변의 아름다운 사원 몇 군데를 찾아가도 멋진 경험이 될 수 있다. 조그만 사원이겠지 하고 청량사를 찾다가 청량사의 큰 가람 규모를 보고는 감탄하는 사원이 바로 청량사다.

청량사 인왕문은 웅장한 규모를 보인다.

청량사清涼寺(세이료지)는 사가에 있는 정토종 사원으로 석가당이라는 호칭으로 더 잘 알려진다. 처음에는 화엄종이었으나 후에 정토종으로 개종된다. 11세기 초엽에 서하사棲霞寺 경내에 세워진 사원이 바로 오대산 청량사로 초대 주지는 성산盛算이었다. 또 서하사는 아미타삼존을 본존으로하는 사원이며 석가여래가 본존인 청량사와 관계가 깊다고 할 수 있다.945년에 신당新堂 건물을 세우고 등신대의 석가상을 안치하며 석가당이라는 별칭이 이때부터 생긴다.

오대산이라는 편액이 걸린 청량사 인왕문에 들어서면 왼쪽에 법연상인 동상과 다보탑 그리고 법륭사 몽전을 모방한 성덕태자전 등이 있음을본다. 인왕문은 청량사의 얼굴로 문 좌우에 인왕상이 있는데 이 건물은1776년에 재건되었다. 늠름한 모습을 한 2층 누각의 인왕문은 이 사원이작은 사원이 아니라는 느낌을 방문객에게 해준다. 인왕문 왼쪽에 있는 높

인왕문에서 청량사 본당을 바라 보았다.

청량사 본당인 석가당이 당당하게 서 있다.

이 13m의 다보탑은 에도시대인 1700년에 건립된 2층 목탑에 해당한다. 북문 쪽으로 계속 가다보면 본당인 석가당과 아미타당이 나오고 이어 대방장이 있음을 본다. 현존하는 석가당은 1701년에 세워졌고 아미타당은 1863년에 재건된 건물에 해당한다. 석가당 동쪽에는 옛 서하사 본존인 아미타삼존상을 안치한 아미타당도 있다. 또 석가당 서쪽에는 헤이안시대까지 그 역사가 올라가는 약사사藥師寺가 있다. 서문 쪽에는 도요토미 히데요시의 세 번째 아들인 도요토미 히데요리豊臣秀賴의 수총首塚도 있음을 본다.

청량사에 도요토미 히데요리 수총이 있게 된 사연은 다음과 같다. 도요토미 히데요리는 1615년 자결을 당하기 전에 도쿠가와 정권의 명령으로

봄날의 청량사 다보탑으로 아담한 모습을 보인다.

많은 사원과 신사를 재건하게 되는데 그중 하나가 바로 청량사였다. 1980
년 오사카성을 발굴조사하는 과정에서 도요토미 히데요리의 두개골로 추
정되는 뼈가 발굴되며 그 결과 히데요리가 재건한 청량사에 그의 뼈를 묻
게 한다. 이런 역사를 가진 청량사를 보면서 가장 인상이 깊은 것은 다음
과 같다고 할 수 있다. 곧 사원의 정문으로 늠름한 2층 문인 인왕문과 다
보탑 그리고 웅장한 규모의 석가당이라 할 수 있다. 대각사만 찾고 바로
그 아래에 있는 청량사를 찾지 않는다면 그 의미는 반감된다.

 이존원

청량사에서 그리 멀지 않은 곳에 이존원과 상적광사가 있다. 천룡사를
사가지역에서 마지막 방문코스로 잡았다면 그 첫째 순서가 바로 이존원
이다. 이존원은 그리 크지도 작지도 않은 사원이지만 단풍이 멋진 사원
에 해당한다.

좀 더 들어가면 이존원二尊院(니손인)은 사가들판에 있는 천태종 사원으로
말해지며 소창산小倉山 아래에 가람이 넓찍하게 배치되어 있음을 본다. 이

이존원 당문에는 이처럼 단풍이 앞을 가린다.

이존원 당문에서 밖의 단풍을 바라 본다.

이존원 당문에 노란색 단풍이 물들어 있다.

존원이라는 명칭은 본존인 석가와 아미타 두 여래상을 모신데서 출발한다. 이존원은 헤이안시대 초기인 9세기 전반에 사가천황의 명에 의해 자각대사 원인이 건립하였다고 한다. 이존원은 이후 황폐화되었다가 가마쿠라시대 초기 법연의 제자인 담공湛空에 의해 중흥된다. 오닌의 난 때에 가람이 전소되고 본당과 당문 형식의 칙사문은 1521년에 재건된다.

방문객이 소창산 이존원이라는 현판이 걸린 총문에 들어서면 좌우에 단풍으로 꽉 찬 참도가 있음을 본다. 참도는 사원 입구에서부터 사원 본

이존원 본당으로 사원 중앙에 당당히 서있다.

이존원 법연상인 묘에 올라 가는 길로 가파르다.

당에 이르는 길로 이존원 참도가 단풍으로 꽉차있어 깊은 감동을 준다. 사원 입구에 이렇게 단풍으로 꽉 찬 긴 길을 교토사원에서 만나보기 힘들다. 이 참도는 약 200m 길로 '홍엽의 마장'紅葉の馬場이

이존원 꼭대기에 있는 건물로 법연상인 묘다.

라 불린다. 참도 끝 계단을 올라 당문에 가면 정면에 본당이 있고 그 왼쪽에 서원이 있음을 본다. 본당 오른쪽에는 위패당과 변재천당辨財天堂 그리고 종각이 있는데 종각 옆의 계단을 한참 올라가면 무로마치시대에 지어

진 법연상인(法然上人) 묘가 보인다. 상인은 고승에 대한 존칭이다. 이존원에서 제일 높은 곳에 위치하여 있고 또 많은 계단을 올라가야 하는 법연상인 묘는 방문객이 놓치기 쉬운 곳이나 꼭 들러볼 필요가 있다. 법연은 전수염불(專修念佛)을 주장하는 일본 정토종의 개조(開祖)에 해당한다. 여기서 전수염불은 극락왕생하기 위하여 '나무아미타불' 등 염불 이외에는 일체 하지 않는 행위를 말한다. 전수염불은 법연이나 그 문하생 또는 정토종을 대신 부르는 말이기도 하다. 이존원은 사람들이 항상 붐비는 천룡사보다도 한적하면서 운치있게 사원을 돌아보고 또 단풍을 만끽하기에 충분한 곳이라 생각된다.

상적광사

상적광사 인왕문의 뒷 모습으로 단풍이 울긋불긋하다.

이존원에서 천룡사로 걸어가기 전에 바로 만날 수 있는 곳이 바로 상적광사다. 이끼가 자욱한 상적광사 입구의 계단 양쪽 언덕은 마치 서방사를 연상시킬 정도로 이끼가 아름답다. 또한 상적광사 제일 높은 곳에는 단풍과 어울린 멋드러진 2층 목탑이 기다리고 있다. 사가의 상적광사(常寂光寺(죠쟛코지)는 일련종(日蓮宗) 사원으로 이존원과 마찬가지로 소창산에 있다. 사가 들판을 한눈에 내려다 볼 수 있는 곳에 위치한 본당은 소창산 산중턱에 있으며 가을에는 소창산 전체에 단풍이 물들어 일대 장관

상적광사 본당으로 아담한 규모를 가진다.

을 이룬다. 상적광사는 헤이안시대 산장인 시우정時雨亭에서 출발하며 그 흔적이 사원의 경내에 다소곳이 남아 있다.

산문에 들어서고 그 다음에 인왕문이 정면에 마주하며 길 좌우에 있는 수많은 단풍이 장관을 이룬다. 산 문은 에도시대 후기에 세워진 것 이라 하며 인왕문은 1616년 이축 되어 온 것이다. 상적광사 양옆 에 녹색이끼가 자욱한 계단을 통 해 올라가면 본당이 나오며 왼쪽 에는 묘견당妙見堂이 보이고 오른 쪽에 고리가 있음을 본다. 고리는 사원의 종무소와 같은 역할을 한

단풍 속에 어울린 상적광사 본당 풍경이다.

상적광사 다보탑으로 홀쭉한 모습을 보인다.

다. 묘견당에는 묘견보살을 모시고 있는데 묘견보살은 북극성을 상징한
다. 본당을 뒤로 작은 연못을 통해 올라가면 다보탑이 있고 그 옆에는 개
산당이 있다. 17세기 전반에 건립된 12m 높이의 다보탑은 2층 형식이며
또 다보탑 주변이야말로 상적광사에서 가장 아름다운 경관을 보여준다.

상적광사 다보탑은 이중탑으로 구성된다.

상적광사 수반에 나뭇 잎이 가지런히 떨어져 있다.

상적광사 이끼가 촘촘하다.

단풍 속에 상적광사 종루가 있다.

결국 단풍과 함께 보는 다보탑은 상적광사 관람의 가장 큰 하이라이트라고 할 수 있다. 또 다보탑에서 내려다보는 상적광사의 전망도 빼어난 경관을 자랑한다.

🪭 대나무 길과 노노미야신사

상적광사에서 천룡사 가는 길에는 멋진 대나무길이 있다. 이를 현지에서는 '죽림소경'竹林の小径(치쿠린노 코미치)이라 한다. 교토의 대표적인 관광지 하나로 노노미야신사에서 천룡사 북쪽에 이르는 약 400m에 이르는 대나무 길이다. 이 대나무 길은 사가 들판에 있는 대표적인 유현幽玄의 세계로 그 역사가 헤이안시대까지 올라간다. 쭉쭉 뻗은 대나무가 양쪽 하늘 높이 솟아 있는 대나무 길은 찾는 이에게 마음을 한결 부드럽게 해주고 시름을 씻어준다. 이 대나무 길 끝에 만나는 작은 신사가 하나있다. 그것은 노노미야신사野宮神社다. 이 신사는 검은색 도리이黑木鳥居로 유명하다. 흑목 도리이로서는 일본에서 가장 오래된 형태를 지닌다. 도리이는 신사 정문에 세워진 ㄷ자를 거꾸로 세운 형태이지만 대부분 주홍색을 가진다. 이 신

천년이 넘는 역사 속의 대나무 길이 길게 나 있다.

사처럼 검은색 도리이를 가진 신사는 매우 드물다. 또한 노노미야신사는 숲속의 작은 신사에 불과하지만『겐지모노가타리源氏物語』의 한 배경이 되고 있어 더욱 유명하다.『겐지모노가타리』는 교토시 남쪽의 우지宇治에 그 작가인 무라사키 시키부紫式部 석상이 있기 때문에 그곳에서 다시 설명하기로 한다. 노노미야신사는 무라사키 시키부와 관련이 있다고 해서 찾아보았는데 대나무길과 천룡사에 바로 인접해 있어 생각보다 많은 사람들이 이 신사를 찾고 있었다.

검은색 도리이로 유명한 노노미야신사다.

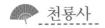 천룡사

사가지역에서 가장 대표적인 관광지라면 바로 천룡사다. 사가지역에서 가장 위에 있는 대각사로부터 시작하여 천룡사에 내려오는 길에 있는 작은 사원 몇 군데를 돌아보고 드디어 천룡사에 도착하는 코스다. 천룡사는 워낙 방대한 규모를 자랑하는 사원이고 또 사가지역을 대표하는 사원이라 사람들로 늘 붐빈다.

천룡사天龍寺(덴류지)는 임제종 천룡사파의 대본산으로 정식명칭은 영귀산 천룡자성선사靈龜山 天龍資聖禪寺이고 본존은 석가여래다. 천룡사는 본래 헤이안시대 초기에 사가천황 황후가 개창한 단림사檀林寺가 그 시초였다. 이후 황폐화된 단림사 땅에 13세기 전반 무렵 천황가에서 이궁을 짓는다. 아시카가 타카우지足利尊氏가 대각사 이궁이었던 이곳을 천룡사로 개편하며 사원이 비로소 시작된다. 아시카가 타카우지는 가마쿠라시대 후

천룡사 대방장에 있는 조원지 연못 광경이다.

기부터 남북조시대까지의 무장으로 무로마치막부 초대 정이대장군征夷大
將軍을 지냈으며 아시카가 쇼군가足利將軍家의 시조에 해당한다. 천룡사는
1339년 고다이고後醍醐천황의 죽음을 추모하기 위해 임제종 선승인 몽창
소석夢窓疎石이 아시카가 타카우지의 후원으로 건립된 유래가 있다. 이후
천룡사는 무로마치막부의 절대적인 지원을 받는다. 또 몽창국사도 7대
천황에 걸쳐 국사國師의 칭호를 받는다.

　천룡사는 아시카가 쇼군가와 간무桓武천황과 관계가 깊은 선종사원으
로 1386년에 교토오산五山의 제1위에 오른다. 교토오산은 교토에 있는 임
제종 선종사원의 사격寺格과 관사官寺를 감안해 지정된 5개 사원이다. 사
격은 사원의 종교와 사회적 지위에 의해 조정이나 막부로부터 인정받는
사원 등급에 해당한다. 관사는 국가의 감독을 받는 대신에 경제적 지원을
보장받는 사원을 말한다. 여기에 해당되는 교토 5개 사원은 첫 번째가 천
룡사이고 둘째가 상국사, 셋째가 건인사, 넷째가 동복사이며 다섯째가 만

아라시산과 가메산을 차경으로 하는 천룡사 조원지 모습이다.

천룡사 조원지와 대방장이 함께 하고 있다.

수사다. 교토 오산에 포함된 사원은 당시는 물론이고 지금도 교토를 대표하는 사원이라 할 수 있다. 남선사는 오산에 속하지는 않지만 이 오산보다도 오히려 더 높은 지위인 별격 사원에 속한다. 남선사는 최초의 칙원선사勅願禪寺로 일본전체 선종사원에서 가장 높은 지위에 있는 사원에 속한다. 칙원사勅願寺(쵸쿠간지)는 당시 천황이나 퇴위한 상황의 발원으로 국가에 대한 진호鎭護 즉 국가보위나 천황가의 안녕을 기원하기 위해 창건된 사원으로 기원사祈願寺를 말한다. 천룡사는 660여년 역사 동안에 말사를 150여개 가지는 대사원으로 성장하였으나 이후 8번의 화재로 가람은 대폭 축소되었다. 그중 1468년에 있은 오닌의 난 때 완전 폐허화된다. 이후 도요토미 히데요시와 도쿠가와 이에야스 지원으로 건물이 재건되었으나 이것도 19세기에 들어와 다시 화재를 당한다. 천룡사는 이처럼 여러 차례 화재로 인해 모두 불타고 현재는 메이지시기 이후에 재건된 건물이 대부분을 이룬다.

천룡사는 세계문화유산에 지정된 사원으로 사가와 아라시산 일대를 탐방하는 방문객이라면 꼭 찾아가는 사원에 해당한다. 천룡사 정문인 칙사문과 또 중문에 들어서면 좌우에 수많은 탑두사원을 본다. 칙사문은 천룡사 여러 건물 중에 가장 오래된 것이며 이 뒤로 전정前庭형식의 연못이 있다. 아라시산을 뒷배경으로 하는 연못 좌우에 천룡사 자원子院인 탑두사원 10여개가 늘어서 있다. 먼저 왼쪽에 묘지원妙智院과 등관원等觀院이 있고 오른쪽에 삼수원三秀院과 자제원慈濟院 등이 있다. 이들 탑두사원 끝에 천룡사 법당과 고리庫裏, 대방장, 서원이 순서대로 서 있다. 법당은 선불장選佛場이라고도 한다. 이 안에 몽창국사와 아시카가 타카우지의 나무 목상이 있는데 선불장 또한 1900년에 재건된 건물에 해당한다. 선불장이라는 말은 본래『벽암록碧巖錄』에 나오는 말로 승려들이 수행하는 장소를 말한다. 천룡사 선불장 천장에는 메이지시대 화가가 그린 운룡도雲龍圖가 있다. 법당 오른쪽 돌계단을 올라가면 고리가 나온다. 고리는 선종사원의 고원庫院에서 출발한 것으로 종무소 또는 부엌이란 뜻을 가지고 있다. 하

천룡사 조원지에 비친 대방장과 단풍 모습이다.

천룡사 조원지 앞 산의 이끼와 단풍이다.

지만 작은 사원에서는 주지의 거처인 방장까지 포함하는 경우가 많아서 어떻게 보면 본당 및 고리로 사원을 구성하기도 한다.

근대에 재건된 맞배지붕 건물의 천룡사 고리는 방장과 바로 연결된다. 다음으로 대방장과 소방장이 있음을 보며 소방장은 서원으로도 불린다. 방장方丈은 본래 주지스님이 생활하던 건물이었으나 무로마치시대 중기 이후에 불상이나 조사상祖師像을 모시는 본당으로 그 개념이 확대된다. 또 방장은 주지 스님의 존칭으로도 쓰이며 실제 오늘날 조동종에서는 주지 본인을 방장이라 부르기도 한다. 따라서 방장은 선종사원에서 본당이나 손님 접대를 위한 객전客殿 또는 주지스님의 거실 등을 겸한다고 할 수 있다. 일본에서 주직住職(쥬쇼쿠)은 본래 주지직住持職이라는 불교직명을 간소화한 명칭으로 곧 사원을 총괄하는 승려다. 정토진종이나 일련종, 시종에서는 상인上人(시요닌)이라 하였으며 선종에서는 방장, 화상和尚, 장로長老라 부르기도 한다.

일본 선종사원에서 동쪽에는 고원과 욕실, 화장실인 동사東司를 배치하고 서쪽에는 승당 등을 세운다. 불탑은 중심부가 아닌 사원 후방의 높은 곳에 설치하는 경우가 많다. 법당의 북쪽에는 방장이나 객전이 있고 가람 주위에는 탑두사원이 설치된다. 탑두사원에도 승당과 서원, 고리 등이 구성된다. 선종스님의 묘는 난탑卵塔 또는 무봉탑無縫塔이라 하여 4각 또는 8각 좌대에 계란형 탑신을 세운다. 이러한 난탑은 낙동에 있는 금계광명사에 수없이 많이 보인다.

1899년에 세워진 천룡사 대방장 안에는 석가여래좌상이 있으며 1924년에 지어진 건물은 소방장에 해당한다. 천룡사에서 가장 큰 건물인 대방장 정면에 '방장'이라 쓴 편액이 있다. 이 편액은 1946년 천룡사 관장管長이며 임제종 승려인 세키보쿠오關牧翁가 쓴 글씨다. 방장 동쪽에는 하얀 모래가 깔린 고산수枯山水 정원이 있고 서쪽에는 조원지曹源池로 통하는 지천회유식池泉回遊式 정원이 있다. 동쪽이 정면이고 조원지로 통하는 쪽이 바로 후

천룡사 다보전으로 앞 쪽에 향배가 튀어 나와 있다.

면부다. 서원 기능을 하던 소방장에는 많은 방이 있으며 주로 손님 접대나 행사시에 쓰였다. 대방장 앞 조원지에는 다양한 수목과 돌로 이루어진 용문폭龍門瀑이 있다. 조원지는 몽창소석이 만든 것으로 알려지며 대방장 서쪽에 위치하고 아라시산이나 가메산龜山을 차경借景으로 한다.

현재 천룡사에서 조원지 만이 창건당시 면모를 볼 수 있다. 단풍에 물든 거대한 조원지를 배경으로 대방장을 바라보면 정원미학을 다 느낄 수 있을 정도로 아름답다. 몽창국사는 천룡사 이외에 등지원과 이끼 정원으로 유명한 서방사 정원도 만들었다. 소방장의 북서쪽에는 다보전多寶殿이 있고 낭하를 통해 그곳과 연결된다. 낭하 왼쪽에는 조원지가 있고 오른쪽에는 상운각祥雲閣과 감우정甘雨亭이라는 다실과 대언천大堰川이라 팻말이 붙은 아담한 정원이 있다. 낭하 끝에 다보전이 있는데 화재로 소실이 되었으며 현재는 1934년에 재건된 건물이 남아 있다. 고다이고천황 존상을 안치한 다보전은 중세 귀족풍의 저택 양식을 띤다. 다보전은 앞서 대각사에서 설명한 향배向拜가 있는 건물로 지붕 중앙이 앞으로 돌출되어 있으며 주로 참배객이 이곳에서 예배를 본다.

천룡사 남쪽에는 단풍으로 유명한 탑두사원인 보엄원寶嚴院이 있다. 1461년에 세워진 보엄원 정원은 무로마치시대 선승인 책언주량策彦周良에 의해 만들어 졌다. 아라시산을 차경으로 하고 또 사자암獅子巖이라는 거석을 배치하였다. 차경회유식借景回遊式 고산수 정원으로 그 이름이 높다. 가을철에 보엄원에 들어가려면 한참 기다려 입장할 수 있을 정도로 천룡사 탑두사원의 백미라고 할 수 있다. 홍원사弘源寺(고겐지)도 천룡사 탑두사원의 하나로 그 위치는 천룡사 총문에서 오른쪽 방향에 있음을 본다. 가마쿠라시대 말기부터 무로마치시대 초기까지 임제종 선승인 몽창소석 3세 법손 옥수선사玉岫禪師가 1429년에 홍원사를 창건하였다. 본당과 비사

검은 돌로 이루어진 천룡사 보엄원 정원 모습이다.

문당 등 건물이 있으며 아라시산을 차경으로 한 고산수 정원은 봄에는 벚꽃, 가을에는 단풍으로 그 아름다움을 자랑한다.

정원미학의 꽃인 천룡사에 나오는 용어에 대해 좀 더 자세히 알아보자. 회유식 정원은 일본 정원 형식의 하나로 정원 안을 걸어 다니며 감상하는 정원이다. 정원 안을 걸어 다니며 감상하는 정원은 중국이나 한국에도 있지만 회유식 정원이라는 말은 일본식 정원을 지칭하는데 한정한다. 정원에 물이나 연못이 전혀 없는 고산수 정원은 돌이나 모래를 깔아 산과 물을 대신 표현한다. 고산수 정원은 무로마치시대 선종사원에서 특히 발달한다. 선종사원에서 고산수 정원을 조성하기 시작한 이후 일본정원에는 반드시 물이나 연못이 없어도 정원을 만들 수 있다는 생각을 가지게 된다. 반면 물이나 연못을 설치한 지천회유식 정원은 에도시대에 특히 발달한 일본식 정원으로 연못 주변에 있는 오솔길을 따라 정원을 관람하는 방식이다. 지천회유식 정원은 가츠라이궁桂離宮이 가장 대표적이다. 차경은 일본이나 중국정원에 보이는 정원기법의 하나로 정원 밖에 있는 산이나 나무 등의 자연현상을 정원 뒷배경으로 일체화시킨 것을 말한다. 차경은 헤이안시대 말기부터 시작되어 가마쿠라시대 이후에는 많은 정원이 차경기법을 반영하여 조성된다. 천룡사의 방장정원이 차경정원으로 가장 유명하다고 할 수 있다. 이런 지식을 토대로 교토의 사원을 바라보면 그 가치가 더 있게 된다. 다음으로 정원에서 잠시 떠나 주은래시비와 언제비로 발길을 옮겨 보자.

주은래시비와 언제비堰堤碑

천룡사 뒤쪽 아라시산 공원의 가메야마지구龜山地區에는 중국 초대총리를 지낸 주은래 시비詩碑가 있다. 가메야마지구는 가츠라천을 남쪽에 둔 지역으로 약간 높은 곳에 해당한다. '우중람산雨中嵐山'이란 제목의 주은래시비는 주은래가 일본에 유학하던 중에 아라시산에 와서 지은 시를 새긴 비석에 해당한다. 주은래는 1917년 일본에 유학하고 1919년 4월에 귀국하며 5·4운동을 주도한다. 주은래가 일본에 유학할 당시 잠시 아라시산에 들러 지은 시가 바로 이 주은래시비다.

도창언제비로 길쭉한 모습을 한다.

다음은 법륜사도창유업대언지法輪寺道昌遺業大堰阯라는 비석이다. 이 비는 천룡사 탑두사원인 보엄원에서 가츠라천 방향에 있다. 이 비의 주인공인 도창道昌은 9세기 사람으로 속성은 하타씨秦氏(하타우지)였다. 신호사神護寺에서 공해空海에게 가르침을 받고 하타씨가 창립한 광륭사에 들어가 광륭사를 중흥시킨다. 광륭사는 진하승秦河勝이 603년 또는 622년에 건립한 하타씨의 씨사氏寺였다. 또 하타씨가 만든 갈야대언葛野大堰(가도노오이)을 수리하고 대언大堰(오이)부근에 있는 갈정사를 정비하여 법륜사를 만든다. 갈야대언은 언제堰堤라는 의미로 하천 물을 가두기 위

일의 정언비로 도월교 주변에 있다.

단풍 넘어로 보이는 아라시산과 언제 모습이다.

해 쌓은 둑을 말한다. 석비는 도창이 만든 대언을 기념하기 위해 세워졌다. 또 하나의 언제비인 '일의 정언비'—の井堰碑(이치노이제키히)는 갈야대언을 기리기 위해 1980년에 세운 비로 높이가 2m를 넘고 폭은 1미터에 이르는 석비이다. 현재 이 석비가 위치한 지역이 이전에 갈야대언이 있었던 곳으로 추정된다. 이 비는 아라시산의 얼굴인 도월교 남쪽의 언저리에 자리잡고 있다.

하타씨 유래에 대해서는 백제설과 신라설, 중국설 등이 있지만 이중에 중국설은 전국시대 진나라의 한자가 진秦이라서 그렇다는 주장은 전혀 가능성이 없다. 나머지 백제와 신라설 중에 경북 울진의 봉평 신라비에 파단波旦이라는 지명이 등장하여 이로 본다면 신라설이 더 유력해 보인다. 하타씨는 일단 신라계로 추정된다.

하타씨는 5세기 후반 도래인으로 갈야葛野(가도노)지방에 이주하며 이곳에 흐르는 가츠라천을 막고 대언을 만들어 그 물을 이용하여 농사를 지었던 씨족이었다. 따라서 사가일대가 이 대언으로 인해 농사가 크게 번창할 수 있었다. 이외에도 하타씨는 도래인 중에서도 기술 수준이나 문화정도가 매우 높아 토목이나 관개사업 또는 양잠, 직조, 주조酒造 등 여러 기술을 가진 우수한 도래인으로 기록된다.

법륜사

아라시산은 한자로 읽으면 람산嵐山인데 람산과 사가지역을 대표하는 다리는 도월교渡月橋다. 도월교 역사는 9세기 중엽에 도창이 건설하기 시작하여 현재는 1934년에 만들어진 콘크리트 다리가 있다. 도월교 양쪽 인

벚꽃 속의 도월교가 보인다.

벚꽃 속에 멀리 도월교가 보인다.

도에는 도월교를 통해 남북으로 오가는 많은 관광객으로 인해 늘 붐빈다. 도월교 중간에서 서북쪽을 바라보면 가츠라천에 하타씨의 갈야대언 흔적을 볼 수 있고 그 뒤로 단풍에 물든 아라시산 원경을 감상할 수 있다. 도월교를 통해 남쪽으로 내려오면 꼭 들려야 될 곳이 바로 법륜사다. 앞서 언급된 도창과 관련있는 사원이고 또 도월교와 교토 시내를 한 눈에 내려다 볼 수 있는 멋진 장소가 바로 법륜사이기 때문이다.

아라시산 중턱에 자리 잡은 법륜사法輪寺(호륜지)는 진언종 오지교단五智敎團에 속하며 보통 허공장虛空藏 법륜사라고 부른다. 허공장보살虛空藏菩薩은 지혜와 복을 중생에게 베푼다고 하는 보살이다. 법륜사는 713년에 행기行基가 천황의 칙원에 의해 갈정사葛井寺를 세운데서 기원한다. 829년 공해의 제자인 도창이 허공장 보살상을 안치하며 사원의 이름도 법륜사로 변경된다. 무로마치시대인 오닌의 난 때 불에 타 없어지고 에도시대에 재건되나 1864년에 다시 불에 타 복구되며 오늘에 이른다. 본당은 메이지시대에 재건된 건물에 해당한다. 또 가츠라천 도월교에서도 보이는 주홍색 다보탑이 법륜사의 한 쪽에 자리하고 있어 독특함을 느끼게 한다. 법륜사는 비록 작은 산사에 불과하지만 도월교와 그 넘어 천룡사 일대의 사가지역을 한 눈에 내려다 볼 수 있다는 점에서 매력있는 사원이라 할 수 있다.

3

서방사 주변과 가츠라이궁

 마츠오신사

법륜사를 끝으로 사가와 아
라시산 지역 일대를 다 보았다
면 그 다음은 바로 마츠오신사
다. 법륜사에서 마츠오신사까
지 걷기에는 약간 멀어 교토 시
내버스를 타고 간다. 마츠오신
사는 도래인인 하타씨와 관련이

마츠오신사 도리이로 당당한 모습을 한다.

있는 신사에 해당한다. 법륜사 탐방을 끝내고 마츠오신사와 그 아래에 있
는 서방사와 주변 사원들을 보려면 걸어가기 보다는 버스를 타는 것이 좋

다. 마츠오신사 앞에 가츠라천이 있고 그 남쪽에 서방사 곧 태사苔寺가 있으며 남동쪽에는 가츠라이궁이 있다. 하지만 이곳 관광의 핵심인 서방사와 가츠라이궁은 사전 예약제로만 운영되고 있기 때문에 허가장을 받고서 입장이 가능하다.

마츠오신사松尾大社(마츠오타이샤)는 교토에서도 가장 오래된 신사에 속한다. 마츠오신사는 본래 명칭이 마츠오신사이지만 지금은 마츠오타이샤松尾大社라고 한다. 교토 동쪽에 야사카신사八坂神社가 있다면 서쪽에는 바로 마츠오신사가 있다고 할 정도로 두 신사가 오늘날 교토의 신사를 대표한다. 이 신사는 아라시산과 이웃한 높이 223m의 마츠오산松尾山에 자리 잡고 있다.

마츠오신사는 도래인인 하타씨를 씨족신으로 하여 701년에 세워졌다. 730년에 천황가로부터 타이샤大社라는 칭호를 받고 왕성수호 신사로 그 입지를 세운다. 동쪽에 가모신사賀茂神社가 있다면 서쪽에는 바로 이 마츠오신사가 있다고 할 수 있다. 1004년 헤이안시대 중기 천황인 이치죠一條천황이 방문하며 역대 천황의 참배가 이어진다. 마츠오신사는 헤이안 천도 이후에 왕성 수호신으로 또 중세 이후에는 주조酒造의 신으로 많은 사람들에게 사랑을 받는다. 마츠오신사에는 가메노이龜の井라는 우물이 있다. 술을 만들 때에 이 우물물을 함께 섞으면 술이 썩지 않는다고 하는 전설이 내려온다. 그래서 배전拜殿 왼쪽에는 백 개가 넘는 술통이 안치된 신여고神輿庫라는 건물이 있다. 배전은 신사 본전 앞에 세워진 건물로 예배를 위한 공간이다.

마츠오신사에 가면 우선 마츠오타이샤란 현판이 걸려 있는 주홍색 도리이를 보게 되고 이어 누문이 나옴을 본다. 도리이는 신사에서 자주 보게 되는 것으로 신의 세계와 인간의 세계를 구분하는 문에 해당한다. 곧

도리이 뒤로 마츠오신사 누문이 있다.

신이 사는 영역의 입구를 표시하는 문이다. 누문은 사원과 신사 등에서 자주 보는데 2층 문 형식으로 아래층에는 지붕이 없다. 아래층에 지붕이 있는 누문은 이중문二重門이라 한다. 검정색 문의 마츠오신사 누문은 11m 높이를 자랑하며 1667년에 세워졌다. 이어 돌다리가 나오고 팔작지붕을 한 세로 형태의 배전과 그 뒤에서 보는 본전은 무로마치시대인 1542년에 개축되었다. 배전과 본전 사이에는 활을 거꾸로 세운 형태의 당문 구조인 조전釣殿(츠리도노)이 있다. 또 조전 주위 좌우에는 회랑이 있다. 조전은 침전조 건물의 남쪽에 있고 주로 연못 주변에 세워지며 연회나 유흥을 위한 공간에 해당한다.

　회랑안 본전의 북쪽에는 신고神庫가 있고 또 회랑 밖 배전 오른쪽에는 참집전參集殿과 객전客殿 등 부속 건물이 있다. 신고는 말 그대로 신보神寶

를 보관하거나 또 작은 신전神殿이라 할 수 있으며 객전은 손님을 맞는 공간에 해당한다. 참집전 주변에는 근대시기에 조성된 송풍원松風苑이라는 정원이 있다. 송풍원에는 상고上古정원과 곡수曲水정원, 봉래蓬莱정원 등 3개 정원이 있다. 이들 정원은 근현대 시기의 정원학자인 시게모리 미레이重森三玲가 1975년에 완성한 정원이다. 하지만 콘크리트 건물과 돌, 정원 배치 등에서 자연스럽지 않고 다소 인위적인 냄새가 난다. 마츠오신사도 여느 일본신사들과 비슷한 모습을 하고 있지만 그래도 도래인인 하타씨와 관련이 있다는 데서 그 탐방에 의미를 둔다.

서방사

서방사 관음당으로 사원 앞쪽에 위치한다.

서방사 관음당은 단아한 모습을 보인다.

　이어 사가지역 천룡사와 더불어 교토 서쪽의 대표사원인 서방사를 찾아간다. 천룡사와 서방사는 일본 정원문화를 대표하는 사원으로 둘 다 세계문화유산이다. 앞서 언급한 대로 서방사는 그냥 찾아가면 안 된다. 입장에 제한을 두는 허가제가 있기 때문이다. 서방사는 아무 때나 찾아간다고 바로 방문할 수 없는 곳으로 교토에서 가장 입장하기 어려운 사원에 속한다. 방법은 서방사에 왕복엽서를 보낸 다음 입장허가 반신용 엽서를 받고 찾아가야 방문이 가능하다. 그것도 방문 신청자가 너무 많아 입장허가 받기가 매우 어렵다. 또한 왕복엽서로 허가가 나서 서방사를 찾는다 해도 바로 정원관람에 들어갈 수는 없다. 먼저 이곳 관계자의 설명을 듣고 반야심경을 직접 붓으로 사경寫經한 다음에야 정원관람이 가능하다. 이 같은 어려운 절차에도 불구하고 일본인은 물론 서양인도 많이 찾는다.

서방사에는 다실인 담북정이 있다.

서방사 정원에는 상남정이라는 건물도 있다.

신기한 것은 서양 사람들도 책상다리하며 붓으로 열심히 사경을 한다는 점이다. 서방사는 그만큼 찾아가 볼 가치가 충분한 교토의 명소에 해당한다. 서방사는 교토역 버스승강장에서 서방사까지 가는 종점 버스가 있어 교통은 의외로 편한 편이다.

서방사西芳寺(사이호지)는 낙서 마츠오松尾에 있는 임제종 사원으로 천룡사의 사외寺外 탑두사원에 해당한다. 보통 이끼가 많은 사원이라 해서 고케데라苔寺라고 불리며 홍은산洪隱山이 서방사 뒤에 있음을 본다. 교토사원 중에서 이끼가 가득한 태정苔庭으로 가장 넓고 아름다워 1994년에 세계문화유산에 등재되었다. 서방사가 위치한 지역은 본래 성덕태자 별장이 있었던 곳으로 나라시대에 들어와 천황가의 칙원으로 행기行基가 별장을 사원으로 꾸몄다. 당초에는 법상종 사원이었으며 지금의 한자와 다른 서방사西方寺라 하였다. 애초 서방사는 아미타여래를 본존으로 모셨다. 1339년 무로마치시대에 당시 임제종 선승이었던 몽창소석夢窓疎石을 초청하며 서방사는 선종사찰로 거듭난다. 몽창소석은 서방사 말고도 천룡사 정원도 설계하였다. 몽창소석 정원은 자연경관을 그대로 살리고 거기에 석조石組(이시구미)를 꾸미는 중첩 방식으로 선禪의 본질을 추구하였다. 석조는 일본식 정원에서 빠질 수 없는 요소로 정원 내에 여러 가지 자연석을 배치하며 섬이나 폭포 또는 산을 표현하는 상징적인 기법이다. 석조는 인공적인 관상용 산山일 경우에는 봉래석蓬

萊石이라 하고 연못일 경우에는 학귀석鶴龜石(츠루가메이시)이라고도 하며 폭포일 경우는 삼존석三尊石(산존세키)이라 한다. 이 중에 삼존석은 불교와 관련이 매우 깊은 형태로 고산수 정원에서 많이 보인다. 석조는 정원의 조영기술에 있어 가장 특색이 있는 기법에 해당한다. 곧 자연석을 잘 맞추어 배치한 것을 의미한다고 할 수 있다. 고산수 정원은 물 또는 연못이 없이 석조와 모래만을 가지고 꾸민 정원을 말한다.

서방사가 그 이름이 서방사인 것은 서방 극락정토 주인인 아미타여래를 모시는 사원에서 연원하지만 몽창소석은 이를 서방사西芳寺로 바꾸었다. 서방西芳은 '조사서래 오엽연방'祖師西來 五葉聯芳이라고 하여 달마조사와 관련이 있다. 당시 서방사를 모방하여 창건한 사원이 바로 금각사로 잘 알려진 녹원사鹿苑寺이며 또 은각사로 알려진 자조사慈照寺이다. 서방사는 오닌의 난 때에 동군東軍의 진지陣地가 되었고 또 1469년 서군西軍의 공격으로 소실되나 이후에 다시 재건된다.

여기서 오닌의 난에 대해 좀 더 자세히 알아보자. 오닌의 난應仁의 亂은 1467년부터 11년간 지속된 일본의 내란에 해당한다. 당시 유력한 다이묘

大名였던 호소카와 카즈모토細川勝元와 야마나 모치토요山名持豊 사이의 대립이 격화되었다. 또한 무로마치시대 중기부터 전국시대 초기까지 무로마치 막부의 8대 쇼군將軍이었던 아시카가 요시마사足利義政의 후계문제까지 중첩되며 분쟁이 더욱 악화되었다. 다이묘는 지방에 세력을 둔 자들로 자기 소유의 많은 영역과 부하들을 거느린 무사武士였다. 이러한 다이묘들은 호소카와 측의 동군東軍과 야마나 측의 서군西軍으로 나뉘며 전쟁이 진행된다. 전쟁은 지방까지 확산되어 일본에 이른바 전국시대戰国時代가 출현하는 원인을 낳는다. 전쟁은 교토를 중심으로 확대되었고 이에 따라 교토전역이 괴멸적인 파괴를 당한다. 이러한 전쟁을 거치며 막부와 쇼군의 권위는 바닥에 떨어지고 교토에 엄청난 변화를 주었다.

오닌의 난을 겪고 에도시대에 들어와 서방사는 홍수가 덮쳐 황폐화되

서방사 정원 연못에는 작은 토교도 있다.

서방사 정원에는 연못과 더불어 많은 나무가 심어져 있다.

었다. 하지만 서방사가 애초 고산수 정원에서 지금처럼 연못에 이끼가 가
득 찬 지천회유식 정원으로 바뀐 것은 바로 이때였다. 이는 서방사의 바
로 옆에 있는 하천이 사원 경내로 유입되는 과정에서 자연스럽게 생긴 것
이라 추정된다. 현재 서방사에는 서래당西來堂과 고리, 관음당, 삼중납경
탑三重納經1塔 등의 건물이 있다. 본당인 서래당은 아미타여래를 본존불로
하며 1969년에 세워진 건물에 해당한다. 관음당은 서래당이 재건되기 전
까지 본당으로 사용되던 건물이며 메이지시대에 재건되었다. 또한 현재
서래당 뒤편에 있는 삼중납경탑은 3층 목탑으로 1978년에 건립되었다.

　서방사 정원은 상단과 하단으로 구분되는데 상단은 고산수 정원이고

하단은 황금지黃金池라는 심자형心字形 연못이 있는 지천회유식 정원이다. 지천회유식은 연못을 중심으로 걸어 다니며 감상하는 정원에 해당한다. 황금지 연못 안에는 하도霞島 등 3개의 섬이 있는데 축성 당시 섬 안에는 하얀 모래가 깔려 있었을 것으로 추정되나 현재는 이끼가 뒤덮인 상태이다. 또한 연못 주변을 에워싼 120종류 이상의 이끼는 몽창소석 당시부터 있었던 것이 아니고 에도시대 말기에 형성된 것으로 보인다. 곧 서방사 정원은 건축물과 정원의 일체화라는 관점에서 일본후세 정원에 미친 영향은 매우 크다고 할 수 있다. 황금지 북서쪽에는 금강지金剛池라는 작은 연못이 있다. 금강지 안에는 야박석夜泊石(요도마리이시)이 2열로 배치되어 있다. 야박석은 여러 개의 돌을 직선으로 배치하던 구조로 지천회유식 정원에서는 흔히 보인다. 즉 신선도神仙島라고 할 수 있는 봉래도蓬萊島에 선약仙藥이 있어 그것을 얻기 위해 밤바다에 정박하는 배를 형상화한 모습이다. 이런 야박석은 서방사 말고 금각사 적취원積翠園에도 있다.

정원축조 당시 황금지 주변에는 본당인 서래당을 비롯하여 여러 건물이 있었다. 특히 금강지 남쪽에 있었던 유리전瑠璃殿은 무로마치 3대 쇼군인 아시카가 요시미츠足利義滿가 세운 금각사의 금각 또 6대 쇼군인 아시카가 요시마사足利義政가 세운 은각사 은각의 전형이 된 2층 누각이 있었

서방사 뒤 홍은산 쪽에는 이끼가 많이 있다.

다. 하지만 서방사 정원축조 당시의 건물은 현재 하나도 없고 오직 황금지 남서쪽에 있는 상남정湘南亭 만이 그 흔적을 보이고 있다. 현재 서방사에는 상남정과 소암당少庵堂, 담북정潭北亭 등 3개의 다실이 있다. 상남정은

L자형 평면구조로 16세기 말부터 17세기 초반에 세워진 것으로 추정되며 소암당은 1920년에 그리고 담북정은 1928년에 세워진 건물에 해당한다.

향상관向上關이라는 문을 통해 정원 북쪽 홍은산에 올라가면 일단의 돌 무리가 있음을 볼 수 있다. 이곳이 바로 몽창소석 당시 설계된 고산수 정 원에 해당한다. 여기에는 그가 좌선을 하였다는 좌선석도 전해진다. 고산 수 옆의 개산당開山堂은 지동암指東庵이라고도 하며 1878년에 재건된 선당 禪堂에 해당한다. 결국 건물은 별로 없고 연못과 나무 그리고 이끼가 가득 찬 이끼 사원이 바로 서방사라 할 수 있다. 온갖 종류의 이끼가 가득한 드 넓은 정원을 한 바퀴 돌아보면 마음마저 한가로워지고 정화되는 느낌을 준다. 서방사는 방문하기에 어려운 과정이 있지만 그래도 포기하지 말고 찾아갈 충분한 값어치가 있는 낙서의 대표적인 사원이라 할 수 있다.

🪭 화엄사와 지장원

마츠오신사 탐방을 마치고 서방사를 멋모르고 찾아갔다가 서방사가 사 전예약제라는 것을 알고 발길을 돌려야할 경우 그 대체 관람지로 서방사 주변에 있는 작은 사원 몇 곳을 소개한다. 먼저 서방사 북쪽에 있는 화엄 사는 비록 사원 규모는 작지만 단풍이 아름다운 곳이라 의외로 찾는 사람 이 많다. 화엄사는 마츠오신사 아래쪽에 있어 걸어갈 수도 있지만 그래도 멀어 버스를 타고 가는 것이 좋다. 교토역에서 직접 온다면 교토역 버스 승강장에서 서방사까지 가는 버스가 있으니 서방사와 함께 이곳을 찾아 가면 된다.

화엄사華嚴寺(게곤지)는 서방사 인근에 있는 임제종 사원으로 대일여래를 본존으로 한다. 정식명칭이 화엄사이지만 메뚜기목 귀뚜라미과의 곤충

단풍 속의 화엄사 전경이다.

인 방울벌레가 이곳에서 사육되고 있기 때문에 현지에선 영충사鈴蟲寺(스즈무시데라)라 한다. 화엄사는 1723년 학승學僧인 봉담鳳潭에 의해 창건되었다. 봉담은 화엄종 중흥을 꿈꾸고 이 사원을 창건하게 되었으며 1868년에 임제종으로 개종한다.

화엄사 입구에 영충사 화엄선사라는 석비가 서있음 보고 그 옆에 있는 80개의 계단을 통해 올라가야 화엄사에 도달할 수 있다. 계단을 올라가면 묘덕산妙德山이라는 현판이 붙은 산문이 방문객을 맞이한다. 산문에 들어서면 단풍나무가 아름다운 정원과 본전이 함께 있음을 본다. 산문 옆에는 보주寶珠를 왼손에 들고 또 지팡이인 석장錫杖을 오른손에 든 지장보살이 서 있다. 이 지장보살을 향하여 연애와 결혼에 대한 소원을 빌면 잘 들어준다는 속설이 있어 젊은 남녀가 의외로 많이 찾는다. 특히 가을철에는

지장원 총문으로 아담한 자태를 보인다.

단풍과 함께 소원을 빌기 위해 찾는 젊은이가 줄을 서서 기다릴 정도로 많다. 화엄사는 작은 산사에 불과하지만 단풍과 함께 산사의 운치를 즐길 수 있는 그 나름의 매력이 있는 사원에 해당한다.

　다음으로 대나무 사원으로 유명한 지장원地藏院(지죠인)을 찾아 간다. 지장원은 서방사 남쪽에 있는 사원으로 역시 계단을 통해 언덕을 넘어야 한다. 지장원은 임제종 계열의 독립사원이며 사원 이름대로 지장보살을 본존불로 한다. 지장원 주변에는 온통 키 큰 대나무 숲으로 둘러싸여 있어 방문자에게 시

지장원은 대나무 숲으로 유명하다.

지장원 본당은 총문 뒤에 위치하여 있다.

원한 감을 준다. 지장원은 1368년 개창된 사원으로 남북조시대에 칙원사로 이름을 떨쳤지만 오닌의 난 때 가람이 전소된다. 에도시대에 들어와 재건되면서 천룡사에 부속되었고 후에 다시 독립한다. 1935년에 재건된 본당은 주변에 울긋불긋한 단풍이 마치 병풍처럼 둘러싸여 있어 감미로운 자태를 뽐낸다. 다른 사원과 마찬가지지만 지장원도 가을철에 가야 본맛을 느낄 수 있다. 1686년에 지어진 방장은 본당의 오른쪽에 있고 방장 앞에는 '16나한의 정원'이라 불리는 평정식平庭式 고산수 정원이 있다. 평정식 고산수 정원은 가장 단순하고 기본적인 형태로 평지에 조성된 정통 고산수 정원을 말한다. 정문에 들어서며 좌우에서 맞는 대나무가 이 사원을 찾는 가장 큰 묘미를 준다. 또 단풍과 대나무의 아름다움이 함께 있어 앞서 본 화엄사보다는 지장원이 훨씬 더 아름다운 사원이라 할 수 있다.

지장원 본당에 단풍이 물들어 있다.

정주사

지장원을 찾고 그냥 돌아서기에는 다소 아까운 사원이 바로 정주사淨
住寺(죠쥬지)다. 정주사는 지장원에서 조금만 더 내려가면 나오는 사원으로
가을철 등 특별한 경우에만 개방하는 아주 희귀한 사원에 속한다. 정주사
는 엽실산葉室山에 위치한 황벽
종黃檗宗 사원이다. 황벽종은 일
본 3대 선종의 하나로 에도시대
에 시작된 늦은 종파에 해당하며
교토시 남부 우지시宇治市에 있는
만복사가 그 본산을 이룬다.

정주사는 810년 사가천황의

정주사 입구로 지장원 주변에 있다.

칙원사로 창건되었다. 칙원사는 천황의 발원에 의해 건립된 사원을 말한다. 정주사는 자각대사 원인에 의해 개산되었으며 창건 당시에는 상주사常住寺라 하였다. 일본 최초로 천황으로부터 대사라는 칭호를 사후에 받은 원인은 천태종을 완성한 승려로 알려진다. 개산開山은 하나의 사원을 개창한 승려로 개기開基 또는 개조開祖라고도 하며 또 하나의 종파를 연 고승도 개산이라 부른다. 정주사는 1261년에 중흥하며 현재의 이름으로 바뀌지만 1333년과 15세기 중반 오닌의 난 등 전란에 여러 번 휩싸여 가람이 전소되는 비운을 겪는다. 1687년 에도시대 전기의 황벽종 선승인 철우도기鐵牛道機를 중흥조로 하며 황벽종 사원으로 전환되었다. 1697년 본당이 재건되었으며 메이지시대와 들어와 한때 황폐화 되었으나 다시 복구되었다.

정주사는 교토시에서 황벽종 사원으로는 매우 드물고 단풍으로도 유명한 곳이다. 서방사 주변에는 이처럼 작고 아름다운 사원이 많다. 서방사

왼쪽에 정주사 본당과 오른쪽에 방장이 보인다.

에 예약신청을 넣어 허가를 받았다면 기왕 온 김에 이 세 곳의 사원을 둘러보아야 더 만족감을 느낀다. 그 반대로 서방사 방문에 실패하여 그냥 돌아설 때에도 단풍으로 멋진 이 3개 사원에 찾아가며 아쉬움을 대신할 수 있다. 여러모로 서방사는 주변의 작은 사원들을 안내하는 이 지역의 랜드마크와 같은 역할을 한다.

가츠라이궁

이제 교토 서쪽의 약간 남쪽에 위치한 낙서의 마지막 코스인 가츠라이궁桂離宮(가츠라리큐)을 찾아가 본다. 교토는 간무桓武천황이 784년 현재 교토시 서쪽 외곽 지역인 나가오카쿄長岡京에서 지금 위치로 천도한 것이다. 그러면서 1867년 막부幕府(바쿠후)로부터 천황에게 모든 권력을 돌려주는

가츠라이궁에서 송금정 가는 길에 해당한다.

멀리에 가츠라이궁 송금정이 보인다.

대정봉환大政奉還으로 도쿄에 천도하기까지 천년이 넘게 교토는 일본의 정치와 경제, 문화, 종교의 핵심지역이었다.

무가정권 탄생 이전에 일본은 천황이 친정을 하거나 섭관정치攝關政治와 원정院政을 통해 정권이 유지되는 형태를 이어 왔다. 섭관정치는 헤이안시대에 후지와라씨藤原氏 일족이 천황의 외척이 되어 섭정攝政이나 관백關白을 맡아 정치적 실권을 쥐고 대대로 독점한 정치 형태였다. 원정은 천황이 황위를 후계자에 물려주고 상황上皇이 되며 정무를 천황 대신에 직접 행사하는 정치 형태를 말한다. 원정은 섭관정치가 쇠퇴한 헤이안시대 말기부터 가마쿠라시대 즉 무가정치가 시작되기 전에 나타났던 정치 형태였다. 천황이 양위를 하면 상황이 되고 그 상황이 불교에 귀의하여 출가하면 법황法皇이 된다. 상황은 원院이라고도 불리어 원정이라는 말이 탄생한다. 원정이 끝나며 일본에는 본격적인 무가정권 시대가 도래하였다.

가츠라이궁에는 정원과 석등이 어울려 있다.

막부는 일본역사의 특수성을 보여주는 정체체제로서 일본 중세 및 근세에 나타나는 정이대장군征夷大將軍으로 곧 무가武家의 최고 권력자를 수장으로 하는 무가정권을 말한다. 정이대장군의 정이는 에조蝦夷를 정벌한다는 의미를 가지고 있다. 에조는 일본열도의 동북 지방이나 북해도 지방에 사는 아이누족 등을 이단시하는 명칭이었다. 무가정권의 시초는 평씨平氏(헤이시)로 부터 시작되는데 헤이안시대 말기의 무장인 다이라노 키요모리平 淸盛가 일본최초의 무가정권을 수립하였다. 1087년부터 1189년까지 일본의 동북 지방에 세력을 확장한 오슈 후지와라씨奧州藤原氏라는 호족豪族이 등장한다. 호족은 일본역사에서 지방에 많은 토지와 재산 그리고 사병을 거느린 지방세력을 말한다.

이상과 같은 평씨정권과 오슈 후지와라씨라는 호족세력을 멸망시킨 미나모토노 요리토모源 賴朝가 대장군大將軍(다이쇼군)이라는 호칭을 얻게 된다.

가츠라이궁 원림당이 토교를 뒤로 하고 있다.

미나모토노 요리토모는 헤이안시대 말기부터 가마쿠라시대 초기까지 무장으로 가마쿠라막부의 초대 정이대장군이었다. 이후 675년간에 걸쳐 무사武士가 사실상 일본의 최고권력자가 되는 막부정치가 이어졌다. 즉 가마쿠라막부鎌倉幕府, 무로마치막부室町幕府, 에도막부江戶幕府가 지속된 것이다. 무로마치막부 말기에는 아즈치모모야마安土桃山시대가 잠깐 등장한다. 이 시기는 오다 노부나가織田信長와 도요토미 히데요시豊臣秀吉가 중앙정권을 장악한 시대였다. 두 사람의 이름을 따서 쇼쿠호織豊시대라고 하거나 또 미술사에서는 1615년 도요토미 가문이 멸망당할 때까지를 아즈치모모야마시대라고 부르기도 한다. 이 시대는 전국다이묘戰國大名 중에서 오다 노부나가 세력이 점차 강대해지며 무로마치막부는 사실상 붕괴되고 오다정권이 수립된 것이다. 전국다이묘는 일본 전국시대에 수개 군郡이나 국國규모 영역을 지배하던 다이묘를 지칭한다. 다이묘란 말은 원래 지방에서 세

력을 떨친 자의 의미였으나
나중에는 무가사회에서 많
은 토지와 영역을 가진 무사
를 의미하는 말로 바뀐다.

가츠라이궁 소의헌으로 소박한 모습을 보인다.

　일본사에서 전국시대는
15세기 말부터 16세기 말에
걸쳐 전란이 계속된 시기를
말한다. 난세로 인해 무로마
치막부 권력은 모두 상실되고 슈고다이묘守護大名를 대신하여 각지에서 전
국다이묘가 그 세력이 확대된다. 여기서 슈고다이묘는 군사와 경찰 그리
고 경제적 권력을 가지며 영국領國내의 영역적, 일원적 지배를 강화한 무
로마치시대의 슈고守護를 나타내는 말이었다. 슈고다이묘에 의한 영국지
배 체제를 슈고영국제守護領國制라 한다. 다시 말해 슈고영국제는 무로마
치시대의 슈고다이묘에 의한 일원적 영국지배 방식을 말하는 것이다. 또
슈고영국제는 남북조 무로마치시대 사회구성 한 특성을 보여준다. 즉 가
마쿠라막부의 중앙집권적 체제가 붕괴되고 무로마치 슈고에 의해 그 영
국에 지역적, 봉건적 체제가 형성된 형태였다는 것이다. 이 같은 슈고다
이묘의 연합정권이 바로 무로마치막부였다. 슈고다이묘는 15세기 후반
부터 16세기 초에 걸쳐 일부는 전국다이묘로 변신하거나 또 일부는 몰락
한다. 전국시대 이후 막부는 다음과 같이 전개된다. 곧 1867년에 도쿠가
와 요시노부德川慶喜가 에도막부 제15대 정이대장군을 그만둠으로 에도막
부 마지막 쇼군이 일본사 최후의 정이대장군이 되었던 것이다. 도쿠가와
요시노부에 의한 대정봉환으로 메이지 신정부가 천황으로 왕정복고 명령
을 내려 정이대장군 직은 드디어 폐지되었다.

이처럼 평씨정권을 포함하여 약 700년간 무가정권이 계속 이어진 것은 세계사에서도 보기 드물며 이는 동시에 일본역사의 특수성에 해당한다. 고려시대 무신정권도 100년간 이어졌을 뿐이다. 이와 같은 일본사의 특수성은 명목상 실권자인 천황이 사는 교토와 연결된다. 즉 교토 한곳에 1,000년이 넘게 수도를 둔 특수성으로 이어진다. 세계사적으로도 한곳에 1,000년이 넘게 수도를 둔 경우는 매우 드물다. 신라의 경주도 992년 동안 수도 역할을 하였지만 경주는 고대시기 이야기이다. 하지만 교토는 고대는 물론 중세와 근세에 이르기까지 한곳에서 한 나라의 수도역할을 1,000년이 넘게 한 것이다. 이러한 일본사의 특수성은 천황제가 현재까지 이어지는 원동력이 되었는지 모른다.

정확히 1083년이 넘는 교토역사에 있어 궁궐로는 가츠라이궁 이외에 교토어소京都御所와 선동어소仙洞御所 그리고 수학원이궁修學院離宮을 들을 수 있다. 정궁이 교토어소와 선동어소라면 별궁이라 할 수 있는 이궁은 가츠라이궁과 수학원이궁이 있다. 그런데 특이한 점은 교토의 세계문화유산이 모두 17곳에 이르는데 위에 들은 천황가의 정궁과 이궁은 모두 세계문화유산이 아니라는 점이다. 동아시아에서 정궁이던지 이궁이던지 세계문화유산으로 지정된 곳은 중국 베이징 자금성과 한국의 창덕궁 그리고 유구 곧 지금 오키나와에 있는 수리성首里城 등이 있을 뿐이다. 둘을 더 든다면 나라에 있는 헤이죠큐平城宮와 라사에 있는 티베트의 포탈라궁이다. 다만 헤이죠큐는 과거의 궁전건축은 하나도 없는 허허벌판과도 같은 곳이어서 궁전건축으로서 의미는 하나도 없다. 세계문화유산으로서 근대의 일본궁전은 도쿄 황거皇居를 포함하여 교토에도 없는데 이는 천황과 관련된 곳은 세계유산에 지정될 수 없다는 일본인 나름의 계산이 깔린 것으로 보인다. 가령 수학원이궁은 그 규모나 정원의 아름다움에 있어 낙서의 세계문화유산인 천룡사에 버금간다. 그러나 어쨌든 교토를 방문한다면 이상에서 거론한 정궁과 이궁은 꼭 들러보아야 할 정도로 명소에 해당한다.

위에서 열거한 교토의 정궁과 이궁은 입장에 있어 서방사처럼 무조건 찾아간다고 되는 것이 아니라 인터넷 등 예약제에 의해 허가를 받아야 한다. 다만 교토어소만은 선착순 입장이 가능하며 이 경우 신분을 확인할 수 있는 여권소지가 필수적이다. 다른 정궁과 이궁은 일본 궁내청 홈페이지에 들어가면 인터넷으로도 참관신청을 할 수 있는데 신청자가 워낙 많아 허가받기가 매우 어렵다. 가츠라이궁 참관 소요시간은 약 1시간 정도이며 지정된 날짜와 지정된 시간에 방문하여야 한다. 그것도 안내자의 인도로 지정된 코스만 관람할 수 있으며 사진촬영은 가능하다. 대중 교통편으로 가츠라이궁에 가려면 한큐교토선阪急京都線 가츠라역桂驛에서 도보로 약 20분 걸리는 방법과 교토시영버스로 가츠라이궁 정류장에서 내려 약 10분 정도 걸어서 가는 방법이 있다. 그러므로 교토역에서 시내버스를 타고 가는 것이 좋다.

가츠라이궁은 교토 서남쪽 가츠라천 옆에 있는 이궁으로 본래 황족인 팔조궁八條宮의 별저別邸였다. 제2대 팔조궁인 지충친왕智忠親王이 17세기 중반에 서원과 다옥, 정원 등을 만들면서 이궁이 건축되기 시작하였다. 가츠라이궁이 위치한 지역은 예전부터 귀족들의 별장지로 헤이안시대에는 당시 권력자 후지와라노 미치나가藤原道長 별장인 계전桂殿이 있었던 곳이다. 현재 가츠라이궁의 면적은 7만㎡이며 그 중에 정원은 약 58,000㎡를 이룬다. 일본에서 이궁은 황거皇居와는 다른 궁전 개념이지만 가츠라이궁이라고 불린 것은 1883년의 일이었다.

가츠라이궁 정문은 표문表門(오모테몬)으로 북쪽 끝에 있으며 어성문御成

門이라고도 한다. 여기서 표문은 건물입구에 있는 정문으로 대문大門이라 할 수 있다. 이와 반대로 건물 맨 뒤에 있는 문은 이문裏門(우라몬)으로 뒷문이라 할 수 있다. 또 총문總門(소몬)은 성이나 사원 또는 저택의 맨 외곽에 설치된 정문으로 대문이라고도 한다. 선종사원에서는 가장 밖에 있는 정문을 총문이라 한다.

가츠라이궁의 표문인 어성문 다음에 만나는 문은 어행문御幸門으로 이 두 문을 통해야 정원에 들어갈 수 있다. 가츠라이궁은 크게 서원과 정원, 연못 주변에 있는 다옥茶屋 등으로 구성되어 있다. 주 건물이라고 할 수 있는 신어전新御殿과 중서원中書院, 고서원古書院은 서원조書院造 건축양식이 주류를 이루며 모두 널조각을 입힌 팔작지붕 건물에 해당한다. 서원은 서원조를 기반으로 다실풍을 가미한 건물로 17세기 중반에 차례대로 세워졌다.

일본 건축물에서 서원조는 무로마치시대부터 근세 초기까지 성립된 주택양식으로 침전寢殿을 중심으로 한 침전조寢殿造와는 반대되는 개념이다.

왼쪽부터 가츠라이궁 신어전과 중서원 맨 오른쪽에 월견대가 있다.

서원조는 무가주택武家住宅의 한 양식으로 서원을 건물의 중심에 놓는 양식이다. 여기서 서원이라는 말은 서재와 도서실 그리고 거실을 겸하여 쓰는 공간이다. 가츠라이궁 다정에는 월파루月波樓, 소의헌笑意軒, 원림당園林堂, 상화정賞

가츠라이궁 월파루 내부를 보여준다.

花亭, 송금정松琴亭 등이 있다. 다정은 일본 중세부터 근대에 이르기까지 유행한 건축 양식으로 일종의 휴게소 개념에 해당한다. 다옥은 주문한 차나 전통과자를 먹는 공간으로 다점茶店(차미세)이라고도 불리며 일본에서 다정은 일본식 정서의 상징과도 같다.

가츠라이궁 서원과 다옥을 둘러싼 회유식 정원에는 가츠라천 물을 연못에 끌어들인 연못이 있다. 그 연못 안에는 5개 섬이 있다. 이중에 원림당과 상화정이 있는 섬이 가장 크고 그 앞에 신선도神仙島라는 작은 섬과 마주한다. 연못과 그 주변에는 다옥, 축산築山(츠키야마), 주병洲浜(스하마), 토교土橋(도바시), 24개의 석등롱石燈籠(이시토로) 등이 요소요소에 배치되어 있다. 여기서 축산은 일본정원에서 자주 보이는 용어로 인공으로 쌓은 관상용 산을 말하며 주병은 돌출식 모래밭을 지칭한다. 토교는 일종의 나무다리로 다리 상판에 흙을 깐다.

석등롱은 말 그대로 돌로 만든 등롱으로 대체로 다음 세 곳에 많이 있다. 먼저 사원에서 등롱은 불당 전면에 배치하되 가람의 중심축 선상에 오직 하나만을 배치한다. 다음 신사에서 등롱은 신전神前의 헌등용 등롱으로 재료에 따라 나무등롱, 금속등롱, 돌등롱 등 다양하다. 마지막으로 일본 정원에서의 석제등롱이다. 아스카시대 일본에 불교가 전래되며 등롱도 동시에 전해진다. 처음에는 헌등 개념이 강했지만 일본에 정원문화가 발달함에 따라 정원내 관상용으로 설치되는 경우가 많아졌다. 석제등롱의 재질은 주로 화강암이고 화강암을 석재로 쓸 경우에는 그것을 어영석御影石이라 한다.

가츠라이궁 신어전은 팔작지붕 형태로 17세기 중반에 세워졌으며 남북방향에 자리 잡은 널조각 건물에 해당한다. 중서원은 4칸 반 규모로 1641년에 세워졌으며 역시 팔작지붕에 널조각을 하였다. 고서원은 동서가 15.8m에 남북은 10.9m로 동서쪽 방향으로 틀어 있고 널조각을 댄 팔작지붕 건물이라 할 수 있다. 북쪽에 있는 중문을 통해 고서원에 들어가면 이끼로 둘러싸인 호정壺庭(츠보니와)과 현관 입구인 어여기御輿寄에 이른다. 호정은 건물과 건물 사이에 낀 작은 정원을 말하며 사원에서는 다정茶庭을 의미한다. 고서원 건립은 17세기 초로 추정되며 안에는 크고 작은 방이 8개나 있다. 고서원 북쪽에는 월파루가 자리하고 있다. 서원 건물 뒤에는 큰 연못이 있고 토교를 통해 연못을 건너면 원림당, 상화정 또 가장 멀리에 송금정 등 다옥이 있음을 본다. 소의헌은 연못 남쪽에 외따로이 떨어져 있고 연못 맞은편에는 송금정이 홀로 서 있다. 서원과 연못을 중심으로 서원 옆에 월파루, 소의헌이 있으며 섬 안에 원림당, 상화정이 있는 구조를 가진다. 가츠라이궁은 일본에서 가장 오래된 회유식 정원으로 정원과 건물이 일체화되어 있어 일본미의 한 정형을 이룬다고 할 수 있다. 가츠라이궁은 소박함 속에 깊은 정신성을 향유한 건물로 또한 정원미학으로 높은 평가를 받는다.

가츠라이궁에는 많은 정원용어가 등장한다. 먼저 회유식 정원은 일본 정원의 하나로 정원 안을 걸어 다니며 감상하는 형식이다. 회유식 정원이라는 말은 일본에서만 통용되는 말이다. 회유식 정원은 일본 정원을 종합한 양식으로 무로마치시대에 선종사원이나 에도시대 다이묘들에 의해 많이 조성된 방식이다. 회유식 정원에서 가장 일반적인 형식은 지천회유식 池泉回遊式(치센카이유시키)이다. 지천회유식 정원은 큰 연못을 중심으로 오솔길園路을 만들어 축산이나 연못 안에 작은 섬, 다리, 돌 등을 배치하며 일종의 명승지를 재현한 방식이다. 오솔길의 중간 중간에는 전망소 역할을 하는 다정茶亭이나 동옥東屋(아즈마야) 등이 설치된다.

동옥은 정원에 설치하는 일종의 작은 휴게소로 기동조寄棟造(요세무네츠쿠리) 지붕이 주류를 이룬다. 기동조는 건물지붕이 동서남북 모두 경사지게 하는 방식으로 우리말로는 우진각지붕이라고 할 수 있다. 기왕에 일본건물의 지붕 형식에 대해 말이 나왔으니 더 살펴보자. 먼저 절처조切妻造(기리츠마츠쿠리)는 지붕이 남북방향 또는 동서방향 등 두 방향만 경사지게 하는 방식이다. 우리말로는 맞배지붕이라 할 수 있다. 입모옥조人母屋造(이리모야츠쿠리)는 지붕의 상부는 절처조로 처리하고 하부는 기동조로 하는 방법이다. 우리말로는 팔작집 지붕에 해당한다고 할 수 있다. 입모옥조는 서양에서는 극히 드물고 한국과 중국, 베트남, 인도, 인도네시아 등 동아시아 전통사원에서 자주 보는 지붕방식에 해당한다. 일본에서 입모옥조는 고대로부터 기동조와 절처조에 비해 격식이 높은 형식으로 존중되어 왔다.

회유식 정원은 바로 가츠라이궁 이외에 금각사로 잘 알려진 녹원사와 은각사로 알려진 자조사 또 앞서 본 천룡사와 서방사 정원이 대표적이라 할 수 있다. 이들 정원은 연못이 있고 또 걸어 다니며 관람하는 지천회유식 정원임은 물론이다. 일본에서 전통적인 정원축조 방식은 지천池泉(치센)과 고산수枯山水(가레산수이), 노지露地(로지) 등 3가지로 분류된다. 다시 지천정원은 정원을 감상하는 방법에 따라 관상식觀賞式, 회유식回遊式, 주유식舟遊式으로 세분화된다. 지천정원은 자연산수를 모사하여 만든 정원양식

가츠라이궁 월파루에서 송금정을 바라 보았다.

으로 정원 안에 산이나 냇물 또는 연못이 구성된 정원이다. 지천정원은 어떤 형식이라도 물이라는 요소가 반드시 들어간다. 먼저 관상식은 좌부座敷(자시키)에 앉아 정원을 관람하는 방식이다. 여기서 좌부는 다다미 곧 돗자리로 이를 바닥에 깔은 손님 접대용 방을 말한다. 회유식은 정원에 난 오솔길을 따라 걸어 다니며 관람하는 방법이고 주유식은 말 그대로 배를 타고 연못 이곳저곳을 돌아다니며 감상하는 방식이다. 낙동에 있는 고대사는 지천관상식 정원이며 또 낙서에 있는 인화사는 고산수 관상식과 지천관상식을 겸하고 있다. 마지막 남은 지천주유식은 교토시의 남쪽 우지에 있는 우지평등원 봉황당이 대표적이다.

다음 물을 상징화한 하얀 모래를 정원에 깐 것은 고산수를 말한다. 또 고산수는 모래 주변에 경관석景觀石을 배치하고 그 모래에 물결이나 섬과 바다, 파도 등의 문양을 새겨 넣는다. 고산수는 물이라는 요소는 일체 배제된다. 고산수 정원은 낙북의 시선당과 낙동에서 남선사 방장정원, 낙서의 용안사, 낙남의 동복사 본방本坊이 유명하다. 마지막으로 노지는 다실에 부속되어 있는 다정茶庭을 말한다. 노지는 사람을 다실로 안내하는 통로이면서 잡념을 없애고 다도茶道의 길로 안내하는 유현의 세계에 해당한다. 그 때문에 이 노지에는 어떠한 장식도 없고 오로지 조용한 자연풍광만이 존재한다. 노지정원으로 유명한 곳은 낙북에 있는 대덕사의 탑두사원인 고동원高桐院이며 이 고동원은 고산수와 노지정원을 겸하고 있다.

광릉사와 금각사 지역의 사원

 광릉사

교토 우즈마사太秦에 있는 광릉사廣隆寺(고류지)는 헤이안 천도 이전부터 있었던 사원으로 교토에서 가장 오래된 사원에 해당한다. 우즈마사 광릉사太秦 廣隆寺라고도 하며 진언종계로 도래인인 하타씨秦氏의 씨사氏寺(우지데라)로 출발한다. 씨사는 특정 씨족의 일문一門이 귀의해서 기원소祈願所 또는 보리소菩提所가 된 사원을 말한다. 씨사는 씨족 일문이 창건한 경우도 많지만 이미 창건된 사원에 귀의하여 그것을 씨사로 삼는 경우도 있다. 고대 씨족이 해체되고 중세시대 무가武家가 대두되면 씨사는 가사家寺 또는 보리사菩提寺로 바뀐다. 보리는 불교에서 깨달음의 경지와 극락왕생해서 성불하는 것, 깨달음의 지혜 등을 나타내는 말이나 여기서 보리는 사

광룡사 정문은 웅장한 모습을 보여 준다.

후에 명복을 빈다는 뜻이다. 곧 보리사는 조상대대로 묘나 위패를 모시고 사후 명복을 비는 사원이며 이를 다른 말로 단나사檀那寺(단나데라)라고도 한다. 단나사는 본래 개인의 기진寄進에 의해 창설되고 또 그 일가를 위해 법을 포시하는 사원을 의미하였지만 나중에는 그 사원에 소속하고 있는 일반 신도를 지칭하는 말로도 사용된다. 단나사에 조상 위패를 맡기고 그곳에서 망자의 명복을 빌고 공양하는 의식을 진행한다. 소속 신도는 단가檀家(단카) 또는 단도檀徒(단토)라고 불린다. 일본어에 있어 기진은 신사나 사원에 금전이나 물품을 기부하는 행위를 말한다.

　광룡사는 국보인 미륵보살반가상을 소장한 사원으로 유명하며 성덕태자 신앙의 사원이기도 하다. 성덕태자는 과거 지폐에 7번이나 등장할 정도로 일본인에게 추앙받는 인물이었다. 생몰연대는 574년부터 622년까지로 아스카시대의 황족이며 정치가로 성덕태자라는 말은 당시 이름이 아닌 후세에 불려진 시호에 해당한다. 소가노 우마코蘇我馬子는 비다츠敏達천황 시절에 대신으로 취임하여 스이코推古천황 때까지 4대에 걸쳐 54년간 권세를 휘두르며 소가씨蘇我氏(소가우지) 전성시대를 구가하였다. 소가노 우마코는 스이코천황에게 협력하여 견수사遣隋使를 파견하는 등 천황중심

광륭사 강당으로 앞에 나무들이 많이 있다.

의 중앙집권 국가체제를 확립하였다. 소가노 우마코는 스이코천황이 등장하는 계기를 만들었고 또 성덕태자와 함께 불교진흥 정책을 추진하였다. 소가씨 유래에 대해서는 여러 가지 설이 있다. 그중에 백제계 고위 관인인 목만치木滿致가 5세기 말 왜에 도래하여 야마토지역 곧 현재 나라현 가시하라시橿原市의 소가쵸曾我町에 정착한 호족이라는 설이 유력하다. 소가노 우마코는 588년 불교를 널리 장려하기 위해 비조사飛鳥寺(아스카데라)를 세우고 그 거점으로 삼았다. 현재 비조사에는 본당만이 썰렁하게 남아 있지만 당시에는 3개 금당을 가진 거대 사원이었다. 소가노 우마코는 성덕태자와 함께 고대일본에 불교를 정착시키기 위해 노력한 인물로 알려진다. 성덕태자가 세운 사원은 오사카의 사천왕사와 나라현 법륭사法隆寺, 법기사法起寺 그리고 나라 아스카촌明日香村의 귤사橘寺(다치바나데라) 등 7개나 된다.

한편 광륭사에서 매년 10월12일에 지내던 우제牛祭(우시마츠리)는 교토 3대 기제奇祭의 하나로 알려진다. 우제는 매년 10월12일 밤에 광륭사에서 행하는 축제로 마다라신摩多羅神 역할을 하는 하얀색 가면을 쓰고 또 특수

한 복장을 하며 또 소에 올라타 사원 경내를 돌아다닌다. 이때 국가안녕과 오곡풍성 그리고 악병퇴치의 제문을 읽는다. 여기에 나오는 마다라신은 본래 천태종 사원에서 본존불로 모시던 신으로 아미타경과 염불의 수호신으로 알려지고 있다. 『일본서기』의 광륭사 창건에 대한 기록을 토대로 하면 광륭사는 하타씨의 씨사인 것은 분명해 보인다. 하지만 하타씨의 씨사로 봉강사蜂岡寺를 창건하였지만 그 이후 성덕태자 병환회복을 기회로 성덕태자로부터 불상을 받아 건립하였다는 설도 있다. 현재의 광륭사는 헤이안 말기 이후에 재건된 모습을 보여준다. 성덕태자가 진하승에 준신라 전래의 반가사유상은 일본국보 1호이기도 하다.

하타씨는 교토남부에 위치한 가도노군葛野郡에 그 본거지를 가지며 양잠이나 직조織造 또는 주조酒造와 치수治水 등의 기술을 가진 씨족이었다. 이미 앞서 본 아라시산 마츠오타이샤도 주조의 신으로 하타씨와 관계가 깊은 신사였다. 또 광륭사 인근에 하타씨와 관련이 있는 오사케신사大酒神社도 있다. 본래 오사케신사는 광륭사가 건립된 후에 계궁원桂宮院 경내에 있었지만 근대 이후 신불불리 정책에 의해 광륭사 밖으로 옮겨지게 되었다. 계궁원은 광륭사 본당 뒤에 있었던 개산조사開山祖師나 신령을 제사지내던 곳이었다. 교토에서 하타씨와 관련이 있는 신사는 이외에도 후시미이나리타이샤伏見 稲荷大社가 있다. 이처럼 하타씨는 고대에 교토의 가도노일대를 근거로 하여 지금 오사카 지역은 물론 일본전국에 걸쳐 문명문화를 전수하는 대씨족으로 발전하게 되었다.

광륭사는 『일본서기』에 603년 성덕태자가 진하승秦河勝(하타노 카와카츠)에게 미륵보살 반가사유상을 증여받고 봉강사蜂岡寺라는 사원을 세웠다고 기록되며 유래한다. 또 838년에 성립된 『광륭사연기廣隆寺緣起』에는 광륭사가 622년 성덕태자가 죽자 그를 기리기 위해 건립된 사원이라고도 기록되어 있다. 진하승은 아스카시대에 하타씨가 일본열도로 도래할 때에 교토 가도노 지역이나 교토 남부 후시미(伏見)지역에 사는 하타씨 집단의 족장이었다. 진하승은 앞서 말한 가도노 출신으로 성덕태자 측근으로 활약하였고 또 부유한 상인으로 왜 조정의 재정에도 관여한 인물로 알려지고 있다. 그의 재력에 의해 헤이안쿄가 조성되고 이세신궁(伊勢神宮)도 창건하게 되었다고 전해진다. 진하승은 610년에 신라사절을 맞는 일을 담당하기도 하였다.

현재 광룡사에는 보관미륵과 보계미륵이라 하는 2개의 미륵보살반가상이 있는데 모두 국보로 지정이 되어 있다. 보관미륵은 적송으로 만든 것으로 고대일본 불상에서는 그 예를 찾아볼 수 없어 신라에서 넘어온 것으로 추정된다. 보계미륵은 아스카시대 목조상에서 일반적으로 사용되는 장목 녹나무를 재료로 사용하였다. 『일본서기』 603년 조에 진하승이 성덕태자에게 받은 불상이 존불상(尊佛像)이라 표기되어 있어 이것이 위에서 말한 미륵보살 반가사유상에 해당하는지는 여부는 사실관계를 따져봐야 하겠다.

방문객이 광룡사를 찾으면 웅장한 누문이 맨 먼저 맞는다. 누문을 통해 안에 들어가면 오른쪽에 강당이 있고 왼쪽에 약사당과 지장당(地藏堂)이 있으며 정면에는 본당이 있음을 본다. 그리고 바로 오른쪽에 진하승을 제사지내는 태진전(太秦殿)이 있고 또 그 좌측에는 서원이 있으며 북쪽에는 영보전(靈寶殿)이 있음을 알 수 있다. 그 안쪽에는 계궁원 본당(桂宮院 本堂)이 있다. 누문은 광룡사 정문으로 1702년에 건립된 것이며 약사당은 헤이안시대 전기에 만들어진 것으로 목조 약사여래입상을 안치하고 있다. 광룡사 누문이 광룡사 관람의 핵심으로 그 웅장한 규모에 감탄을 자아내게 한다. 광룡사 누문은 가까이에서 보기 어려워 길 맞은편에서 보아야만 그 웅장한 모습을 온전히 감상할 수 있다. 지장당에는 헤이안시대 후기에 만들어진 목조 지장보살좌상을 안치하고 있다. 1165년에 재건된 강당은 교토 시내에 남아있는 몇 안 되는 헤이안시대 건축물로 우진각 지붕을 하고 있다. 상궁왕원 태자전上宮王院 太子殿은 광륭사 본당으로 목조 성덕태자입상이 있으며 팔작지붕 건물 형식으로 1730년에 건립되었다. 계궁원 본당은 경내 서쪽에 있는데 성덕태자상을 모시는 건물로 나라현의 법륭사 몽전夢殿과 같이 8각원당八角圓堂으로 되어 있다. 13세기 중엽에 건립된 건물로 국보에 지정되어 있다. 8각원당은 글자그대로 8각 형태 불당으로 일본에서 그렇게 흔한 건물 형식은 아니다.

영보전은 광륭사 문화재를 전시하는 시설로 1982년 세워진 건물인데 여기에 미륵보살 반가사유상 2개와 십이신장상 등이 전시되고 있다. 광륭사에 있는 2개 미륵보살 반가사유상 중에 보관미륵은 목조 미륵보살

광륭사 상궁왕원 태자전으로 멋진 지붕 모습을 보여 준다.

반가사유상을 말하며 영보전 중앙에 위치하여 있다. 그 높이는 123.3㎝
이고 앉은키는 84.2㎝이다. 적송으로 오른 손을 뺨에 살짝 댄 모습을 보
여주어 본래는 금박이었을 것으로 보이고 제작시기는 7세기로 추정되며
신라에서 전래된 것으로 보인다. 서울 국립중앙박물관에 보관되어 있는
금동미륵보살 반가사유상과 양식적인 면에서 비슷하다. 『일본서기』 603
년 조에는 성덕태자로부터 받은 불상이라는 설이 나와 있으며 또 623년
신라로부터 받은 불상이라는 설이 있다. 다른 목조 미륵보살 반가사유상
은 통칭 우는 미륵이라 하며 높이 90㎝에 앉은키는 66.4㎝로 보관미륵과
같은 자세를 취하고 있다. 이 불상은 신라나 백제에서 볼 수 없는 재질인
장목 녹나무로 만들어져 있다. 그 때문에 7세기에서 8세기 사이에 일본서
만들었다는 설이 유력하다. 침울한 표정에 오른손을 뺨에 대고 있는 모습
이 마치 울고 있는 듯해 '우는 미륵'이라 불리기도 한다.

이외에 목조 아미타여래좌상은 강당 본존불에 해당하는데 높이가
261.5㎝로 840년에 제작되었다. 목조 천수관음입상은 높이가 266㎝로 영
보전 안에 있으며 헤이안시대 초기인 9세기에 제작된 것으로 추정된다.
목조 십이신장입상十二神將立像은 높이가 113에서 123㎝ 사이로 12구가 있
으며 1064년에 제작된 것으로 전해지고 있다. 이모저모로 광륭사 및 광륭
사 소재 불상들은 한국과 관련이 많은 사원과 불상임으로 한국인이라면
꼭 찾아가야할 사원에 해당한다.

잠양신사

광륭사에 왔다면 좀 더 둘러보아야 할 곳이 바로 잠양신사蠶養神社다. 도
래인인 하타씨와 관련이 있는 또 하나의 신사가 바로 잠양신사蠶の社(가이

잠양신사 삼주 도리이며 돌로 되어 있다.

코노야시로)에 해당하기 때문이다. 이 신사의 정식명칭은 목도좌천조어혼신사木島坐天照御魂神社(고노시마니마스아마테라미타마진쟈)라는 긴 이름을 가진 신사이다. 광륭사 동쪽 인근에 있는 신사로 옛날부터 기우제 신앙과 관련이 있는 신사로 잘 알려진다. 잠양신사의 시초는 광륭사 창건과 동시에 만들어졌다고 한다. 광륭사가 위치한 우즈마사太秦지역은 본래 도래인인 하타씨가 개척한 땅으로 그들은 양잠이나 직조, 염색 기술을 가지고 있었다. 그렇기 때문에 잠양신사도 하타씨와 관련이 있는 누에치기의 양잠신사로 해석된다. 현재 건물은 모두 메이지시대 이후 세워진 것들로 본전은 중앙 북쪽에 자리 잡고 있다.

신사 북서쪽에는 '원규의 못'元糾の池(모토다타노 이케)이라고 하는 신천神泉이 있지만 지금은 물이 없어 메마른 상태를 보인다. 전에는 이곳에서 손과 발을 씻으면 모든 병이 치유된다는 신앙이 전해 내려왔다. 이 원규의 못 안에는 일본에서도 매우 드문 삼주도리이三柱鳥居가 있다. 도리이는 기둥이 3개로 이 삼주도리이가 하타씨와 연고가 있는 마츠오타이샤나 후시미 이나리타이샤 등 신성화된 지역을 향하고 있다는 설이 있다. 현재의 삼주도리이는 1831년에 재건된 것으로 높이가 3.4m를 이루며 이 도리이를 둘러싼 원규의 못도 신성화된 지역으로 전해진다. 광륭사가 있는 우즈마사 지역을 찾았다면 광륭사를 필두로 이곳 잠양신사와 오사케신사를 방문하고는 해서 하타씨와 관련이 있는 사원과 신사는 모두 돌아보는 셈이 된다.

 묘심사

　광륭사 동북 인근에 묘심사妙心寺(묘신지)가 있다. 광륭사 관람을 마친 방문객은 다음 코스로 묘심사로 찾아가는 것이 좋다. 교토역에서 직접 온다면 교토시영 버스를 타고 묘심사 앞 정류장에서 내리면 된다.

　묘심사는 교토 하나조노花園에 있는 임제종 묘심사파의 대본산으로 석가여래를 본존불로 한다. 사원 창건자는 하나조노상황이며 개산조는 관산혜현關山慧玄이다. 하나조노상황은 가마쿠라시대인 1318년에 고다이고後醍醐천황에게 양위하고 상황이 된다. 하나조노상황은 선종불교에 심취하여 1335년 머리를 깎고 출가하였다. 그리고 종봉묘초宗峰妙超와 관산혜현을 스승으로 하여 1342년 인화사 하나조노 어소花園御所를 사원으로 전환하며 묘심사를 창건한다. 종봉묘초는 가마쿠라시대 말기의 임제종 승

묘심사 불전으로 주변에 많은 소나무가 있다.

뒤에 보이는 건물은 묘심사 불전이고 앞에는 법당이 보인다.

려로 대덕사 개산조이기도 하다. 관산혜현도 13세기 말부터 14세기 중반
까지 산 임제종 승려다. 하나조노상황은 1335년 하나조노 어소를 선종사
찰로 꾸며 자신은 방장 뒤쪽에 옥봉원玉鳳院을 세우고 그곳에 기거하며 참
선을 하였다. 묘심사는 오닌의 난 때에 가람이 소실되는 일도 겪었으나
16세기에 들어와 무장 세력의 도움을 받아 근세에 크게 번영한다.

　묘심사는 현재 일본에 있는 임제종의 약 6,000개 사원 중에 3,500여 개
를 장악하고 있으며 그로인해 임제종 각 종파 중에서 가장 큰 사원에 속
한다. 묘심사에는 근세에 재건된 삼문과 불전, 법당 등과 함께 가람 주위
에 많은 탑두사원을 형성하고 있다. 묘심사는 대덕사와 함께 수행정진을
중시하는 엄격한 선풍을 가지고 있던 임하의 대표적인 사원이라 할 수 있
다. 교토의 선종사찰은 오산십찰五山十刹로 보통 나타나는데 무로마치막
부의 비호와 통제 아래에 있던 부류와 또 그것과는 다른 길을 걷던 재야

묘심사 퇴장원에는 지천 정원을 가지고 있다.

쪽 사원으로 나눌 수 있다. 전자를 선림禪林 또는 총림叢林이라고 하고 후
자는 임하林下라 한다.

　이제 묘심사 경내로 발길을 돌려보자. 묘심사 정문인 남총문 옆에는 칙
사문이 나란히 자리하고 있다. 칙사문 뒤에는 방생지라는 작은 연못이 있
으며 그 뒤로 삼문과 불전, 법당, 현관과 대고리, 대방장과 소방장이 일직
선상에 늘어서 있다. 칙사문과 총문은 1610년에 건립된 것으로 칙사문은
평상시에는 닫혀있으나 조정에서 칙사가 오거나 새로운 주지스님이 올
때는 문을 열었다. 총문은 사원에서 가장 밖에 있는 정문을 말하며 일종
의 대문에 해당한다. 삼문은 1599년에 세워진 2층 건물로 정면 5칸에 해
당하는데 그 중 3칸이 통로로 활용되며 2층에는 16나한상이 있다. 삼문
은 본래 사원 문 형식으로 중앙에 커다란 문과 좌우에 작은 문을 통칭해
삼문이라 하였다. 하지만 지금은 그런 형식에 관계없이 사원의 불전 앞에

세워진 문을 삼문이라 칭한다. 그래서 묘심사 삼문 뒤에는 불전이 있다.

불전에는 본존불인 석가여래상과 그 옆에 가섭과 아난존자가 있다. 불전은 1827년에 세워지고 법당은 1656년에 건립된 건물로 모두 팔작지붕 형태를 취하고 있다. 불전 뒤에는 주지 스님의 설법이나 의식 등이 행해진 묘심사 최대 건물인 법당이 있고 그 천장에는 운룡도가 있다. 운룡도는 에도시대 초기 화가인 가노 탄유狩野探幽가 8년 세월에 걸쳐 그렸다는 천장화다. 또 법당 안에는 국보인 범종이 있다. 이 범종에는 698년에 해당하는 명문銘文이 새겨져 있어 일본에서 가장 오래된 종으로 인정된다. 이종은 『츠레쓰레구사徒然草』에도 언급되어 있을 정도로 음색과 형태가 아름답다. 『츠레쓰레구사』는 『마쿠라노소시枕草子』, 『호죠키方丈記』와 더불어 일본 3대 수필에 해당한다. 또한 묘심사 법당 기둥은 높이가 8m에 이르며 후지산에서 자란 느티나무를 배로 운반하여 법당 기둥에 썼다고 한다.

법당 뒤에는 현관과 사원 종무소인 대고리가 있고 우측으로 대방장과

석등과 돌다리로 구성된 묘심사 퇴장원의 지천 정원 모습이다.

소방장이 있다. 1654년에 세워진 대방장은 주지스님의 거소였던 곳이고 아미타삼존불이 있으며 소방장은 1603년에 세워졌다. 욕실은 1656에 지어진 건물로 욕실 내에는 탈의실과 욕조 등이 있다. 욕실은

묘심사 계춘원 본당으로 그리 크지 않은 규모를 가진다.

당시 승려들 뿐 아니라 일반 민중에게도 개방되어 공중목욕탕의 역할도 하였다. 경장經藏은 1674년에 지어진 건물로 그 안에서 윤장輪藏을 돌리며 경전을 암송한다.

묘심사 탑두사원은 사내와 사외를 포함하여 모두 46개가 있다. 산외 탑두사원으로는 석정石庭으로 유명하고 또 세계문화유산인 용안사가 있다. 산내 탑두사원은 칙사문과 대고리를 일직선상으로 하여 왼쪽부터 퇴장원退藏院과 대고리에서 약간 멀리 있는 대법원大法院 등이 있다. 오른쪽에는 칙사문부터 북쪽으로 하여 방생지 주변에 용천암龍泉庵이 있고 소방장 주변에 대심원大心院이 있음을 본다. 북쪽 총문에서 소방장 위에는 대웅원大雄院과 계춘원桂春院 등이 있다. 이들 탑두사원 중에 특별히 가볼 만한 곳은 다음과 같다.

먼저 삼문 왼쪽에 있는 용천암은 1481년에 창건된 사원으로 본당과 고리, 서원, 종루, 표문 등의 건물이 있음을 본다. 표문은 앞에서도 말한바 있지만 건물이나 사원의 정문에 해당한다. 퇴장원은 묘심사 탑두사원 중에 가장 오래되었으며 이곳에는 잘 꾸며진 정원이 있어 유명하다. 퇴장원은 묘심사 삼문 오른쪽에 있고 1404년에 창건된 사원으로 이곳에는 가장 오래된 수묵화인 표점도瓢鮎圖를 가지고 있는데 이는 국보로 지정되어 있

다. 퇴장원은 방장과 대현관, 정원 등으로 구성되어 있고 정원은 고산수로 이루어졌으며 이중 여향원余香苑은 1963년에 만들어졌다.

대법원은 모모야마시대부터 에도시대 전기까지 무장인 사나다 노부유키眞田信之의 보리사菩提寺로 1662년에 창건된 사원에 해당한다. 방장 안에는 에도시대 중기의 화가가 그린 그림이 있다. 대법원 안에 있는 노지정원露地庭園은 다도에 의해 발생되고 또 다실에 부수된 정원이라는 의미로 청정과 유현幽玄의 세계를 표현한다. 아름다움뿐만 아니라 실용성도 겸비한 정원이라 할 수 있다. 노지정원은 다정茶庭이라고도 하며 또 다실茶室에 딸린 정원을 말하는 경우가 많다. 노지는 건물이 없는 부분 곧 맨 땅 상태의 정원을 말한다. 계춘원은 1598년 창건된 사원으로 본당인 방장은 1631년에 건립된 것이다. 이외에 기백암旣白庵이라는 다실과 서원, 고리, 표문 등이 있다. 에도시대에 만들어진 정원은 방장 남쪽과 동쪽 그리고

단풍 속의 묘심사 대법원 정원 모습이다.

앞쪽의 평평한 곳 등 세 곳에 나누어져 있다.

인화사

묘심사 탐방을 끝내고 그 위쪽으로 인화사, 용안사, 금각사 등의 순서로 일정을 계속하여 보자. 인화사는 주변에 용안사가 함께 있어 교토역에서 교토 시영버스를 타고 인화사에 도착하면 용안사와 금각사를 쉽게 찾아갈 수 있다. 그렇지 않으면 JR버스를 타고 고산사, 서명사, 신호사 등을 보고 인화사 앞에 내려 관람을 계속할 수 있다. JR버스 1일권은 고산사에서 금각사까지는 추가요금없이 마음대로 타고 내릴 수 있다.

인화사의 정문인 이왕문으로 도로 옆에 있다.

인화사 이왕문 안에는 고마이누가 있다.

인화사仁和寺(닌난지)는 진언종 어실파御室派의 총본산으로 1994년에 세계문화유산에 등재되었다. 인화사는 인화仁和 2년인 886년 고고光孝천황의 발원에 의해 세워지기 시작하며 고고천황이 887년에 죽자 뒤를 이은 우다宇多천황이 888년에 완성한 사원으로 사원명칭이 바로 연호에서 기인한다. 우다천황은 897년 아들인 다이고醍醐천황에게 자리를 물려주고 자신은 인화사에 출가하며 제1대 주지가 된다. 우다천황이 퇴위한 후 인화사에 30여 년간 수행한 사실로 인하여 인화사가 바로 어실御室(오무로)이라는 명칭을 얻게 된다. 어실은 현재 인화사 어전御殿이라 칭하는 곳을 말한다. 인화사는 황족이나 귀족과 관계가 깊은 어소풍御所風 건물이라는 특징을 이룬다.

인화사는 헤이안시기부터 가마쿠라시기까지 수많은 황족이 출가하여 문적사원으로는 최고의 위치에 오른다. 여기서 문적사원은 황족이나 귀족이 주지를 맡는 사원으로 일본에서 사원 종류는 일반사원과 황족이 주지를 맡는 문적사원으로 크게 구분된다. 또 문적사원은 일반사원보다도 그만큼 사격寺格이 높다는 것을 말한다. 황족이 인화사 주지를 맡음으로 사원은 날로 번창하여 갔지만 무가정치 등장과 그로 인한 선종불교의 발흥 그리고 오닌의 난 등으로 인해 인화사는 쇠퇴해 갔다. 현재 가람은 에도막부 3대 장군인 도쿠가와 이에미츠의 도움으로 재건된 것이 대부분을 이룬다.

인화사 정문은 이왕문二王門으로 문의 좌우에 목조 금강역사상과 고마

인화사 백서원이 앞에 있고 오른쪽에는 신전이 보인다.

이누가 있고 방향은 남향이다. 인화사 이왕문은 도로에 접한 교토에서도 희귀한 문으로 교토 3대문의 하나에 들어가며 17세기 중반에 건립되었다. 이왕문에 들어서면 왼쪽에 본방本坊 표문이 있고 그 바로 위에 칙사문이 있음을 본다. 본방 표문은 17세기 초엽에 세워진 문으로 본방은 주지 스님이 사는 승방僧坊을 말한다. 어전은 우다법황宇多法皇의 어소御所가 있었던 곳이다. 법황은 출가出家한 상황上皇을 지칭하는 것으로 천황을 그만두고 스님이 된 전직 천황을 말한다. 헤이안 전기의 우다법황이 법황으로선 최초라는 설도 있다.

인화사 표문을 통해 들어오면 어전입구에 다다르며 이어 백서원白書院과 낭하를 통해 흑서원黑書院, 신전宸殿에 다다른다. 백서원과 신전 앞에는 남정南庭이 자리하고 있으며 흑서원을 통해 낭하로 들어가면 영명전靈明殿이 나온다. 백서원은 1887년 인화사 어전이 불타자 1890년에 재건한 건물로 신전과도 연결된다. 신전은 옛 궁전에 있던 상어전常御殿을 이축한 건물이지만 1887년에 소실되며 현재 재건한 건물이 남아 있어 신전 남북에 있는 정원과 함께 궁전 분위기를 물씬 풍긴다. 신전은 어전에서 가장 중요한 건물로 1914년에 완성되었으며 메이지시대 이후 목조형식으로는 가장 우수한 건물로 평가받는다. 신전 앞마당에는 모래밭으로 된 남정이 있고 또 북정北庭에는 연못으로 이루어진 정원이 있다. 곧 영명전과 침전 북쪽에는 북정이 자리하고 있고 신전 남북에는 북정과 남정이 함께 있음을 볼 수 있다. 북정 오른쪽에는 비도정飛濤亭이라는 정자가 있고 영명전 왼쪽에는 요곽정遼廓亭이 있음이 확인된다. 비도정은 19세기 중엽에 세워진 건물로 초가지붕을 한 다실이며 요곽정은 18세기 중엽에 지어진 건물로 에도시대 화가인 오가타 고린尾形光琳 저택을 이축한 것이다. 흑서원은 1909년에 세워진 건물로 영명전 외곽에 다실인 요곽정이 별채로 서 있음을 본다. 북정 연못에서 보이는 인화사 오중탑은 단풍과 어우러져 환상적

인화사 북정 연못 넘어에 오중탑이 보인다.

인화사 오중탑은 날렵한 모습을 한다.

인 광경을 보여 준다. 인화사는 단풍의 명소는 아니지만 북정에서 바라보
는 오중탑 광경이 인화사에서 가장 아름답다고 할 수 있다.

봄날의 벚꽃 속에 인화사 오중탑을 조망하였다.

인화사 금당을 정면에서 바라 보았다.

　이로써 어전지역을 다보고 나오면 다음에는 이왕문과 일직선을 이루는 주홍색 중문이 관람객을 마주한다. 중문 왼쪽에는 어실 벚꽃밭 곧 오무로 벚꽃이 나오며 또 오른쪽으로 가면 오중탑이 나온다. 오중탑은 높이가 36.18m인 목탑으로 그 안에는 대일여래가 있으며 1644년에 건립되었다.

인화사 금당 옆에는 붉은색 단풍이 함께 한다.

단풍이 물든 인화사 금당 모습이다.

어실 벚꽃御室櫻(오무로자쿠라)은 에도시대 초기부터 심어져 현재는 200그루에 이르고 봄에 인화사를 찾으면 일대 장관을 이룬다. 특히 중문 서쪽 일대를 어실 벚꽃이라 하는데 에도시대부터 시민들의 사랑을 받아왔다.

중문에 들어서면 정면에 금당이 있고 금당 왼쪽에는 관음당이 있음을 본다. 금당은 인화사의 가장 끝에 위치하며 그 왼쪽에는 어영당御影堂과 종루가 있고 금당 오른쪽에는 경장이 있음을 본다. 어영당은 사원에서 개창조나 종조 존영을 모신 건물로 개산당開山堂이라고도 한다. 인화사 어영당은 구어소舊御所 청량전淸凉殿을 17세기 중엽에 이축해 온 것으로 안에는 종조인 공해空海 화상이 있으며 편백나무 지붕을 하고 있다. 인화사 어영당은 규모가 크고 장엄한 분위기를 연출한다. 더구나 금당 왼쪽 맨 끝에 위치하기 때문에 그냥 지나치기 쉬우나 다른 사원의 어영당은 관람하지 않더라도 인화사 어영당은 꼭 보아야 인화사 관람이 끝난다고 할 수 있다. 금당 오른쪽에 있는 경장은 17세기 중반에 세워진 선종양식 건물에 해당한다.

1613년에 건립된 인화사 본당인 금당은 구어소 정전인 자신전紫宸殿을 이축한 것으로 17세기 중반에 세워졌다. 당시 궁전건축 분위기를 전하는 가장 오래된 건물에 속한다. 금당 안에는 아미타삼존상과 사천왕상을 본 존불로 모시고 있다. 금당은 궁전에서 불당으로 그 용도가 바뀌면서 지붕 도 편백나무에서 기와로 바뀌었지만 근세 침전조寢殿造 건물로는 매우 희 귀해 현재 국보로 지정되어 있다. 인화사는 어소만 입장료가 있을 뿐 나 머지 구간은 무료관람이 가능하다. 그렇지만 어소가 인화사 관람의 핵심 부분으로 이곳을 안본다면 인화사 관람은 의미가 없다고 할 수 있다.

용안사

인화사 다음으로 찾는 곳이 용안사이다. JR버스 라인에 함께 있어 찾아 가기가 쉽다. 물론 교토 시영버스 1일권으로도 인화사는 물론 용안사도 제한없이 타고 내릴 수 있다.

용안사 정문으로 산문에 해당한다.

용안사에는 경용지라는 연못이 함께 한다.

용안사龍安寺(료안지)는 본래 귀족의 별장지로 임제종 묘심사파妙心寺派 사원에 해당한다. 용안사는 1450년에 선종사원으로 시작되었고 1488년 방장이 건립되며 지금의 위치에 자리 잡는다. 또 용안사는 묘심사와 관계가 깊고 묘심사의 산내 탑두사원에 해당한다. 초대 주지는 무로마치시대 중기 임제종 승려인 의천현승義天玄承으로 대자혜광선사大慈慧光禪師라는 시호를 가진다.

용안사는 규모가 작은 사원임에도 불구하고 단풍이 아름답고 또 세계문화유산에 등재되어 있어 찾는 이가 많다. 고산수 석정石庭 방장정원으로 유명한 용안사는 무로마치시대 다이묘大名이며 또 오닌의 난 때에 동군총수東軍總帥였던 호소카와 카츠모토가 1450년에 창건한 선종 사원에 해당한다. 용안사는 오닌의 난 때에 소실되었지만 1499년에 재건된다. 그 후로 도요토미 히데요시에 의해 사령寺領을 부여받는다. 여기서 사령은 사원이 소유한 토지를 말한다. 이후 용안사는 탑두사원도 21원院에 이르는 등 크게 중흥되었으나 1797년에 화재로 거의 대부분이 불에 탄다. 메이지시대의 폐불훼석으로 인해 용안사는 더욱 쇠퇴하지만 1975년 영국 엘리자베스 2세가 일본을 방문하며 용안사를 찾았고 또 석정을 보게 되며 해외에도 널리 알려지게 된다.

용안사 산문에 들어서면 거대한 경용지鏡容池라는 연못이 있고 그 주변에는 회유식 정원이 꾸며져 있음을 볼 수 있다. 경용지는 대각사의 대택大澤과 함께 헤이안시대에 조성된 연못으로 현재까지 많은 사람들에게 사랑을 받는다. 용안사 일정에서 가장 하이라이트는 석정에 있지만 단풍으로 물든 가을날의 경용지를 한 바퀴 돌아보는 것도 의미가 있다.

경용지 오른쪽 오솔길에는 단풍나무가 무성하며 그 길을 계속 따라 들어가면 고리가 나온다. 고리 뒤로 대서원이 있으며 그 고리와 복도로 연결된 끝에 방장이 있다. 용안사 방장은 1797년 화재로 소실되었고 이후 탑두사원인 서원원西源院 방장을 이축해 용안사 본당으로 사용하며 시작된

용안사에는 탑두사원으로 대주원이 있다.

다. 서원원 방장은 1606년에 지어진 건물에 해당한다. 용안사 본당인 방장의 남쪽 뜰에는 하얀 모래를 깔고 또 틈틈이 돌을 놓은 석정이 있다. 방장 석정은 15세기 중엽에 만들어진 것으로 고산수 정원으로 교토는 물론 세계적으로 유명한 곳에 해당한다. 하얀 모래를 깐 장방형 부지에 돌을 배치해 하나의 나무와 풀도 사용하지 않아 아름다운 자연 환경을 그대로 보여준다. 용안사 석정은 좁은 공간에 압축적이고

용안사 방장은 깔끔한 모습을 보인다.

용안사 방장 현판으로 글씨가 단아하다.

도 추상적인 자연을 연출하고 있어 고산수 정원의 극치를 보여준다. 용안사 석정은 길이가 25m에 폭은 10m 정도로 그리 크지 않은 공간이지만 하얀 모래와 15개의 돌들이 요소요소에 배치되어 있다. 조용히 방장 마루에 앉아 용안사 석정을 바라보는 모습은 바로 유현의 세계와도 같다. 이 때문에 일본문화의 극치를 보기 위하여 오늘도 많은 사람들 특히 서양 사람들도 용안사를 찾는다.

방장 옆에는 불전과 소당昭堂도 있는데 소당은 향당享堂과 같은 말로 선종사원에서 조사상祖師像이나 위패를 모신 건물에 해당한다. 방장과 석정을 돌아보고 밖에 나오면 경용지 정면에 있는 탑두사원인 대주원大珠院과 서원원이 있음을 보게 된다. 경용지 주변 오솔길을 따라 걸어 나오면 다시 출입구인 산문에 도착한다. 일본사원에는 크고 작은 연못이 함께 있는

용안사 방장 앞 고산수 석정은 세계적으로 유명한 곳에 해당한다.

경우가 많다. 용안사 경용지는 크기도 크고 단풍이 아름다워 찾는 이가
많다.

용안사가 고산수의 대표임으로 고산수 정원에 대해 좀 더 알아보도록
하자. 고산수는 물을 일체 사용하지 않고 모래 특히 하얀 모래와 돌을 사
용해 산수를 표현하는 방식을 말한다. 또 고산수는 하얀 모래를 사용하지
않고 적사赤砂 즉 금강사金剛砂라고 하는 붉은 모래를 사용하는 경우도 많
다. 무로마치시대에 고산수 정원은 그 절정을 이루며 용안사 방장 석정과
은각사 향월대向月臺가 그 중에 가장 유명하다고 할 수 있다. 화려한 자연
경관을 가지고 있지는 않지만 절제된 공간에서 마음을 가라앉히고 명상
이나 좌선을 하는 장소로는 제격이다. 고산수는 정원을 단지 산책만 하는
것이 아니다. 마루에 앉아 경치를 바라보며 그 절제된 공간에 하얀 모래
가 어떤 의미를 가지고 있는지 또 돌 하나하나가 무엇을 표현하는지 등을
생각하며 사색의 시간을 가지는 정원에 해당한다.

봄날의 용안사 방장 석정 모습이다.

　고산수 정원은 형식상 다양하다. 곧 모래와 돌을 주로 사용하거나 본래 그 지역특색의 자연경관을 활용하여 정원을 만들기도 한다. 그 구체적인 분류는 다음과 같다. 평정식 고산수平庭式 枯山水는 용안사 석정이 대표적으로 평평한 부지에 조성된 가장 정통적인 방식에 해당한다. 준평정식 고산수準平庭式 枯山水는 평정식과 형식면에서 같지만 인공으로 조성된 산인 이른바 축산築山(츠키야마)이 있어 부지에 다소 변화를 주는 방식이다. 대덕사 본방의 방장정원이 대표적인 사례에 해당한다. 고지식 고산수枯池式 枯山水는 실제 물을 사용하지 않지만 돌과 모래를 이용해 연못이 있는 것처럼 꾸민 정원으로 만수원曼殊院 정원이 그 대표적인 사례이다. 특

용안사에는 동전 모양을 한 츠쿠바이가 있다.

수형식 고산수特殊形式 枯山水는 은각사 향월대나 은사탄銀沙灘처럼 하얀 모래를 사용해서 탑을 만드는 등 특수한 형태를 가진 정원이다. 이처럼 고산수 정원도 형태가 다양한데 고산수는 지천식과 더불어 일본정원의 양대 산맥을 형성하고 있다. 발생에 대해서 말한다면 지천식이 먼저 생기고 나중에 고산수와 노지정원露地庭園이 출현한다. 노지정원은 다정茶庭이라고도 하며 다실茶室에 부속된 정원을 말한다.

 등지원

용안사에서 동쪽으로 조금만 더 가면 등지원이 나온다. 등지원을 찾아가려면 리츠메이칸대학立命館大學과 가까이에 있어 일단 이 대학을 찾아가는 것이 좋다. 리츠메이칸대학이 종점인 버스도 많다. 때문에 리츠메이칸대학 가는 버스를 타고 종점에서 내려 이 대학을 찾아가면 된다.

등지원等持院(도지인)은 임제종 천룡사파 사원으로 중세 무가武家인 아시카가씨足利氏의 묘소가 있는 곳으로 유명하다. 14세기 가마쿠라시대 무로마치막부의 초대 정이대장군征夷大將軍이었던 아시카가 타카우지足利尊氏가 1341년에 야나기노반바柳馬場에 등지사等持寺를 건립하며 사원은 출발한다. 타카우지가 죽은 뒤에 등지사는 바로 그의 묘소가 되고 이름도 등지원으로 개칭한다. 야나기노반바에 있었던 등지사는 오닌의 난 때 소실되었고 현재 등지원이 바로 등지사 본사가 되었다.

사진은 등지원 방장 마루를 보여 준다.

등지원 방장에서 정원을 바라 보았다.

등지원 방장은 1616년에 묘심사 해복원海福院 방장을 이축해온 것이다.
영광전靈光殿은 방장 서쪽에 있으며 본존인 지장보살과 아시카가 역대 쇼

등지원 부용지와 청련정이 보인다.

등지원 정원에도 연못과 단풍이 풍성하다.

군 및 도쿠가와 이에야스 목상이 안치되어 있다. 부용지芙蓉池라 불리는
정원은 몽창소석이 만든 것으로 천룡사 조원지와 함께 몽창소석의 대표
작으로 알려지고 있다. 연못 전체가 연꽃형태로 에도시대 중기 양식을 보
이고 있다. 방장 북쪽 정원에는 연못을 사이에 두고 다실인 청련정清漣亭
이 있고 중앙에는 아시카가 타카우지의 묘소로 알려진 보협인탑寶篋印塔이
있다. 정원은 본래 기누가사산衣笠山을 차경借景으로 하였지만 리츠메이칸
대학이 확장되어 가려짐에 따라 현재는 키 큰 나무를 심어 대학건물을 가
리고 있다. 등지원 정원은 생각보다 크고 나무가 많이 심어져 있어 단풍
과 정원을 함께 즐길 수 있다.

 금각사

JR버스 1일권으로 용안사서 다음 코스로 갈수 있는 사원은 금각사다.

이 경우 와라텐진 정거장에서 내려 북쪽으로 10분 정도 걸어가면 금각사가 나온다. 금각사는 워낙 유명하여 외국인을 비롯해 많은 관광객이 찾는 곳이다. 그야말로 발 디딜 틈도 없다. 교토역 시내버스 승강장에서 금각사로 가는 버스도 매우 많다. 교토의 상징과도 같은 금각사 여행을 이제 떠나 보자.

금각사金閣寺(긴카쿠지)의 정식 명칭은 녹원사鹿苑寺로 임제종 상국사파相國寺派 산외山外 탑두사원에 해당하며 세계문화유산에 등재되어 있다. 금각사는 무로마치막부 3대 쇼군인 아시카가 요시미츠足利義滿의 별장이었던 북산전北山殿이 그가 죽은 뒤에 선종사찰로 변모하게 되며 출발한다. 1397년 3층 사리전舍利殿을 세우고 안팎에 금각을 입히는 바람에 별칭이 금각으로 변하게 되었다. 아시카가 요시미츠는 금각에서 공경公卿귀족을 모아 연회를 베푸는 등 중세에 있어 북산문화北山文化라는 화려한 시대를 열었다. 아시카가 요시미츠 사후에 사원명을 녹원사라 변경하는데 이는 아시

금각사 경호지를 배경으로 금각이 보인다.

황금색이 찬연한 금각사 금각이다.

카가 요시미츠의 법호가 녹원원전鹿苑院殿이었기 때문이다. 하지만 오닌의 난 때에 금각 이외의 건물은 모두 소실되었다.

　여기서 금각사와 밀접한 북산문화가 무엇인지 알아보자. 북산문화는 무로마치시대 초기 문화로 3대 쇼군인 아시카가 요시미츠의 북산산장北山山莊에서 출발한다. 동산문화東山文化와 대칭되는 말로 시기적으로 14세기 말부터 15세기 전반까지 이어진 문화다. 요즘 일본 사학계에서는 동산문화와 북산문화를 합해서 무로마치문화라고 부르기도 한다. 남북조시대의 동란을 거치며 그때까지 전통적이었던 공가公家(구게)문화와 새로 발흥하는 무가武家(부게)문화가 융합된 것이다. 또 명나라와 무역을 하고 선종불교를 통해 대륙문화를 흡수하려는 경향을 보인다. 공가는 조정에 소속된 귀족이나 고위 관인들을 총칭하는 말이며 무가는 군사를 주 업무로 하는 관직을 가진 집단이라 할 수 있다.

단풍 속에서 금각사 금각을 바라 보았다.

조선시대 신분질서인 사농공상土農工商에서 사는 선비를 말하나 에도시대에는 사무라이는 곧 무사武士를 지칭한다. 사무라이侍는 본래 '시종한다'는 의미에서 출발해 이것이 나중에는 무사로 발전한다. 같은 사자土字를 놓고 조선왕조는 선비로 읽고 일본은 무사를 지칭해 그 의미가 달라진다. 다시 말하면 조선왕조는 유교를 제일주의로 하는 나라이고 일본은 무사가 사회계층의 최상부를 구성하고 있으며 이들은 신불습합 즉 신도와 불교를 숭상하였다는 의미를 가진다. 같은 동아시아문화권 나라 중에 가장 가까운 나라들이 한쪽은 문文이 최상층을 형성하고 또 한쪽은 무武가 최상층을 형성하여 근대를 맞이하게 된다. 그 결과 한쪽은 식민지 또 한쪽은 제국으로 각자의 길을 가게 된다. 고려시대에 무반에 대한 차별로 조선시대에 들어와 문무반을 함께 아우른 '양반'이 확립되었지만 결과는 유교를 받드는 선비가 사회구성의 최상층을 차지하게 되는 결과를 낳았다.

그러므로 문치 제일주의에 이르는 폐단이 형성되었다. 만약 조선왕조가 문무를 골고루 하는 사회로 나아갔다면 조선왕조는 식민지배로 떨어지지 않았을 것이다.

금각사로 다시 돌아와 보면 북산문화를 대표하는 건축물은 앞서 보는 대로 금각사 금각이고 아라시산의 천룡사도 북산문화에 속한다. 불교종파 중에 임제종은 막부의 보호아래 발전을 거듭한다. 금각사는 오닌의 난 이후에 건물이 남선사나 건인사로 이전되며 사원의 규모는 대폭 축소된다. 이후 일부는 재건되지만 현재는 금각과 방장, 서원, 부동당 등으로 선종禪宗사원이라기보다는 외형상 경호지鏡湖池(교코치)를 중심으로 한 정원庭園사원이라는 모습을 보여준다.

금각사 정원은 약 28,000평이 넘는 규모를 가지고 있으며 그 중심은 금각을 수면에 비추는 경호지라 할 수 있다. 경호지는 지천회유식 정원으로

금각사 경호지 주변에 단풍이 물들었다.

경호지 안에는 위원도葦原島, 학도鶴島, 귀도龜島 등 여러 섬들이 있고 적송석赤松石, 세천석細川石 등 기암괴석이 많이 배치되어 있다. 금각의 북쪽에는 안민택安民澤이라는 작은 연못도 있고 그 옆에는 1874년에 세워진 석가정夕佳亭이라는 다실도 있다.

금각사에는 경호지 이외에도 방장과 서원 정원이 있음을 본다. 이런 정원들이 모여 일체화한 금각사 정원은 그 웅장함과 아름다움으로 타의 추종을 불허한다. 금각사를 방문하면 누구나 경호지와 금각에만 관심을 기우리지만 그 옆의 방장도 볼거리이다. 녹원사 현판이 걸린 방장은 1678년에 재건된 건물로 팔작지붕을 하며 서원은 에도시대 중기에 세워진 건물에 해당한다. 방장 앞에는 방장 정원이 꾸며져 있어 주변 건물과 조화를 이룬다. 금각사 방장 정원은 멀리 반대편에서 보이는 금각의 금빛과 그 반사로 인해 더욱 깊은 감동을 준다.

방장 북쪽에는 대서원이 있고 부동당은 금각사에서 가장 오래된 건물로 16세기 후반에 지어졌으며 안에는 부동명왕상이 있다. 무로마치 8대 쇼군인 아시카가 요시마사足利義政는 조부인 아시카가 요시미츠가 건설한 금각 즉 사리전을 모방하여 오늘날 은각사 은각이라 불리는 관음전을 세웠다. 금각사 금각은 은각사의 은각과 서본원사西本願寺 비운각飛雲閣을 합해 교토 3대 누각이라 칭할 정도로 유명세를 날린다.

금각사 금각은 목조 3층 누각으로 녹원사 경내에 있는 경호

금각사 금각 주변에 있는 야박석이다.

지 호반 남쪽에 세워져 있다. 4각뿔 지붕을 이루고 꼭대기에는 동으로 만든 봉황이 있다. 금각은 3층 건물이지만 1층과 2층 사이에는 지붕이 없어 언뜻 보기에는 2층으로 보인다. 1층에는 금박이 없고 2층과 3층에는 금박을 입혔으며 3층은 내부에도 모두 금박을 입혔다. 1층과 2층은 모두 그 형태와 크기가 같아 정면 5칸에 측면은 4칸을 이룬다. 또 1층과 2층은 같은 기둥을 사용해 일체화하고 있지만 3층은 3칸으로 구성되어 있다. 1층은 법수원法水院이라 불리며 그 서쪽에는 연못 쪽으로 돌출된 맞배지붕의 작은 정자가 부속 건물로 붙어 있다. 1층 안에는 수미단을 설치하여 석가여래좌상과 아시카가 요시미츠 좌상을 안치하였다. 2층은 조음동潮音洞이라 하는데 난간을 높게 둘러치며 외벽은 모두 금박을 이루고 안에는 관음보살좌상이 있다. 3층은 3칸의 구경정究竟頂으로 불사리를 안치하고 있다. 금각 1층이 헤이안시대 고위 귀족의 주택양식인 침전조풍寢殿造風 양식이라면 2층은 주택풍住宅風 형식이고 3층은 선종양식 불전풍佛殿風 건물이라 할 수 있다.

　현재의 금각은 1950년에 방화로 소실된 것을 1955년에 재건한 건물에 해당한다. 이 방화 사건을 소재로 소설가 미시마 유키오三島由紀夫가 1956년에『금각사』라는 소설을 썼다. 이 소설은 금각의 아름다움에 빠진 한 청년이 여러 가지 복잡한 감정에 매몰되어 결국 방화에 이르게 되는 과정을 묘사한 것이다. 미시마 유키오는 이외에 단편소설인『우국憂國』과 4부작 장편 대작인『풍요의 바다豊饒の海』가 그 대표작으로 통한다. 필자에게 고대와 근대에 이르러 3대 문학작품을 고르라 한다면 고대에는『만요슈萬葉集』이고 중세에는『겐지모노가타리源氏物語』이며 근대에는『풍요의 바다』라고 할 수 있다. 이들 작품이 그 시대의 시대성을 가장 극명하게 나타내는 대표작이라 꼽을 수 있다. 다행이『만요슈』와『겐지모노가타리』는 최근 전공자에 의해 한국어로 번역이 완료되었거나 진행 중에 있다. 하지만 미시마 유키오의『풍요의 바다』4부작 장편은 한국에 한 번도 번역된 일이 없다. 근현대에 있어 가장 일본적인 작가인 미시마 유키오의『풍요의 바다』4부작이 전공자에 의해 어서 빨리 번역되기를 기대해 본다.

일본인의 죽음과 관련하여 또 하나의 극적인 장면은 러일전쟁에서 일본군을 지휘한 노기 마레스케乃木希典가 있다. 전쟁에서의 공과는 둘째로 치고 그의 죽음과 관련하여 1912년 메이지천황의 장례일에 노기장군은 부인과 함께 자결한 점이 부각된다. 이러한 장렬한 죽음은 주군의 복수를 위해 47인의 무사가 자결하는 '47인의 무사' 곧『가나데혼 추신쿠라仮名手本忠臣藏』가 더욱 잘 알려져 있다. 원한을 품고 죽은 자가 원령이 된다는 신앙은 이미 헤이안시대부터 있어 왔다. 교토천도의 배경도 이러한 원령신앙이 밑바탕에 깔려 있다 점은 이미 지적된 바 있다. 또한 미시마 유키오의 죽음과 관련하여 일본인의 죽음에는 신도와 천황이 그 근본에 있음을 깨닫게 한다. 제2차 세계대전에서 일본의 유일한 항복조건은 천황제의 보존이었다. 천황과 신도는 일본 그 자체라고 할 수 있다. 이상에서 예를 들은 죽음도 그 자체를 미학으로 다루려는 일본인의 심성이 드러난다. 일본의 신사와 사원에 무수히 있는 정원과 건물을 감상하는 일은 일본과 일본인을 이해하는 지름길이다. 여기에 위에서 거론한 신도와 불교, 천황 그리고 마지막으로 무사 곧 사무라이를 이해하여야만 일본을 제대로 안다고 말할 수 있다. 앞서 들은『만요슈』는 동아시아 고대사의 보고이다. 현재 이를 제대로 연구할 자원이 한국에는 없다. 이런 점을 따질 때 일본사를 비롯하여 일문학 등 일본학이 번성하기를 기대해 본다.

5

대덕사와 니죠성 지역을 찾아서

대덕사 칙사문으로 당파풍 모습을 한다.

📠 대덕사

금각사에서 다음 코스로 찾아갈 수 있는 곳이 기타노텐만궁이나 대덕사다. 북쪽에서 출발하여 남쪽에 있는 니죠성까지 찾아가는 여정으로 먼저 대덕사를 찾는다.

대덕사大德寺(다이토쿠지)는 임제종 대덕사파 대본산으로 본존은 석가여래다. 대덕사 개산은 1325년 가마쿠라시대 말기 임제종 승려인 종봉묘초宗峰妙超에 의해 이루어지며 그는 대등국사大燈國師란 이름으로도 알려지고 있다. 대덕사는 교토에서도 규모가 매우 큰 선종사원으로 경내에는 불당이나 법당 등 이외에 20여개가 넘는 탑두사원을 가지고 있다. 곧 대덕사는 근세사원의 분위기가 물씬 풍기는 사원에 해당한다.

종봉묘초가 1319년 낙북 무라사키노紫野 지역에 소당小堂을 만들며 대덕사가 시작된다. 1386년에 대덕사는 십찰十刹에서 최하위인 제9위에 이른다. 대덕사는 이에 1432년 아시카가 정권의 비호와 통제 아래에 세속화의 길을 걷고 있던 오산십찰五山十刹에서 이탈하여 좌선수행에 전념하는 사원으로 가게 된다. 오산십찰은 조정이나 막부가 정한 선종사원의 사격寺格으로 조정이나 막부가 주지를 임명했던 것이다. 오산은 십찰보다 더 높은 지위의 사원이며 오산 위에 별격사원別格寺院으로 남선사가 있다. 교

대덕사 산문으로 금모각이라는 현판이 붙어 있다.

소나무 속에 대덕사 불전이 있다.

토 오산은 앞의 순서대로 적으면 천룡사, 상국사, 건인사, 동복사, 만수사 등이 있다.

　대덕사는 1453년 화재와 그 뒤 오닌의 난 때에 가람이 전소되었으나 무

대덕사 법당에서 종무소 방향으로 소나무 길을 이룬다.

대덕사 탑두사원인 황매원 고산수 정원 모습이다.

로마치시대 임제종 대덕사파 승려인 일휴종순一休宗純의 노력으로 재건된
다. 이어 도요토미 히데요시에 의해 사세는 더 커진다. 1582년 도요토미
히데요시가 전국통일을 눈앞에 두고 죽은 오다 노부나가 장례식이 이곳
대덕사에서 열린 덕분이었다. 또 오다 노부나가를 제사지내기 위한 탑두
사원으로 총건원을 대덕사에 세운 것에도 있다. 이에 따라 도요토미 히데
요시의 지배하에 있던 다이
묘大名들은 대덕사 경내에 탑
두사원을 많이 세우게 되며
이로 인해 대덕사 사세는 일
거에 커진다. 이때 대덕사에
는 무武와 차茶 그리고 상商
과 차茶가 결합한 다실茶室과
다정茶庭이 함께 건립된다.

대덕사 용원원 방장 모습을 보여 준다.

도요토미 히데요시의 차사茶師였던 센노 리큐千利休는 와비차 완성자로 다성茶聖으로까지 칭송받는다. 도요토미 히데요시가 대덕사에서 오다 노부나가 장례식을 치룬 것도 센노 리큐의 권유라고 한다.

와비차는 다도茶道의 한 형식으로 초암차草庵茶라고 한다. 무로마치시대 말기의 무가귀족武家貴族들 사이에 유행한 서원차書院茶에 비해 센노 리큐가 완성한 와비차는 아즈치모모야마시대에 유행하였다. 이 시대는 오다 노부나가와 도요토미 히데요시가 정권을 잡은 시기에 해당한다. 서원차는 서원조書院造 건물 안에서 미술품 감상에 중점을 두지만 와비차는 초암풍草庵風 다실에서 정신적인 만족을 추구하던 다도였다. 그 특징은 간소하면서도 정숙한 경지를 중시한다. 하지만 이런 와비차를 완성한 센노 리큐도 도요토미 히데요시에 의해 할복 당한다. 그럼에도 불구하고 대덕사는 귀족이나 상인 그리고 문화인들에게 폭넓은 보호와 지지를 받는다. 근세에 들어와 대덕사는 더욱 번창하여 탑두사원을 130여개 거느리는 대사원으로 번영하였으나 메이지시기 폐불훼석으로 대폭 축소된다.

대덕사 용원원의 고산수 정원인 일지단으로 모래가 잘 정돈되어 있다.

대덕사 고동원의 서원 풍경을 보여 준다.

이제 대덕사 경내로 들어가 보자. 대덕사 남문을 통해 들어오면 칙사문
이 제일 먼저 나옴을 본다. 칙사문은 조정에서 파견된 칙사들이 주로 사
용하는 문이다. 칙사문 뒤로 주홍색을 한 산문이 나오며 산문 뒤로 불전
과 법당이 일직선상에 있다. 칙사문은 1640년에 이축되어 온 건물로 산
문은 보통 삼문三門이라고도 하는데 본래 이 문은 단층문이었다. 하지만
1589년에 센노 리큐가 2층을 지어 올려 금모각金毛閣이라 이름을 지었다.
대덕사에서는 이를 고마워하여 2층에 센노 리큐 목상을 설치하게 되고
결과적으로 이 문을 지나가는 사람들은 모두 센노 리큐 목상 밑을 통과하
게 되었다. 도요토미 히데요시가 이를 알고 화를 내며 센노 리큐를 할복
자살하게 하였다는 일화가 전해지고 있다.

또 칙사문 옆에는 욕실이 있고 불전 옆에는 경장이 있으며 법당 옆에는
종루와 당문唐門, 대방장이 있다. 당문도 국보로 맞배지붕을 하고 있는데
본원사本願寺와 도요쿠니 신사豊國神社 당문과 함께 모모야마시대 3대 당

문으로 그 명성을 얻고 있다. 에도시대 초기 건물이며 국보로 지정된 방장과 현관도 선종양식인 법당과 불전과는 달리 일본식으로 지어진 특징이 있다. 방장은 1635년에 지어진 팔작지붕 건물에 해당한다. 1636년에 지어진 현관은 곡선형 박공이 밖으로 돌출된 당파풍唐破風(가라하후)을 하고 있다. 방장은 본래 주지의 거실이었지만 이후 주지 거실은 다른 곳에 옮겨지고 조정의 칙사나 막부요인들을 접대하거나 종무를 보는 공간으로 변했다. 현재 대덕사 방장에는 고산수 정원이 꾸며져 있으나 이곳은 비공개 지역에 해당한다. 1665년에 건축된 불전은 교토상인들의 기진寄進에 의해 세워졌고 1636년에 건립된 법당 천장에는 에도시대 초기 화가인 가노 탄유가 그린 운룡도雲龍圖가 있다. 여기서 기진은 신사나 사원에 금전이나 물품을 기부하는 행위를 말한다.

대덕사는 본사보다도 탑두사원이 워낙 많이 있어 이들로 인해 대덕사는 더욱 빛난다. 먼저 남문에서 시작하면 좌측에 황매원黃梅院과 용원원龍源院이 있고 칙사문에서 오른쪽에는 서봉원瑞峰院이 있다. 법당 뒤쪽에는 대선원大仙院과 방춘원芳春院, 진주암眞珠庵 등이 있다. 방춘원 가는 길에는 일기일회一期一會라고 쓴 건물도 있다. 법당 왼쪽 길에는 취광원聚光院과 총견원總見院, 고동원高桐院 등 수많은 탑두사원들로 꽉 들어차 있음을 본다. 대덕사 탑두사원은 24개를 가지고 있으나 이중에 탐방이 가능한 곳은 황매원, 용원원, 서봉원, 대선원, 취광원, 총견원, 고동원 등 몇 개 안된다.

대덕사 고동원 정수반은 임진왜란 당시 조선에서 가져온 것이라 한다.

황매원은 오다 노부나가가 부

앞에 보이는 건물은 대덕사 총견원 본당에 해당한다.

친의 제사지내기 위해 지은 사원에 해당한다. 팔작지붕의 황매원 본당은 선종 특유의 방장양식을 하고 있다. 1652년에 세워진 서원과 이외에 당문, 다실, 고리가 있다. 고리는 1589년에 건립된 것으로 선종사원 고리로는 일본에서 가장 오래된 것에 해당한다. 종루에 걸린 종은 임진왜란 당시 조선에서 전래된 것이라 한다. 또 본당에는 파두정破頭庭이 있으며 본당 북쪽에는 작불정作佛庭이라는 정원이 있다.

용원원은 대덕사 탑두사원에서 가장 오래된 지역에 해당하며 용음정龍吟庭이라는 석정石庭이 유명하다. 용원원에 있는 본당과 표문은 창건 당시 건물로 대덕사 경내에서는 가장 오래된 건물에 속한다. 무로마치시대 선종 방장양식을 잘 따르고 있다고 할 수 있다. 이 방장건물을 에워싸고 있는 고산수 정원도 볼 만하다. 고산수 정원은 돌이나 모래 등으로 산수풍경을 표현하는 정원 양식으로 보통 물이 없는 정원을 말한다. 이러한 추상적인 정원은 무로마치시대 선종 사원에서 특히 발달하였다.

서봉원은 16세기 중반에 세워진 사원이다. 본당인 방장은 사원창건 당시 건물에 해당하며 무로마치시대 방장양식을 따르고 있다. 안에는 일본 근대화가인 노조에 헤이베이野添平米가 그린 금강산 그림이 있다. 이외에도 다실과 정원이 있다. 정원은 방장을 중심으로 남과 북, 서쪽에 모두 있는데 1961년에 만들어진 것이라 한다.

대선원은 본당과 무로마치시대를 대표하는 고산수 정원으로 유명하다. 1509년에 대덕사의 76세 주지에 의해 창건된 사원으로 20여개 대덕사 탑두사원 중에서도 가장 가치 있는 사원에 속한다. 국보로 지정된 본당 겸 방장은 방장건축으로는 동복사 용음암龍吟庵 방장에 이어 두 번째로 오래되었으며 1513년에 건립되었다. 현관도 일본에서 가장 오래된 현관으로 국보로 지정되어 있다. 방장정원에는 하얀 모래를 깔고 삼각형 모래탑이 두 개나 세워져 있으며 서원에는 산과 폭포, 다리, 배 등을 모두 돌로

대덕사 취광원 방장 정원은 이끼가 아름답다.

대덕사 방춘원 입구를 보여 준다.

형상화한 정원이 있다. 좁은 공간에 다양한 경관을 표현한 것이 특징이라 할 수 있다.

총견원은 1582년 도요토미 히데요시가 오다 노부나가 죽음을 애도하기 위해 세운 사원으로 총견은 오나 노부나가의 법호法號에 해당한다. 본당에 나무로 만든 오다 노부나가 좌상이 있고 본당 서쪽에는 오다 노부나가 일가의 묘가 있다. 취광원은 1566년에 세워진 사원으로 센노 리큐를 개조開祖로 하며 그의 묘가 있는 곳으로 유명하다. 방장은 모모야마시대 방장건축을 대표하는 건물로 센노 리큐가 만든 정원이 있는데 보통 '백적百積정원'이라 불리며 이끼가 많이 심어져 있다.

고동원은 1602년에 세워진 사원으로 방장 남정南庭이 잘 알려져 있는데 본당 겸 객전이 있다. 정원은 간소 또 운치있는 정원으로 유명하며 중앙에는 가마쿠라시대의 석등롱이 있다. 다실로 봉래鳳來가 있으며 이 앞에 놓여 있는 츠쿠바이蹲踞는 임진왜란 당시 가토 키요마사加藤淸正가 조선

대덕사 대선원 방장과 현관 모습으로 모두 국보에 지정되어 있다.

왕조의 왕성 기초석을 가져온 것이라 전해진다. 여기서 츠쿠바이는 정원에 설치된 소품 중의 하나로 다실에 들어가기 전에 손을 청결히 하기 위해 씻는 곳이다. 한자로 굳이 표현하자면 정수반淨水盤이라 할 수 있다. 의북헌意北軒이라 하는 서원은 센노 리큐 저택을 이축한 것이고 서원의 서북쪽에 있는 송향헌松向軒은 다실에 해당한다.

히라노신사와 기타노텐만궁

대덕사 관람을 끝냈다면 이제 봄철 벚꽃과 가을철 단풍으로 교토에서도 손꼽히는 히라노신사와 기타노텐만궁으로 달려가 보자.

히라노신사平野神社(히라노진쟈)는 기타노텐만궁 바로 위에 있는 신사로 봄에 벚꽃으로 유명한 신사다. 헤이안쿄 천도 무렵까지 그 창건연대가 올라

히라노신사는 벚꽃으로 유명하다.

가는 신사에 해당한다. 간무桓武 천황의 생모인 다카노노 니이가사高野新笠를 제사지내는 신사로 본래 헤이쬬쿄에 있었지만 헤이안쿄 천도이후 현재 자리에 이전한 것으로 추정된다. 현재 제신은 이마키노 스메오카미今木皇大神를 주신主神으로 하며 줄여서 이마키신今木神이라 한다. 히라노신사의 주신인 이마키신은 본래 백제계 도래인이 살던 이마키군今木郡의 제신이었지만 헤이안쿄 천도 무렵에 이곳으로 이전하게 된다. 『일본서기』유랴쿠雄略 천황 7년 조에도 이마키가 나오며 이마키의 뜻은 금래今來로 '지금 도래하여 왔다'는 뜻이다. 또한 간무천황 어머니의 아버지는 백제계 도래인으로 간무천황은 결국 백제계 후손인 셈이다. 이 때문에 간무천황 시기에 백제계 도래인이 정치의 전면에 등장하게 된다. 간무천황이 백제계 도래인의 피가 섞인 사실은 일본천황에 의해서도 얼마 전 언급된 바 있다.

　중세이후에 히라노신사는 황폐화되었으나 근세인 17세기 전반에 들어와 재건되며 현재와 같은 본전이 만들어 졌다. 히라노신사에는 본전을 비롯하여 배전과 중문, 남문 등의 건물이 배치되어 있다. 히라노신사는 벚꽃이 985년부터 심어지기 시작하여 현재도 봄에는 벚꽃축제가 열리는 등 교토의 벚꽃 명소에 해당한다. 히라노신사는 백제계 도래인과 관계있는 신사로 벚꽃이 피는 봄에 가면 더욱 멋진 광경을 볼 수 있다.

　다음으로 기타노텐만궁北野天滿宮(기타노텐만구)에 가본다. 이 신사의 옛 명칭은 기타노신사北野神社로 천신신앙天神信仰 중심지이며 최근에는 학문의 신으로 추앙받고 있다. 기타노텐만궁은 947년 스가와라노 미치자네菅原道眞를 제사지내는 신사가 현재 위치에 건립되며 시작된다. 스가와라노 미치자네는 헤이안시대 귀족이며 정치가로 관위는 태정대신太政大臣에 이른

기타노텐만궁 배전으로 역시 당파풍 모습을 하고 있다.

다. 태정대신은 태정관太政官의 장관인데 조정의 최고위직에 해당하며 태정관제는 중국에도 없는 일본 독자의 관직에 해당한다.

스가와라노 미치자네는 충신으로 이름이 높았지만 좌대신左大臣 후지와라노 토키히라藤原時平의 참소로 규슈 다자이후大宰府에 유배당해 그곳에서 죽는다. 이후 후지와라노 토키히라는 정권을 장악하고 의욕적으로 개혁을 추진하지만 그도 39세의 나이로 죽는다. 그의 죽음에 대해 사람들은 스가와라노 미치자네가 죽어 그 원령怨靈에 의한 것이라고 믿게 된다. 또 후지와라노 토키히라가 죽은 후에 천재지변이 자주 발생하자 조정에서는 스가와라노 미치자네를 숭상하고 천만천신天滿天神으로 받들게 된다.

기타노텐만궁은 987년에 처음으로 칙제勅祭가 거행되고 이로 조정으로부터 기타노텐만궁 천신北野天滿宮天神이라는 칭호가 하사된다. 이후 조정으로부터 깊은 숭앙을 받아 22사二十二社의 하나가 되었다. 22사는 신사의 사격社格으로 국가의 중대사나 천재지변이 있을 때 조정으로부터 특별히

기타노텐만궁 본전을 맞은 편에서 바라 보았다.

폐백幣帛을 받는 곳을 말한다. 폐백은 신사에서 제사할 때 필요한 공물供物을 받치는 행위를 말한다. 에도시대에 들어와서 기타노텐만궁은 스가와라노 미치자네 신사라는 성격은 다소 약해지고 대신에 학문 신사로서의 신앙이 넓게 퍼지게 된다. 또 1603년 가부키歌舞伎가 열리면서 가부키 발상지로도 알려지게 된다. 가부키는 고유의 연극으로 전통예능의 하나에 해당한다. 1871년에 기타노텐만궁은 기타노신사北野神社라고 개명하게 된다. 신사 이름에 궁宮이라는 명칭이 붙여진 것은 제신祭神이 황족이고 또한 칙허가 필요하기 때문이었다. 본래 명칭이 기타노신사였던 것이 기타노텐만궁이라는 이름으로 복귀하게 된 것은 제2차세계대전 이후로 신도 국가 관리지침에서 벗어난 뒤의 일이었다.

기타노텐만궁을 찾아가면 누문을 지나 중문인 삼광문三光門과 본전이 회랑으로 연결된 모습을 본다. 1607년 건립된 본전과 배전拜殿은 국보로 지정되어 있으며 모두 팔작지붕을 한다. 오도이御土居 앞에는 홍매전紅梅殿이 있고 기타노텐만궁 서쪽 일대에는 오도이라는 정원이 꾸며져 있다. 오도이는 도요토미 히데요시에 의해 만들어진 교토를 둘러싼 일종의 토루土壘에 해당한다. 1591년 하천 범람으로부터 교토 시가지를 보호하기 위하여 쌓은 제방으로 사적에 지정되어 있다. 이곳에 현재 300그루가 넘는 단풍나무가 심어져 있어 교토에서도 단연 단풍의 명소로 손꼽힌다. 가을철 성수기에는 많은 탐방객들이 찾아와 단풍의 매력에 흠씬 빠져든다.

🪭 대보은사와 보경사

기타노텐만궁에서 동쪽으로 조금만 더 가면 대보은사가 나온다. 대보은사大報恩寺(다이호온지)는 진언종 지산파智山派 사원으로 보통 천본석가당千

대보은사 본당 모습으로 이 사원은 보통 천본석가당이라 불린다.

本釋迦堂(센본샤카도)이라 부른다. 1221년 가마쿠라시대 승려인 의공義空에 의해 창건되며 대보은사를 천태종과 진언종, 구사종 3종 겸학의 도량으로 키운다. 동아시아 불교 종파의 하나인 구사종은 일본에서 남도육종南都六宗에 속한다. 남도육종은 나라시대에 헤이죠쿄를 중심으로 발달한 6개 불교종파를 말하며 보통 나라불교奈良佛敎라고 한다. 6개 종파를 열거하면 삼론종, 성실종, 법상종, 구사종, 화엄종, 율종 등 이른바 학문불교에 해당한다. 대보은사 본당은 1227년에 세워진 건물로 오닌의 난 때에도 소실되지 않아 낙중에서 가장 오래된 건물에 속한다. 낙중은 교토시내 중심부를 가리키는 말이다. 이런 이유로 대보은사 본당은 국보로 지정되어 있으며 본당 이외에 영보전과 부동명왕당 등이 있음을 본다.

보경사는 대보은사에서 동쪽으로 쭉 가면 나온다. 걷기에는 약간 먼 거리이다. 교토역에서 시내버스를 탄다면 9번 버스를 타고 호리카와테라노우치堀川寺の内 정류장에서 내리면 바로 인근에 있다. 보경사寶鏡寺(호교지)는

선종 임제종 계열로 14세기 후반 비구니 사원으로부터 출발하였다. 근세에 황녀皇女가 출가하여 비구니 문적사원尼門跡寺院이 되었고 별칭으로 인형사人形寺(닌교데라)라 한다. 무로마치시대에 건복사建福寺였던 이름이 보경사로 바뀌며 1788년 화재로 건물이 소실된 이후 보수되어 현재의 모습을 갖춘다. 보경사는 1646년 고미즈노오後水尾천황의 5번째 황녀인 이창여왕 理昌女王(리쇼죠오)이 출가한 이후 대대로 황녀가 출가하는 비구니 문적사원이 되었다. 비구니 승려들이 보경사에 들어온 뒤로 천황가에서 많은 인형을 보내게 되며 인형사라는 별칭이 붙는다. 건물로는 서원과 본당, 아미타당이 있다.

니죠성

니죠성은 교토시 중심부에 있고 또 동쪽 위에는 교토어소가 있다. 교토

해자에 둘러 싸인 니죠성 동남각 모습이다.

니죠성 당문으로 전형적인 당파풍 모양을 하고 있다.

역 시내버스 승강장에서 니죠성 가는 버스가 매우 많아 찾아 가기 쉽다.
니죠성二條城(니죠죠)은 에도시대에 만들어진 일본식 성으로 교토시내 중심
에 있는 평지성이라 할 수 있다. 니죠성은 교토부 부청이나 황실 이궁離宮
으로 사용되었고 또 무엇보다 에도막부의 시작과 종언을 알리는 장소로
도 유명하다. 1994년에 '고도 교토의 문화재'라는 이름으로 유네스코 세
계문화유산에 등재된바 있다.

니죠성은 애초 도쿠가와 이에야스가 1603년 교토어소御所의 수호守護
(슈고)와 쇼군들의 숙박소로 만든 것에 출발하며 3대 쇼군인 이에미츠가
1626년에 완성하였다. 수호는 가마쿠라막부와 무로마치막부가 설치한
무가武家의 직제로 군사지휘관 또는 행정관을 말한다. 니죠성은 1867년
천황으로 왕정복고될 때까지 중요한 역사 무대가 되었다.

니죠성은 헤이안쿄 궁전이었던 대내리大内裏(다이다이리)의 금원禁園이었

던 신천원神泉苑 지역에 해당한다. 금원은 천황의 정원을 말한다. 도쿠가와 이에야스가 니죠성을 창건할 당시 이 지역이 선택된 이유는 불분명하지만 이곳이 인가가 적었기 때문일 것으로 보여 진다. 니죠성은 평지성으로 혼마루本丸와 니노마루二の丸 두 부분으로 나누어진다. 이들 주위에는 폭이 13m에서 17m에 이르는 내호內濠와 외호外濠가 둘러싸여 있어 마치 천연해자를 이룬다. 니죠성은 동서로 약 480m이고 남북으로 약 360m를 가진다. 먼저 외호를 통해 동대수문東大手門에 들어가면 니노마루 공간이 나온다. 여기에는 현관과 당문, 니노마루 어전과 니노마루 정원, 대광간大廣間과 그에 연결된 흑서원黑書院과 백서원白書院, 청류원淸流園 등의 건물이 있음을 본다.

니노마루 어전에 있는 문은 당문으로 금색 칠이 되어 있으며 니죠성에서 가장 화려한 느낌을 준다. 사원이나 신사건물에서 자주 보는 당문은

니죠성 니노마루 정원으로 연못이 함께 구성되어 있다.

가라몬이라 해서 지붕에 독특한 모습을 한 당파풍唐破風을 가진다. 당문은 본래 중국에서 도입된 것이나 지금과 같은 모습으로 전해진 것은 헤이안 시대 후기 일로 이때부터 독특한 양식으로 남게 된다. 1626년에 세워진 니죠성 당문은 모모야마문화의 기풍이 서린 문에 해당한다.

팔작지붕을 한 니노마루 어전은 무가풍의 서원조 건물로 모두 6동으로 구성되어 있으며 국보에 지정되어 있다. 대광간은 쇼군과 다이묘가 공식적으로 대면하는 장소로 에도막부 최후의 쇼군인 도쿠가와 요시노부德川慶喜가 천황으로 정권을 이양했던 대정봉환大政奉還이 이루어진 장소로 유

천수각에서 본 니죠성 전경으로 건물들이 웅장해 보인다.

명하다. 흑서원은 쇼군이 사적인 대면이나 정무를 보던 곳이고 백서원은 거실이나 침실로 사용되던 휴게공간이다. 니노마루 정원은 대광간의 서쪽에 있으며 모모야마시대 지천회유식 정원에 해당한다. 연못에는 3개 섬과 4개 다리가 있다. 연못 북서쪽에는 2단 형식의 폭포가 있다. 청류원은 니노마루 북대수문北大手門 부근에 있는 정원으로 서양식과 지천회유식이 절충된 양식으로 1965년에 만들어 졌다.

다음 동교東橋를 통해 내호를 건너면 혼마루 공간이 나온다. 여기에는 혼마루 어전과 정원 그리고 현관과 서원, 천수각 유구 등이 나옴을 본다. 혼마루 어전은 교토어소에 있었던 건물을 1893년에 이축한 것으로 공가풍公家風을 이룬다. 공가(구게)는 조정에 근무하는 귀족이나 상급 관인을 지칭하는 말이다. 혼마루 정원은 1896년에 완성된 서양식 정원으로 연못이나 고산수가 없고 잔디나 나무를 중심으로 한 회유식 정원에 해당한다. 혼마루에 있었던 천수각은 1750년 번개를 맞아 소실된 이후에 지금까지 복원되고 있지 않다. 일본에서 세계문화유산에 등재된 성은 오사카 서쪽에 있는 효고현兵庫縣의 히메지성姫路城을 들 수 있다. 때문에 니죠성은 세계문화유산으로 교토시내에 있는 유일한 일본식 성으로 그 관람에 의의가 있다. 물론 니죠성에는 다양한 공간과 정원 그리고 건물 등이 꽉 찬 성이지만 이곳에서 가장 화려한 것은 당문이라 말할 수 있다. 당문에서 바라보는 니죠성 어전이야 말로 가장 일본적 환경이라 할 수 있다.

6

정법사에서 동사까지의 사원들

 정법사

정법사頂法寺(쵸호지)는 니죠성의 동남쪽에 있고 교토어소 정남 방향에 있는 천태종 계열의 독립사원이다. 교토시영 지하철 가라스마선烏丸線이나 동서선東西線 가라스마 오이케烏丸御池역에서 내려 5번 출구로부터 걸어서 3분 거리에 있다.

정법사는 여의륜관음如意輪觀音을 본존불로 모신다. 여의는 여의보주如意寶珠로서 모든 소원을 들어준다는 것이고 륜은 법륜法輪의 약칭으로 번뇌를 타파하는 불법을 상징한다. 사원 이름이 정법사이지만 본당이 평면 6각형으로 이루어져 육각당六角堂으로 더 잘 알려져 있다. 정법사가 소장하고 있는 『육각당정법사연기六角堂頂法寺緣起』에 의하면 성덕태자가 가지고

육각당은 본래 정법사라는 이름을 가진다.

있던 관음상이 나중에 정법사 본존불이 된다는 내용이 나온다. 가마쿠라시대에 한문체로 기록된 일본 최초의 불교통사인『원형석서元亨釋書』에 성덕태자가 가지고 있던 관음상에 대해 본래 고구려 광명사光明寺에 있던 것을 성덕태자가 인수받게 되었다는 내용이 나온다. 이렇게 본다면 정법사는 고구려와 관계가 깊은 사원으로 기록될 수 있다.

육각당은 헤이안시대 후기에 관음영장靈場으로 사람들에게 널리 알려진다. 가마쿠라시대 초기인 1201년에 친란親鸞이 육각당에서 기도하던 중에 95일째에 성덕태자를 만나 정토종 종조인 법연法然의 전수염불專修念佛을 믿는 계기가 마련된다. 정법사는 에도시대 말기까지 수많은 화재가 일어나 많은 건물이 소실되었으며 현재의 본당은 1877년에 재건되었다. 육각당은 교토 중심부에 위치한 관계로 사원 경내가 매우 협소하다. 정면에 본당이 있고 그 오른쪽에 친란당親鸞堂과 납경소納經所 등이 있으며 본당 뒤에는 성덕태자가 목욕하였다는 전설이 있는 태자당이 있다. 정법사는 교토시내에 있다 보니 경내가 길로 많이 편입된 상태다. 때문에 종루는 정문에서 나와 길 건너편에 따로 떨어져 있다.

친란은 가마쿠라시대 전반부터 중기까지 산 승려로 정토진종의 종조가 된다. 정토진종은 대승불교 종파의 하나로 정토신앙에 기초를 둔 가마쿠라 불교의 한 종파에 해당한다. 친란이 가마쿠라시대 초기에 그 스승인 법연이 주장한 정토왕생淨土往生설을 계승하고 발전시킨 종파라고 할 수 있다. 가마쿠라 불교는 헤이안시대 말기부터 가마쿠라시대에 걸쳐 융성했던 불교의 한 혁신적 움직임을 말한다. 가마쿠라 불교는 정토사상 보급이나 선종 영향으로 새롭게 형성된 불교종파로서 가마쿠라 신불교라 칭하기도 한다.

가마쿠라 신불교에는 다음과 같은 6개 종파가 있다. 먼저 법연이 종조인 정토종으로 전수염불을 주장한다. 나무아미타불 만을 외우면 되고 어려운 고행이나 사원도 필요가 없다는 주장이다. 친란에 의한 정토진종은 스승인 법연의 가르침을 계승발전시켜 일향전수一向專修 즉 오로지 염불로서 수행을 장려하는 일과 일념발기一念發起 곧 한마음으로 깨달음을 얻으려는 마음을 일으키는 것에 대단한 가치를 둔다. 다음은 시종時宗으로 가마쿠라시대 중기 승려인 일편一遍이 그 종조로서 남녀구별하지 않고 또 신심 유무와 관계없이 모든 사람들이 염불을 외우게 되면 구제된다는 설이다. 법화종法華宗은 일련종日蓮宗이라 해서 일련日蓮이 종조이며 법화경만이 석가의 유일한 가르침이라 믿고 그에 의해 구제받는다는 설이다. 또한 말법무계末法無戒를 주장하며 그에 대한 실천을 독려하여 일본불교에 파계를 조장한 측면도 있다. 임제종은 영서榮西가 종조로 그 특징은 좌선과 공안을 실천하며 깨달음에 이른다는 것을 주장한다. 임제종은 막부의 보호와 통제를 받고 또 교토와 가마쿠라 상급무사와 지방유력 무사들로부터 지지를 받는다. 한편 영서는 다도를 재건시킨 공로도 있다. 마지막으로 조동종은 도원道元을 종조로 하며 출가 제일주의 종파로 세속과 인연을 완전히 끊고 엄격한 수행을 통해 정치권력에 일체 접근하지 말 것을 주장하였다. 6개 종파 중에 아미타불만이 중생을 구제한다는 주장을 하는 정토종 계열에는 정토종과 정토진종, 시종이 있다고 할 수 있다. 이외에 천태종 계열의 법화종(일련종)과 불립문자不立文字를 종지로 하는 선종

계열의 임제종과 조동종 등이 있다.

이상 6개 종파는 주로 신흥 무사계급이나 일반서민에게 폭넓은 지지를 받는다. 이는 12세기 말부터 대전환기에 따른 일본사회의 일면을 반영하는 것이기도 하다. 즉 사람들이 계속된 전란과 기아에 시달리는 것에 의해 말법시대가 도래했다는 것을 실감하고 새로운 불교를 찾아 나선 것이다. 이 같은 시대적 요구에 부흥하여 나타난 것이 신심이나 수행에 주안을 둔 염불이나 공덕 또는 선禪의 가르침이었다. 이것이 서민이나 신흥무사 계급 등 민중생활 속에 깊숙이 파고들었다는 점에서 이를 가마쿠라 신불교라 칭한다. 또한 이는 불교의 일본화가 새로 시작됨을 의미한다. 가마쿠라 신불교는 나라불교라는 학문불교 또는 왕실과 귀족 중심의 불교로 부터 민중 속에 파고드는 새로운 불교정신의 대두라고 정의할 수 있다.

🪭 서본원사

서본원사西本願寺(니시혼간지)는 다음에 보는 동본원사와 함께 교토역에서 가까워 많은 시내버스가 지나간다. 그야말로 교토시내의 중심에 있다고 할 수 있다.

서본원사는 정토진종浄土眞宗 본원사파의 본산으로 본래 이름은 용곡산龍谷山 본원사다. 서본원사는 또한 용곡龍谷(류코쿠)대학의 발상지이기도 하다. 정토진종 창시자인 친란은 9세 때 출가하여 히에이산에서 수행한 후 정토종 개조인 법연의 제자가 된다. 법연은 헤이안시대 말기부터 가마쿠라시대 초기까지 산 승려로 처음에는 히에이산에서 천태종을 배웠다. 하지만 나무아미타불 등 염불만 잘하면 극락왕생할 있다는 이른바 전수염불專修念佛을 주장하며 정토종의 개조가 된다. 법연의 이러한 전수염불 사

서본원사 어영당문에는 은행나무가 심어져 있다.

상은 계속된 전란에 피폐해 있던 민중들이나 무가武家권력에 몸조심하고 있던 귀족들에게 빠르게 전파되었다. 하지만 정토종 이외 다른 종파에서 심한 반감을 일으켜 결국 탄압을 받게 된다. 1207년에 75세가 된 법연은 환속을 명령받고 지방으로 유배된다. 이때 친란도 함께 유배당한다. 이러한 어려움 가운데 친란은 '재가주의在家主義' 즉 '비승비속非僧非俗'을 주장하며 본인도 육식肉食과 대처帶妻를 시행한다. 1211년 친란이 유배에서 풀리고 또 그 사이 스승인 법연도 죽자 친란은 교토에 돌아오지 않고 지방을 돌며 포교에 힘을 쏟는다. 그러면서 스승인 법연이 '염불'에 치중한 것에서 더욱 발전시키어 '신심信心'만이 극락왕생할 수 있다고 하는 정토진종을 창시하게 된다. 1234년에 친란은 교토에 돌아오고 이어 1262년에 90세의 일기로 세상을 떠났다.

서본원사 시작은 친란이 죽은 뒤인 1272년에 친란의 막내딸이 현재 지은원 삼문 근처에 묘당을 세우며 시작되었다. 이후 친란의 3세 문주門主 시대에 와서 본원사라 하게 되고 또 8세 문주에 와서 전국적인 교단으로 성장하게 되었다. 정토진종의 문주는 법통을 전승하고 종문을 통일하며 종무를 총괄하는 일종의 주지를 말한다. 1465년 히에이산 연력사로부터 박해를 받으며 동산東山에 있던 본원사가 파괴를 당하자 서본원사는 이후 이곳저곳 옮겨 다녔으나 1591년 도요토미 히데요시의 기진寄進으로 현재의 장소에 정착한다. 하지만 도쿠가와 이에야스는 본원사를 약화시키기 위해 본원사 세력을 분리하여 동본원사를 세웠다. 현재에 이르러 정토진종은 본원사파를 비롯하여 종파가 10개로 확대되며 22,000개가 넘는 사원과 1,300만 명 신도를 거느린 최대의 불교종파가 되었다. 서본원사는 모모야마시대 문화를 대표하는 정원이나 건물이 많아 1994년 세계문화

세계최대의 목조건물에 해당하는 서본원사 어영당 모습이다.

유산에 등재된 바 있다.

이제 서본원사에 들어가 보자. 먼저 서본원사 정문인 어영당문御影堂門에 들어가면 수령이 400년 넘는 거대한 은행나무가 방문객을 반갑게 맞는다. 그 뒤로 어영당이 있고 좌측에 용호전龍虎殿이 있으며 오른쪽에는 아미타당이 낭하로 연결되어 있음을 본다. 어영당과 아미타당은 1617년에 소실되었고 현재의 어영당은 1636년에 재건된 건물에 해당한다. 어영당은 높이가 29m에 동서는 48m를 이루며 또 남북 길이는 62m에 달하는 거대한 건물로 안에는 친란의 목조상이 있다. 어영당은 227개 기둥에 115,000개의 기와가 앉혀진 세계최대 규모의 목조건축물로 알려진다. 국보로 지정되어 있다. 친란상이 안치된 어영당은 정토진종의 전형적인 건물 형태인 동향을 하며 오른쪽의 아미타당보다도 크게 만들어져 있다. 이는 서본원사가 본래 종조인 친란의 묘당으로 출발하였음을 보여준다. 어영당은 정면에 견진見眞이라 쓰인 편액이 걸려 있는데 친란은 1876년에 견진대사라는 시호를 받은바 있다.

1760년에 재건된 아미타당은 높이가 25m에 동서 폭이 42m이고 남북 길이가 45m에 이르는 건물로 그 안에 아미타여래상이 있다. 용호전 뒤편에는 국보인 서원이 있으며 서원 앞에는 역시 국보로 지정된 당문이 있다. 서본원사 동쪽에 있는 어영당문과 아미타당문이 사원의 정문임에 반해 남쪽에 있는 당문이 서원의 정문 노릇을 하고 있다. 당문은 곡선형 박공인 당파풍唐破風(가라하후)을 하고 있고 팔작지붕에도 금도금이 되어 있어 사원 문으로는 화려한 느낌을 준다. 당문은 헤이안 후기부터 보이기 시작하는 특유의 장식문으로 가운데가 높고 양쪽 끝이 낮은 문을 말한다. 서원은 근세 서원건축 양식을 대표하며 팔작지붕 건물에 해당한다. 내부는 백서원과 흑서원으로 구분되어 있으나 현재는 비공개되고 있다. 비운각

飛雲閣은 사원 경내 동남쪽 적취원滴翠園안의 창랑지滄浪池에 위치한 3층 정원 건물에 해당하지만 이것도 현재 비공개되고 있다. 이 비운각은 금각사 및 은각사 누각과 더불어 교토의 3대 누각에 해당한다.

서본원사는 그 건물 규모의 장대함에 깜짝 놀란다. 일본의 사원 건물은 동대사를 비롯하여 서본원사에 이르기까지 규모가 매우 큰 것이 특징이다. 일본은 무엇이든지 작게 만들었을 것이라는 관념을 버려야 한다. 물론 황룡사나 미륵사 터를 보더라도 한국도 사원 규모는 매우 컸다. 또 고려시대의 법천사지와 거돈사지, 홍법사지도 그 장대함에 놀란다. 하지만 잦은 병란과 조선시대 배불정책으로 사찰의 규모가 줄어들고 건물도 작아지는 현상이 벌어진다. 이러한 어려운 불법佛法시대에 선종이 명맥을 끊이지 않고 유지되었다는 것은 한국불교의 큰 자산이다. 현재 동아시아에서 하안거와 동안거를 공식적으로 시행하고 있는 선종禪宗은 한국불교뿐이다. 선종에서 건물의 크기는 그다지 중요하지 않다. 어려움과 고난을 헤쳐 나가 깨달음을 얻는 선종은 이 시대에 가장 필요로 하는 명상 수행법이다. 조선시대 극심한 배불정책에서도 살아남아 오늘날까지 전해지는 한국의 선종불교야 말로 동아시아를 넘어 세계 정신문화유산에 지정될 만한 충분한 자격이 있다. 아울러 독특한 모습을 가진 티베트 불교 역시 온전히 보존되어 마땅하다. 결국 한국의 선종불교와 중국 서장西藏의 티베트불교가 진정한 의미에서 보면 세계유산임에 틀림없다.

동본원사

동본원사東本願寺(히가시혼간지)는 서본원사와 마주한 거리에 있는데 둘 사이 거리는 300m 정도 떨어져 있다. 교토역에서도 걸어서 6분여의 가까운 거리에 있어 교토타워가 동본원사에서도 잘 보인다.

동본원사는 정토진종 대곡파大谷派 본산으로 정식명칭은 진종본묘眞宗本廟로 본존은 아미타여래다. 사원의 본래 명칭은 대곡본원사大谷本願寺로 1321년에 창건되었으며 1602년에 동본원사라는 이름으로 바뀌었다. 또 호리카와堀川 칠조七條에 있는 서본원사 그 동쪽에 있어 동본원사라는 명칭을 얻게 된다. 동본원사는 과거에 많은 화재가 발생하여 현재는 메이지 시대에 재건된 건물들이 대부분을 이룬다.

정토종은 전수염불을 믿는 종파로 법연이 정토종을 개창한다. 정토진종은 아미타불의 타력본원他力本願을 믿음으로 성불할 수 있다는 것을 믿는 종파다. 타력본원이라는 말은 스스로 수행하는 공덕에 의해 깨달음을 얻는 것이 아니고 아미타불의 본원本願에 의해 구제된다는 믿음이다. 여기서 본원은 중생구제에 대한 서원誓願을 말한다. 이 종파는 가마쿠라 초기 정토종 창시자로 법연의 제자인 친란에 의해 만들어졌는데 법연의 가르침을 받고 계승 발전시키면서 정토종에서 분리된다. 곧 일본의 독자종파로 발전하게 되며 일향종一向宗이라고도 불리게 된다. 정토진종의 성립은 친란이 죽은 뒤인 1247년에서였다. 정토진종 계승권에 대한 분쟁이 친란의 자손들에 의해 발생되자 도쿠가와 이에야스는 이를 이용하여 오히려 본원사 세력을 약화시키려는 목적으로 서본원사로부터 동본원사가 독립하도록 지원한다. 도쿠가와 쇼군들의 계속된 지원으로 동본원사는 그 세력을 키워갔다. 다만 에도시대에 4번에 걸친 화재가 발생하여 관람객이 현재 볼 수 있는 것은 어영당과 아미타당으로 이는 19세기 말에 재건된 건물에 해당한다.

동본원사에는 어영당문과 아미타당문 등 2개가 있지만 이중에 어영당문이 동본원사의 정문에 해당한다. 이 어영당문에 들어서면 정면에 당당한 어영당이 나옴을 본다. 높이가 28m인 어영당문은 삼문형식三門形式에 팔작지붕을 한 2층 문으로 진종본묘眞宗本廟라는 편액이 걸려 있다. 삼문 형식이란 중앙의 커다란 문과 좌우에 작은 문을 두는 3문을 말하는데 이 를 하나의 문으로 부르는 명칭이다. 어영당문은 동복사와 지은원에 이어 교토 3대문에 해당하며 1911년에 재건된 건물에 해당한다. 어영당문이 기와지붕이라면 아미타당문은 히와다부키檜皮葺를 한 맞배지붕이다. 또 사각문四脚門으로 정면에는 곡선형 박공인 당파풍이 있다. 히와다부키는 노송나무 또는 편백나무라고 하는 히노키檜나무 껍질을 켠 지붕으로 세

동본원사 어영당 역시 큰 규모를 자랑한다.

계에서 유래를 찾아볼 수 없는 일본 만의 전통적인 지붕 방식이다. 일본의 많은 사원이나 신사건물에서는 편백나무 지붕을 볼 수 있다. 사각문은 문기둥을 앞과 뒤 2개 세우고 그리고 좌우에도 2개 세우는 문으로 이른바 사족문四足門이라 할 수 있는데 사각문은 일본전통 문에서 가장 많이 보이는 형식이다.

교토에서 어영당은 한 종파의 종조 존영을 모신 건물로 조사당祖師堂 또는 개산당開山堂이라고도 한다. 현재 동본원사는 28,000평의 드넓은 대지에 어영당이 자리하고 있는데 이 어영당은 높이가 38m를 이루고 길이가 76m에 폭이 58m를 이루는 대형 건물로 이 안에 친란의 목제상이 안치되어 있다. 동본원사 어영당은 이전에 대사당大師堂이라 불리었던 건물로 사원의 중심에 위치한다. 건축면적으로는 세계 최대의 목조 건축물에 해당하며 1895년에 완성되었다. 어영당문 왼쪽에는 아미타당이 있고 오른쪽에는 대침전大寢殿과 백서원이 있다. 아미타당은 어영당 남쪽에 위치한 선종양식의 불당이며 어영당과 함께 1895년에 완성되었다. 건물면적은 어영당 반 정도이지만 그래도 일본 전체에서는 7위 규모에 이른다. 대침전은 동본원사에서 가장 오래된 건물에 해당한다. 동본원사는 여러 차례 화재로 건물이 소실되자 그 해결 방법으로 울타리 밖에 해자垓子를 만들며 이를 해결한다. 해자는 시가현滋賀縣에 있는 비와호琵琶湖에서 수로를 통해 물을 끌어들여 동본원사에 이르도록 설계하였다. 동본원사에 가보면 실제 물이 흐르는 해자가 있고 돌다리를 통해 사원 경내를 들어갈 수 있다. 비와호는 일본 최대의 담수 면적을 가지고 있는 호수에 해당한다. 서본원사나 동본원사 모두 규모가 큰 교토의 대사원으로 불과 몇 백 미터 사이에 이런 사원이 둘이나 있는 것을 보면 일본은 역시 종파불교가 발달한 나라임을 실감하게 한다.

동사

　동사東寺(도지)는 서본원사에서 남쪽으로 곧장 가면 나오는데 교토역에서는 서남쪽 방향이며 낙남에 해당한다. 동사는 진언종 근본도량根本道場으로 진언종 총본산이라 할 수 있다. 종파에 따라 하나의 종파를 총괄하는 사원을 총본산 또는 대본산大本山이라고도 하는데 개중에는 근본도량이라고 하는 종파도 있다. 따라서 종파에 따라 그 의미가 조금씩 다르다고 할 수 있다.

　동사의 정식명칭은 교왕호국사教王護國寺로 교왕은 왕을 교화한다는 의미로 교왕호국사는 국가진호鎭護의 밀교사원이라는 의미이다. 진호라는 말도 일본에서 쓰이는 말로 난을 진압하고 국가를 수호한다는 뜻이다. 동사는 헤이안쿄 진호를 위한 관사官寺로 창건되었지만 나중에 홍법대사 공해弘法大師 空海에게 하사되며 진언밀교眞言密教의 근본도량으로 번성하게 된다. 공해는 헤이안시대 진언종의 개조로 천태종 개조인 최징最澄과 함께 나라불교에서 헤이안불교로 옮겨가는 과정에서 두각을 나타낸다. 또 공해는 당나라에서 밀교를 전수받고 그것을 발전시키며 진언밀교를 개창하였다. 진언밀교는 헤이안시대 초기 공해가 중국에서 일본으로 전파한 신비스런 종교로 밀교의 밀은 비밀을 의미한다. 여기서 비밀은 숨긴다

동사 남대문을 사원 안쪽에서 바라 보았다.

는 뜻이 아니며 그 가르침이 심오하고 진언밀교를 통해 깨달음에 이른다는 것으로 비밀불교 줄여 밀교라 하는 것이다. 진언은 부처님 말씀을 번역하지 않고 산스크리트어 그대로 주문을 외운다는 의미를 가진다. 부처님의 심오한 가름침은 그렇게 간단히 이해할 수 없다는 생각에서 또 안이한 번역에서 오는 논리적 사고보다도 원어 그대로 외우는 것만이 부처의 경지에 도달한다는 주장이다.

불교에서 태양신으로 이해하던 진언밀교 본존은 바로 대일여래에 해당한다. 대일여래는 영원불멸의 진리 그 자체이고 기독교에서 말하는 하나님과 같은 의미를 지닌다. 경전은 밀교이론을 전하는 금강정경과 수행법을 가르치는 대일경 등 두 가지가 있다. 수행에 있어서는 이론과 실천을 모두 중요시 한다. 진언종은 불교종파 중에서도 특히 종조에 대한 신앙이 깊은 종파에 해당한다. 홍법대사 공해의 존재는 일본에서 기독교의 예수

봄날의 동사 오중탑 모습이다.

에 버금갈 정도이다. 이 때문에 가마쿠라시대 이후 공해에 대한 신앙심이 깊어짐에 따라 동사는 서민들에게 깊은 사랑을 받았고 오늘날에도 교토의 대표적인 명소로 자리 잡고 있다. 동사는 이런 의미를 유네스코로부터 인정받아 1994년 세계문화유산에 등재되었다.

　동사는 8세기말 헤이안쿄 정문에 있었던 나성문羅城門의 동서에 동사東寺와 서사西寺라는 두 개의 사원이 건립되며 시작되었다. 이는 관립사찰로 헤이안쿄라는 왕성의 좌우를 진호하는 사원에 해당하는 의미를 지닌다. 동사는 중세이후 천황가나 막부의 많은 지원 아래에 번영을 구가하였다. 1486년 화재가 일어나 주요 법당이 거의 다 소실되었으나 도요토미와 도쿠가와 가문의 도움으로 금당과 오층탑이 재건되기에 이르렀다. 여러 번의 화재로 현재 창건 당시의 건물은 없지만 남대문과 금당, 강당이 남북 일직선상 정연히 배치된 가람구조를 보여준다. 또한 각 건물은 헤이안시대 규모를 그대로 따르고 있다.

은행나무 속에 동사 오중탑이 서 있다.

동사 금당으로 당당한 모습을 보여 준다.

동사 문루로는 남대문과 연화문蓮花門이 있는데 연화문은 가마쿠라시대에 재건된 것으로 국보에 지정되어 있으며 팔각문八脚門 형태를 취하고 있다. 팔각문은 4개 본주本柱에 더해 각각 4개의 떠받치는 지주支柱가 있어 모두 8개 기둥을 이룬 단층 문을 말한다. 이런 문은 큰 사원이나 궁성문에 주로 사용된다. 동사의 정문인 남대문에 들어서면 1603년에 재건된 금당이 보이고 바로 뒤에 강당과 식당이 일직선상에 있음을 볼 수 있다. 본래 금당은 823년에 완성되었지만 현재의 금당은 1603년에 재건된 건물로 국보에 지정되어 있다. 금당 외관은 겉으로 보면 2층으로 보이지만 실제는 차양이 붙은 단층 팔작지붕 건물에 해당한다. 2.88m 높이의 금당 안에는 본존인 약사여래좌상 등이 모셔져 있다. 금당 뒤에 있는 강당은 835년 처음 세워졌으나 후에 소실되고 1491년에 재건되었으며 팔작지붕을 한 단층건물에 해당한다. 강당 안에는 1497년에 만들어진 밀교계 대일여래상이 있으며 이는 일본에서 가장 오래된 밀교계 불상조각에 해당한다.

이외에도 오대보살좌상과 오대명왕상, 범천좌상, 제석천반가상, 사천왕
입상이 있는데 이들 모두 국보로 지정되어 있다.

식당食堂은 1930년에 소실된 것을 재건한 건물로 안에는 11면관음상
이 있다. 금당 오른쪽에 오중탑五重塔이 있고 그 앞에는 연못이 있으며 연
못 뒤로 보장寶藏이 있다. 헤이안 후기에 건립된 보장은 동사에서 가장 오
래된 건물에 해당한다. 오중탑은 9세기 말에 완성되어 그 후로 불탔지만
1644년 도쿠가와 이에미츠德川家光의 기진에 의해 재건되었다. 동사는 물
론이고 교토의 상징과도 같은 목탑인 오중탑에는 금강계 사불상四佛像과
팔대보살상이 있다. 현재 오중탑은 높이가 54.8m로 일본에서 가장 높은
목탑에 해당하며 국보로 지정되어 있다.

금당과 강당 왼쪽에는 관정원灌頂院과 소자방小子房, 대사당이 있음을 보
며 그 남쪽에 비사문당이 있다. 어영당도 공해가 쓰던 주방住房으로 창건

동사 강당도 규모는 역시 큰 편이다.

연못에서 동사 오중탑을 바라 보았다.

당시 건물은 소실되었고 현재는 1390년에 재건된 주택풍 불당이 있다. 안에는 1233년에 만들어진 홍법대사좌상이 있으며 어영당 건물과 함께 이 좌상 또한 국보로 지정되어 있다. 식당 뒤로 탑두사원인 관지원觀智院과 함께 1279년에 창건된 보리제원菩提提院이 있다. 관지원 객전客殿은 1605년에 건립된 모모야마시대의 전형적인 서원건축에 해당하며 이것도 국보로 지정되어 있다. 객전은 귀족의 저택이나 사원에서 손님 접대를 위해 만들어진 건물에 해당한다. 동사는 여러 건물이 있고 또 국보로 지정된 건물이 많으며 무엇보다도 교토의 상징과 같은 오중탑이 있어 특징을 이룬다. 교토역에서 가까운 낙남의 명물인 동사를 간다면 단풍에 함께 어울린 멋진 오중탑을 감상할 수 있다.

7

교토어소와 그 주변 사원

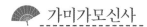 가미가모신사

이제 교토 시내의 핵심지역에 위치한 교토어소를 중심으로 그 주변 지역을 돌아보자. 가미가모신사와 시모가모신사는 가모천賀茂川을 끼고 위와 아래에 있는 신사지만 둘 사이의 거리는 매우 멀다. 그렇지만 가미가모신사와 시모가모신사를 따로 떼어 소개할 수 없어서 좀 먼 곳에 있지만 가미가모신사부터 찾아가 본다.

가미가모신사上賀茂神社(가미가모진쟈)는 본래 명칭이 가모와케 이카즈치신사賀茂別雷神社라 하며 시모가모신사下鴨神社와 함께 고대 씨족인 가모씨賀茂氏(가모우지)의 씨신氏神(우지가미)을 제사지내는 신사로 보통 가모신사賀茂神社라 하고 있다. 가모씨는 이즈모국出雲國에 있던 고대씨족으로 여기서 이즈모국은 산음도山陰道에 속하는 영제국令制國의 하나였다. 영제국은 율령제에 의해 설치된 지방 행정구획으로 나라시대부터 메이지시대 초기까지 실시된 지리적 구분의 기본단위였다. 씨신은 본래 자신들의 씨신만을

가미가모신사 도리이로 주홍색이 빛나 보인다.

제사하던 신으로 고대에 일종의 조상신이라 할 수 있다. 씨신은 이후에 같은 촌락에 사는 사람들이 공동으로 제사지내는 신으로 변하며 이후 신도神道의 신으로 발전한다.

가미가모신사의 제신祭神은 가모와케 이카즈치노 오카미賀茂別雷大神인데 이는 가모씨 조상신에 해당한다. 698년에 가미가모신사 창건 기록이 처음으로 문헌에 나온다. 794년 헤이안 천도 이후에는 왕성진호 신사로서 한층 존경을 받게 되며 또 가모제도 조정에서 인정받는 칙제로 전환된다. 상하 가모신사에서 제사지내는 가모제는 아오이 마쓰리葵祭라고 해서 매년 5월15일에 열린다. 가모제는 헤이안시대 마쓰리라고 한다면 바로 가모제를 말할 정도로 유명한 마쓰리에 해당하였다. 가미가모신사는 메이지시대의 근대 신사제도 아래에서도 관폐대사官幣大社로 선정되며 1883년 칙제사勅祭社에 편입된다. 관폐대사는 조정 또는 국가로부터 폐백이나 폐백료幣帛料를 지원받는 신사를 말하는데 그만큼 관폐대사로서 가미가모신사의 위상을 말해준다.

이제 가미가모신사를 방문하여 보자. 가미가모신사를 찾으면 우선 가모대사賀茂大社라고 쓰여진 거대한 표지석이 마중 나온다. 이어 첫 번째 주홍색 도리이를 지나면 좌우에 잔디가 심어진 넓은 뜰이 나오고 또 두 번

째 주홍색 도리이가 마주한다. 첫 번째 도리이 옆에는 가미가모신사가 유네스코 세계문화유산에 등재되어 있음을 알려주는 간판이 서 있음을 본다. 두 번째 도리이를 통과하고 나서야 신사 중심구역에 도달한다. 두 번째 도리이 뒤로 가면 세전細殿과 토옥土屋, 교전橋殿이 나옴을 본다. 세전은 보통 배전拜殿이라고도 하며 역대 천황이 가미가모신사를 방문할 때에 행재소로 쓰였다. 세전 앞에는 신사에서 자주 보는 모래 탑이 2개나 서 있다. 2개의 모래 탑 주변에는 하얀 모래를 주변에 깔아 정갈한 느낌을 준다. 이 모래 탑은 입사立砂(다테스나)라고 해서 가미가모신사 본전 뒤에 있는 신산神山을 의미한다. 입사는 가미가모신사의 상징과도 같다. 이어 교전 위를 S자형으로 흐르는 작은 하천을 두고 주홍색 옥교玉橋와 마주한다. 옥교 뒤에는 주홍색 2층 누각의 중문이 나오며 이 중문에 들어서야만 비로소 신사의 핵심구역인 본전과 권전權殿이 나온다. 1863년에 세워진 가

가미가모신사의 입사로 세전 앞에 쌓은 모래탑에 해당한다.

미가모신사 본전과 권전은 신사건물의 대표적인 양식을 인정받아 국보로 지정되어 있다. 권전에 대해 설명하면 권전은 신사에서 건물을 수리할 때에 임시로 제신을 모셔두는 전각을 말한다. 가미가모신사의 핵심은 당연히 모래 탑인 입사에 있다. 모래 탑과 어울린 세전은 가미가모신사의 아름다움을 배가시켜 주며 마치 은각사의 모래 탑을 연상시켜 주기도 하는데 이런 모래 탑은 대덕사의 탑두사원인 대선원에서도 보인다. 이제 가모천를 따라 한참 아래에 있는 시모가모신사로 가보자.

🪭 시모가모신사

시모가모신사下鴨神社(시모가모진쟈)는 가모미오야진쟈賀茂御祖神社라 하며 교토를 시내를 흐르는 하천인 가모천과 다카노천高野川이 합류하는 곳에 위치한다. 시모가모신사는 가미가모신사와 더불어 남쪽과 북쪽에 위치한 관계로 그런 이름을 얻었으며 둘 다 세계문화유산에 등재되어 있다.

시모가모신사는 가미가모신사와 함께 가모씨의 씨신을 제사지내는 신사로 모두 가모제를 지낸다. 시모가모신사 안에 있는 2개의 본전 중에 동본전東本殿은 가모와케 이카즈치노 미코토賀茂別雷命 어머니인 타마요리히메玉依姬命와 또 서본전西本殿은 그의 아버지인 가모타케 츠누미노 미코토賀茂建角身命를 제신으로 모신다. 시모가모신사는 교토에서도 가장 오래된 신사에 속하며 가미가모신사와 함께 나라시대 이전부터 조정의 숭상을 받았다. 시모가모신사는 807년 최고위인 정일위正一位의 신계를 받았고 가미가모신사와 더불어 가모제를 칙제로 거행한다. 또 가마쿠라시대에는 무장인 미나모토노 요리토모源 賴朝 등 무가로부터 숭앙을 받기도 했다.

주홍색이 선명한 도리이를 통과하면 시모가모신사 좌우에 회랑을 두른

시모가모신사 무전으로 건물이 깔끔해 보인다.

누문이 마중 나온다. 누문은 신사와 사원 등에 있는 2층 문을 말한다. 시모가모신사 누문은 회랑을 양쪽에 설치한 2층 문으로 높이 30m를 이루며 고대 신사 양식을 대변한다. 회랑은 나무 창틀로 꾸며져 있어 통풍을 자유롭게 하고 또 안쪽 회랑은 주홍색 기둥이 일렬로 늘어서 있어 시각상 시원한 감을 준다. 누문 앞에는 무전舞殿이 있고 그 왼쪽에는 작은 하천을 끼고 교전橋殿이 있다. 무전은 가모제가 열릴 때에 무악舞樂이 진행되던 건물이며 또 교전에서도 가무歌舞가 열리고는 하였다. 하천을 낀 교전 형식은 상하 가모신사에 모두 나타나는데 교전 위쪽에는 작은 주홍색 다리와 도리이가 마주하며 그 옆에는 세전細殿이 있음을 본다. 주홍색 도리이 옆에 커다란 은행나무가 서 있어 가을의 운치를 더해 준다. 무전 뒤에는 동본전과 서본전으로 구분된 본전이 나온다. 1863년에 지어진 본전은 국보로 지정되어 있지만 신사 본전 안에는 대부분 들어갈 수 없다.

밖에서 본전 안을 자세히 들여다보니 하얀 모래를 깐 건물 좌우에 청색 갈기를 한 고마이누狛犬 한 쌍 서있는 것이 보인다. 청수사에서도 볼 수 있는 고마이누는 동물상으로 일종의 수호신에 해당하며 서양 건축물에서 보는 사자상과 같다고 할 수 있다. 고마이누를 한자로 풀이하면 고려견高麗犬으로 곧 고구려개라는 뜻이지만 고마이누가 고구려에서 유래한 것인지는 확실하지 않다. 사자나 개와 비슷한 동물로 고마이누는 실재로 존재하지 않는 동물이지만 신사나 사원 입구 양쪽에 있거나 본전이나 본당의 좌우에 한 쌍씩 세워놓기도 한다.

시모가모신사 서본전 옆에는 동사東社와 중사中社, 서사西社로 이루어진 미츠이三井신사라는 작은 부속 신사가 자리하고 있음을 본다. 시모가모신사의 부속신사에 대해 말하자면 신사 입구 숲속에 있는 가와이河合신사를 거론하지 않을 수 없다. 가와이신사는 다카노천이 가모천과 합류하는 지

시모가모신사에는 이처럼 은행나무가 심어져 있다.

가와이신사 무전으로 단촐해 보인다.

점에 자리하고 있어 그런 명칭을 얻었다. 이 때문에 시모가모신사는 경내에 미츠이신사와 가와이신사가 한 세트처럼 어우러져 있음을 알 수 있다. 가와이신사는 가모노쵸메이鴨長明와 관련이 있는 신사이기도 하다. 가모노쵸메이가『호죠키方丈記』라는 수필을 집필한 곳인 방장암方丈庵이 있어 더욱 유명하다.『호죠키』는 가마쿠라시대 일본 중세문학의 대표적인 수필로 약 100년 후에 나타나는『츠레쯔레구사徒然草』,『마쿠라노소시枕草子』와 함께 일본의 3대 수필에 해당한다. 시모가모신사는 가미가모신사와 함께 아래 위에 위치한 신사로 흔치 않으며 또한 둘 다 세계문화유산이라는 점에서 찾아가 보는 의미가 있다.

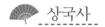 상국사

다음으로 상국사로 떠나보자. 상국사相國寺(쇼코쿠지)는 시모가모신사 서남쪽과 교토어소 바로 북쪽에 있는 사원으로 임제종 상국사파 대본산에 해당한다. 또 교토 최대의 선종사원으로 자리 잡고 있다. 상국사의 정식 명칭은 바로 만년산 상국승천선사萬年山 相國承天禪寺라 한다. 무로마치 3대 쇼군인 아시카가 요시미츠足利義滿가 창건하고 개산 즉 초대주지는 몽창소석夢窓疎石이 맡았다. 몽창소석은 가마쿠라시대 말기부터 무로마치시대 초기까지 산 임제종 승려로 서방사와 천룡사는 물론 가마쿠라시에 있는 서천사瑞泉寺 정원도 설계하였다. 몽창소석이 설계한 정원은 자연풍경을 그대로 살리면서 석조石組(이시구미)를 조화롭게 꾸며 선禪의 본질을 표현하였다. 석조는 정원 안에 다양한 돌을 배치하여 섬과 폭포, 산 등을 상징적으로 표현한 정원 기법이다.

상국사는 또 교토 오산五山의 제2위에 속하는 사원으로 그 유명한 금각사와 은각사는 모두 상국사의 산외山外 탑두사원에 해당한다. 탑두사원은 대사원 부지 내에 있는 작은 사원으로 이른바 자원子院이라 할 수 있다. 상국사의 유래는 1392년 아시카가 요시미츠가 교토어소 인근에 선종사원을 세우면서 출발한다. 하지만 상국사는 1467년 오닌의 난 때 동군東軍 지휘소가 되는 바람에 사원은 전소되고 만다. 이후 무로

상국사 총문으로 대본산 상국사라 쓰여 있다.

마치 8대 쇼군인 아시카가 요시마사足利義政가 사원 재건에 나서며 16세기 초에 옛 모습을 어느 정도 갖춘다. 하지만 또 다시 센고쿠다이묘戰國大名 들 간의 전쟁에 휘말려 사원은 다시 전소되는 비운을 겪었다. 센고쿠다이 묘는 일본 전국시대에 일정한 자기 영역을 가진 다이묘 곧 최상위급 무사 를 말한다. 상국사는 도요토미 히데요시나 도쿠가와 이에야스의 기진에 의해 사원은 다시 재건된다. 상국사는 18세기 말엽에 다시 화재가 발생해 법당과 욕실을 제외하고는 모두 소실되었으나 19세기 초에 재건되며 오 늘날과 같은 모습을 갖추었다.

상국사에는 총문과 칙사문이 함께 서 있는 특징을 보인다. 총문을 통해 사원 안에 들어가면 우선 방생지放生池가 있고 그 위에 천계교天界橋가 설 치되어 있음을 본다. 방생지는 영관당, 동복사 등에서도 보인다. 현재 상 국사 창건 당시의 삼문과 불전은 소실되었으며 근세이후의 법당이 본전

상국사 법당으로 2층 건물에 해당한다.

상국사 법당은 소나무 속에 둘러 싸여 있다.

겸 불전 역할을 한다. 상국사 법당은 도요토미 히데요리의 기진에 의해 1605년에 재건된 건물로 일본에서 가장 오래된 법당 건물에 해당한다. 히데요리는 도요토미 히데요시 3남으로 나중에 도쿠가와 이에야스에게 자살을 강요당한다.

상국사 법당 천장에는 당시 화가인 가노 미츠노부狩野光信가 그린 용 그림이 있다. 법당 오른쪽에는 개산당開山堂이 있고 복도를 통해 방장과 고리로 연결되며 대선원으로서의 면모

상국사 방장의 안쪽 모습이다.

상국사 욕실로 욕실은 일본 사원에 흔히 보인다.

를 가진다. 개산당은 상국사 초대주지인 몽창소석을 모신 사당이며 방장 왼쪽에는 욕실과 대광명사大光明寺가 있음을 본다. 욕실은 1596년에 세워졌고 방장과 고리는 1807년에 재건된 건물이다. 1860년에 세워진 경장에는 고려판 일체경이 소장되어 있다. 상국사는 총문 좌우에 보광원普廣院,

서춘원瑞春院, 옥룡원玉龍院, 임광원林光院 등 많은 탑두사원을 거느리고 있다. 상국사는 사원 경내에 많은 건물과 함께 소나무가 심어져 있어 소나무 사원 같은 느낌을 준다. 또 법당 천장의 운룡도를 감상하는 것도 별미에 속한다. 여행 진행상 상국사는 교토어소와 가까운 만큼 같이 묶어 관람하는 것이 편하다.

지은사와 요시다신사

상국사에서 교토어소로 내려가기 전에 또다시 소나무가 멋진 지은사知恩寺(치온지)에 들려본다. 지은사는 상국사와 교토어소에서 동쪽으로 한참 가야하나 그래도 가볼만한 사원이다. 동산 자락에 있는 지은원과 이름이 비슷하지만 두 사원은 다른 사원이다. 지은사는 교토대학과 인접하여 있고 지은사에서 동쪽으로 곧장 가면 은각사가 나온다.

지은사는 동산의 지은원과 마찬가지로 정토종 사원으로 그 역사가 깊다. 지은사는 정토종 8대 본산인 지은원, 금계광명사, 청정화원清淨華院과

백만편 지은사 석가당에는 소나무가 인상적이다.

더불어 교토 정토종 4본산의 하나에 해당한다. 백만편百萬遍(햐쿠만벤)이라는 지명이 지은사 인근에 있어 지은사는 백만편 지은사라고도 불리며 또 장덕산長德山 공덕원功德院이라 하기도 한다. 지은사는 자각대사 원인에 의해 헤이안시대 전기에 창건되며 히에이산 연력사의 부속사원인 공덕원功德院으로 출발하였다. 1331년 교토에 역병이 만연하자 고다이고後醍醐천황의 명령으로 지은사에서 7일 동안 백만편염불百萬遍念佛을 한 끝에 역병이 물러가자 이때부터 백만편이라는 칭호를 얻었다. 백만편염불은 극락왕생과 각종 소원을 기도하며 백만 번 염불을 외우는 방법이다.

지은사는 1382년 상국사가 건립될 때에 사원이 이전당하는 등 우여곡절을 겪다가 1662년 현재 위치에 자리 잡게 된다. 지은사에는 어영당, 석가당, 아미타당, 어묘御廟, 세지당勢至堂, 진수당鎭守堂, 종루, 총문, 서문 등이 중요 문화재로 지정되어 있다. 남문을 통해 지은사 경내에 들어가면 먼저 정면에 어영당이 있고 그 왼쪽에 아미타당이 있으며 오른쪽에는 석가당이 있음을 본다. 또한 탑두사원으로 용견원龍見院이 있는 등 지은사는 적지 않은 규모를 가지고 있다. 지은사는 소나무들이 건물과 함께 어울려 있어 소나무 사원으로 별칭할 만하다.

요시다신사吉田神社(요시다진쟈)는 지은사에서 은각사 방향으로 조금 가다가 교토대학 방향을 향해 내려가면 있다. 은각사 쪽의 요시다산 입구를 통해 들어가면 요시다산을 한참 돌아 가야하는 불편함이 있다. 이 때문에 교토대학에서 은각사 방향을 가다가 남쪽에 난 큰 길로 내려가야만 편하게 요시다신사를 찾을 수 있다.

요시다신사는 859년 헤이안시대 전기 귀족인 후지와라 야마카게藤原山蔭의 씨신氏神으로 헤이안쿄에 있던 후지와라 가문의 신사로 출발한다. 가마쿠라시대 이후에는 요시다케吉田家가 이를 이어받게 되며 전국시대에 들어와 신도의 한 일파인 요시다신도吉田神道로 발전한다. 요시다신도는 근세에 있어 유교신도 성립의 한 매개체가 되는데 신도가 불교는 물론 유교와도 습합하는 형태를 지니게 되었던 것이다. 이러한 의미에서 요시다신사는 교토에 있는 신사 중에 매우 중요한 의미를 지닌 신사라 할 수 있다. 하지만 이런 의미를 알고 또 교토에 요시다신사조차 있는지 외국인 방문객에게는 잘

요시다신사 도리이로 이 신사는 젊은 남녀들에게 인기가 있다.

알려지고 있지 않다.

요시다신사의 건물로는 중문과 배전, 본궁 등이 있다. 특히 본궁 제3전과 제4전의 제신은 부부신인데 좋은 인연과 부부화합의 신으로 추앙을 받아 결혼식을 치르려는 젊은이들이 이곳을 많이 찾는다. 필자가 이 신사를 찾을 때에도 젊은 부부인 듯한 남녀가 신사 건물을 배경으로 사진촬영을 하고 있었다.

교토어소

상국사와 인접한 교토의 중심인 교토어소京都御所(교토고쇼)로 이제 여행을 떠나보자. 안내자의 인도에 따라 교토어소의 이모저모를 살펴본다.

교토어소는 한마디로 도쿄로 수도를 이전하기까지 천황이 살았던 궁전을 말한다. 교토어소가 있는 교토어원京都御苑(교토교엔)은 교토 중심부

당파풍 이른바 가라하후를 보이는 교토어소 건춘문이다.

교토어소 월화문에서 일화문을 바라 본다.

에 있는 공원으로 동서 길이가 약 700m이고 남북 길이가 약 1,300m에 이르는 직사각형 구조를 가진다. 때문에 지하철 등 연계가 좋아 어렵잖게 찾아 갈 수 있다. 교토어원 안에는 교토어소와 선동어소仙洞御所, 오미야어소大宮御所가 있다. 선동어소는 퇴위한 천황의 어소이며 오미야어소는 황후어소로 선동어소 서북쪽에 있다. 어소를 제외한 교토어원에는 약 5만 그루의 나무가 심어져 있어 어소 정원으로 또는 교토시민의 공원으로 하루 종일 개방되고 있다.

교토어소는 14세기부터 메이지 2년인 1869년까지 역대 천황이 거주하며 의식과 공무를 보던 장소로 곧 궁궐에 해당한다고 할 수 있다. 794년 헤이안 천도 당시 궁전은 현재 어소보다도 약 1.7㎞의 서쪽에 있었다. 14세기 후반 남북조시대 이후에 현재 어소가 정식 황거皇居가 되었으며 이는 1869년 도쿄로 천도할 때까지 이어진다. 교토어소는 교토어원 북서쪽 약 11만㎡ 구역에 자리 잡고 있다. 교토어소는 동서로 약 250m와 남북으로 약 450m인 긴 장방형을 이루며 그 안에 많은 건물과 정원이 있다. 교토어소 외곽은 높은 담으로 둘러 싸여 있는데 담 사이사이에 6개의 문이 있다. 곧 남쪽에 건례문建禮門이 있고 북쪽에는 삭평문朔平門이 있으며 동쪽에 건춘문建春門, 서쪽에는 의추문宜秋門과 청소문清所門, 황후문皇后門 등 3개가 있다.

교토어소 내부 건물은 16세기 말부터 19세기 중반에 이르기까지 9번에 걸쳐 세워졌다. 건물은 3개 부분으로 크게 구분된다. 먼저 궁궐 정전

교토어소 자신전은 웅장한 자태를 가진다.

인 자신전紫宸殿과 천황이 정무를 보던 청량전淸凉殿 그리고 의식이나 외부 정무를 위해 사용된 구간이 있음을 본다. 천황의 일상생활이나 궁궐 내부 행사시 사용된 구간은 소어소小御所와 어학문소御學問所, 어상어전御常御殿등 이 있다.

교토어소에 처음 들어가면 의추문이 나오고 이어 현관인 어차기御車寄와 당문 형식의 신어차기新御車寄가 마주한다. 이어 회랑으로 둘러싸인 청량전이 나오며 청량전은 자신전 북서쪽에 있음을 본다. 천황의 정무나 의식 등이 열리던 자신전은 그 방향을 동쪽에 두고 팔작지붕 형태의 어전을 띤다. 청량전 옆에는 동서남북 모두 회랑으로 둘러싸인 자신전이 나온다. 자신전은 즉위식 등 중요한 행사가 열리던 팔작지붕 정전正殿으로 다이쇼大正와 쇼와昭和의 즉위식도 이곳에서 열렸다. 청량전과 자신전 사이의 뒷 뜰에는 동정東庭이 있다. 청량전 정면에 있고 동쪽을 향한 동정에는 하얀 모래를 깔아 놓았다. 청량전이나 자신전은 헤이안시대 주택건축 양식인 침전조寢殿造를 가진다. 자신전은 교토어원 남문인 건례문과 일직선상에 승명문承明門이 있고 또 좌우에 월화문月華門과 일화문日華門이 있으며 이들 사이는 회랑으로 연결된다. 자신전이 나무로 마감하여 색을 입히지 않은 것에 비해 문이나 회랑에는 주홍색 주칠을 해 놓았다. 회랑 안쪽 자신전 앞에는 하얀 모래가 깔려 있으며 이를 남정南庭이라 한다. 남정은 자신전 의 일부로 중요한 의식이 있을 때에 치러지던 공간이었다.

　자신전 일화문 앞의 넓은 광장에는 춘흥전春興殿이 있으며 여기서 작은 담을 넘으면 소어소와 어학문소를 만난다. 팔작지붕을 한 소어소는 청량 전 동쪽과 자신전의 북동쪽에 있던 건물로 침전조와 서원조 등 두 양식을 모두 보여준다. 소어소는 각종 의식이 치러지던 장소로 특히 무가武家와 의 대면 등 주로 회의나 황태자 의식 등이 열릴 때에 사용되던 건물이었 다. 서원조 건물인 어학문소는 소어소의 북쪽에 있으며 학문은 물론 유흥

교토어소 어상어전 앞에는 어내정을 가진다.

장소로도 이용되었다. 특히 어학문소는 천황의 독서나 와카和歌 등 학예나 신하와의 대면 시에 사용되었다. 또한 소어소 앞에는 어지정御池庭이라는 정원이 연못과 함께 있다. 다시 작은 담을 넘으면 어상어전 구간이 나온다. 천황이 일상생활을 하던 어전인 어상어전은 어학문소 북동쪽에 있으며 방향은 동서를 가지며 안에는 15개 방이 있다. 팔작지붕 모습을 한 어상어전은 교토어소 안에서 자신전과 더불어 가장 큰 건물에 해당한다.

어상어전 뒤에는 어삼간御三間, 어량소御涼所, 화어전花御殿 등의 건물이 있다. 어상어전 앞에는 어내정御內庭이라는 작은 정원이 어지정 연못과 연결된다. 교토어소 정원에 대해 말해보면 자신전 남정과 청량전 동정이 하얀 모래를 깔은 의식儀式 정원인데 비해 소어소나 어학문소, 어상락전에 있는 정원은 연못과 물이 흐르는 일본식 정원이라 할 수 있다. 교토어소에는 에도시대 말기에 재건된 건물이 대부분을 이루지만 건축 양식이나 정원, 실내에 있는 그림 등은 일본 전통문화 양식을 그대로 보여준다고 할 수 있다.

어상어전 뒤에 있는 황후어전皇后御殿과 비향사飛香舍는 주로 황후나 천황 자녀들이 사용하던 황후의 공간이었다. 황후가 사용한 구간은 서원조를 풍기나 다실풍茶室風의 수기옥조數寄屋造(스키야 즈쿠리)라는 건축요소가 강하다. 수기옥조는 다실풍 주택으로 엄정한 분위기의 서원조에 비해 흙담이나 초암풍草庵風(초가집)을 넣어서 세련된 분위기를 나타내는 주거양식이다. 교토어소는 많은 건물과 정원이라는 이중교합적 기법이 잘 어울리는 궁전에 해당한다. 요소요소에 잘 짜여 진 건물은 공간활용을 최대한 살렸고 또 모래와 물이 깔린 정원 등으로 그 아름다움을 더욱 높였다고 볼 수 있다. 교토어소 인근에 있으며 다음에 보는 선동어소와는 확연히 틀리는 점이 바로 이것이라 할 수 있다.

🪭 선동어소

　선동어소는 교토어원 내 교토어소와 인접하고 있기 때문에 선동어소를 가려면 교토어원을 찾아 가면 된다. 교토어원에 가려면 교토시영 지하철 가라스마선烏丸線 이마데가와역今出川驛에서 내리면 되고 만약 버스를 탄다면 교토시영 버스의 가라스마 이마데가와 버스 정류장에서 내리면 된다. 관람에 주의할 점은 교토어소 관람은 선착순이지만 선동어소는 허가를 받아야만 입장이 가능하다. 때문에 인터넷으로 참가신청을 하여도 허가 받기가 매우 어렵다.

　선동어소仙洞御所(센토고쇼)는 교토어소에서 보는 것처럼 건물은 많지 않

정면에서 선동어소 어상어전을 바라 보았다.

선동어소의 석등으로 단풍과 어울려 있다.

고 대신에 넓은 정원에 식재된 나무와 식물을 통해 자연미를 감상하는 데
에 그 의미를 둔다. 선동어소는 에도시대 초기에 퇴위한 천황이 살던 궁
전으로 고미즈노오상황의 거처로 1630년 완성되었다. 1854년에 화재가
발생하였는데 그 때 마침 상황이 존재하지 않아 건물은 재건되지 않는다.
이 때문에 현재 선동어소에는 우신정과 성화정 등 다실 이외에 어전 건물
은 전혀 남아 있지 않다. 다만 남북으로 길게 펼쳐진 웅대한 정원만이 당
시의 모습을 전해 주고 있다.

선동어소 정원은 니죠성 니노마루 정원을 만든 에도시대 전기 다인茶
人인 고보리 엔슈小堀遠州가 1636년에 만들었다고 전해진다. 회유식 정원
으로 북지北池와 남지南池라는 연못이 있어 계절별로 다양한 풍경을 선사
해 준다. 선동이란 원래 선인仙人들이 사는 곳을 의미하며 이것이 나중에
변하여 퇴위한 천황들이 사는 거처로 바뀌었다. 선동어소 전체 면적은

75,000㎡로 교토어원의 남동쪽에 위치하고 있으며 넓은 연못이 중심을 이룬 정원형 궁전에 해당한다. 선동어소에 들어가 처음 만나는 것은 바로 현관으로 당파풍 양식을 한 건물에 해당한다. 이어 나오는 어상어전御常御殿은 1920년 전후에 내부를 서양식으로 개조하였으며 이 건물 남쪽에 남정南庭이 있고 그곳에는 홍매와 백매, 소나무 등 많은 나무가 심어져 있음을 본다. 어상어전 오른쪽에는 거대한 연못인 북지와 남지가 있다. 관람자는 이 북지와 남지를 한 바퀴 돌며 선동어소를 감상하게 된다.

선동어소는 교토어소와 또 다른 이궁과 비교해도 건물이 그다지 많지 않음을 금방 알 수 있다. 선동어소에는 어상어전 이외에 그 인근과 북지 사이에 우신정又新亭이 홀로 있음을 본다. 우신정은 1884년 고노에近衛 가문으로부터 헌상받아 지은 다실에 해당한다. 억새풀과 얇게 켠 널로 이은 지붕과 원형 창문을 가진 다실로 울타리는 대나무를 심어 운치를 더해

단풍넘어로 선동어소 남지 연못이 보인다.

선동어소 돌다리로 아치 형태를 이룬다.

준다. 남지 연못 서쪽 일대에는 스하마洲浜 곧 사주砂洲라고 하는 자갈돌이 깔린 지역이 있는데 형태는 타원형을 띤다. 크기가 비슷한 납작한 돌 약 11만개가 연못의 겉과 속까지 깔려 있다. 이런 남지 끝자락에 성화정醒花亭이라는 정자가 고즈넉이 또한 자리 잡고 있다. 북쪽을 향하고 있는 성화정은 다실로 정원의 가장 남쪽에 있으며 남지를 한 눈에 볼 수 있는 좋은 장소에 위치한다. 성화정 현관에는 차양이 설치되어 있고 서원과 툇마루로 통하는 사이가 창호로 차단되어 있지 않는 특징이 있다. 성화정에서 바라보는 남지와 스하마는 선동어소가 관람객에게 주는 특별한 선물이기도 하다.

　선동어소는 전체적으로 정자 등 건물의 다양성보다는 북지와 남지라는 연못이 나무와 함께 어우러진 자연미를 감상하는데 그 의의가 있는 정원이라 할 수 있다. 교토어소보다 건물은 많지 않으나 자연미를 감상하는 데에는 교토에서 선동어소만한 곳도 없다.

선동어소 성화정 모습으로 고즈넉하다.

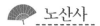 노산사

교토어원 동북쪽에 길 하나를 사이에 두고 있는 사원이 바로 노산사廬
山寺(로잔지)다. 노廬자는 '여'로도 발음되지만 일본에서는 '노'로 발음하며 여
산사가 아닌 노산사가 바른 명칭이다. 노산사는 교토어소에 들렸다면 바
로 이웃에 있음으로 곧 찾아가 볼 필요가 있다. 다만 교토어소 인근에 이
런 사원이 있는지 조차 몰라 그냥 지나 치기가 일쑤이다. 노산사는 일본
중세문학의 대작인『겐지모노가타리』와 관련이 있기 때문에 일본문학을
전공한 자라면 꼭 찾아야할 사원이다.

노산사는 천태계열 독립사원으로 원정종圓淨宗의 본산이며 정식명칭은
노산천태강사廬山天台講寺라 한다. 노산사는 또 무라사키 시키부紫式部의 저
택지邸宅地로『겐지모노가타리』를 집필한 곳으로 유명하다. 『겐지모노가
타리』는 겐지이야기라고 풀어 쓸 수 있다. 『겐지모노가타리』는 주인공인

노산사 산문을 후면부에서 바라 보았다.

히카루겐지光源氏를 통해 연애와 그리고 영광과 몰락, 정치적 야망과 권력투쟁 등 헤이안시대 귀족사회의 단면을 묘사한 소설에 해당한다. 무라사키 시키부는 헤이안시대 중기의 여성작가로 그의 작품은『겐지모노가타리』이외에『무라사키 시키부일기紫式部日記』도 있다.

노산사 유래는 히에이산 연력사의 중흥조인 양원良源이 938년 교토 북산北山에서 창건하면서 발생하였다. 1243년에 중국 여산을 본 따 노산천태강사廬山天台講寺라고 사원명을 바꾸었으며 도요토미 히데요시에 의해 현재의 위치로 이전하였다. 이후 여러 차례 화재로 많은 전각이 소실되었으며 현재는 18세기 후반에 재건된 건물이 중심을 이룬다. 노산사에는 선동어소에서 이축한 본당과 원삼대사당元三大師堂, 존패전尊牌殿 등의 건물이 있음을 본다. 본당에 원씨정源氏庭이라는 하얀 모래와 이끼가 깔려 있는 정원이 있어 노산사를 찾는 의미를 더해 준다.

교토 동북부 산속에 있는 사원과 신사

🪭 기후네신사

　교토시내의 서쪽과 중심지는 다 둘러보고 이제 남은 곳은 북쪽과 동쪽
이다. 먼저 북쪽부터 찾아가 본다. 북쪽은 산간지대로 그렇게 많은 사원
과 신사가 있지는 않다. 교토역 2층에는 교토관광협회가 운영하는 교토
종합관광안내소가 있다. 이곳에 가면 각 언어별로 친절하게 교토 여행
에 대한 안내를 받을 수 있다. 여기서 주는 '교토시내버스 관광지도 버스
나비'와 '교토 관광지도'는 교토여행에 필수적인 지도이다. 이곳에서 주는
교토관광 지도를 보면 가장 북쪽에 위치한 곳이 바로 기후네신사이다. 이
신사를 가려면 먼저 교토어원 동북의 가모천鴨川 동쪽에 있는 데마챠나기
出町柳 전철역에 가야한다. 여기서 에이잔叡山전철 구라마선鞍馬線을 타고

기후네구치역貴船口驛에서 내
리면 된다. 기후네구치역에
서 기후네신사까지는 버스
로 이동한다.

기후네신사貴船神社(기후네진
쟈)는 기후네천貴船川 오른쪽
에 위치한 신사로 그 기원은
1300년 전까지 거슬러 올라

기후네신사의 상징과도 같은 주홍색 등롱이 보인다.

간다. 전국에 약 450개 있는 기후네신사의 총본사로 옛날부터 기우신祈雨
神 신앙으로 추앙받던 신사이다. 이 때문에 일본 전국에서 요리업 등 물을
취급하는 상인들이 많이 찾는 곳이다. 또 기후네신사는 연분을 맺어 주는
신의 신앙으로도 추앙된다. 때문에 젊은 연인들도 많이 찾는 곳이며 또
교토에서 단풍 명소로도 알려져 있어 가을철에는 많은 사람들이 찾는다.
기후네신사가 기록에 나오는 것은 666년이며 1140년에는 신사로서 최고
위인 정일위正一位 신계神階(신카이)를 받는다. 신계는 일본에서 신도神道의
신에게 부여하는 일종의 위계를 말한다. 기후네신사는 1055년에 가미가
모신사의 지배를 받는 부속신사로 전락하지만 근대 이후에는 독립하게
된다.

기후네신사는 본궁과 중궁中宮, 오쿠미야奧宮 등 세 구역으로 구성되어
있다. 본궁은 신사 주신主神을 제사지내는 곳으로 본래 본전은 지금보다
위에 있었지만 1055년 기후네천 범람으로 현재의 위치로 옮겼다. 기후네
신사 관람의 핵심은 좌우에 서있는 수많은 주홍색 등롱燈籠을 통해 본궁
에 올라가는 돌계단에 있다. 기후네신사를 찾은 사람들은 이곳에서 사진
찍기에 바쁘다. 이런 등롱이 사원입구에 길게 늘어서 단풍과 함께 멋진

장면을 연출하는 곳은 동산東山 자락의 장락사도 있다. 장락사는 나중에 동산 코스에서 소개되는데 등롱만을 놓고 본다면 이곳 기후네신사가 더 많고 아름답다고 할 수 있다.

수많은 주홍색 등롱을 거쳐 기후네신사 경내에 들어서면 배전과 본전, 권전權殿이 있고 배전 맞은편에 용선각龍船閣이라는 휴게소가 있음을 보게 된다. 권전은 신사가 개축되거나 수리할 적에 임시로 신을 모시는 장소로 이전移殿이라고도 한다. 중궁은 본궁과 오쿠미야 사이에 있으며 본궁에서 상류 쪽으로 300m 정도 올라가야 한다. 중궁의 제신은 연분을 맺어 주는 신으로 추앙되고 있으며 또 중궁에는 자연형태의 선형석船形石인 아메노 이와후네天乃磐船가 있다. 오쿠미야는 본궁에서 위로 700m 올라가야 하는데 원래는 이곳이 본궁이었다. 오쿠미야에는 전설상 인물인 진무神武천황 어머니와 관련된 돌무지 형태의 선형석이 있다. 이 선형석에 기도하면 항해를 안전하게 할 수 있다는 믿음이 있어 이 산속에 의외로 많은 선박 관계자들이 찾아온다. 기후네신사는 입구에 있는 수많은 주홍색 등롱이 있어 어떤 면에서 이채로운 신사에 해당한다고 할 수 있다.

실상원

실상원도 교토 북쪽의 산속에 있는 관계로 교통은 그리 편하지 않다. 하지만 교토역에서 지하철 가라스마선烏丸線을 타고 종점인 국제회관역 國際會館驛에서 내려 실상원 가는 버스를 타면 된다. 이것이 실상원을 찾는 가장 빠르고 편한 방법이다.

실상원實相院(짓소인)은 교토 북쪽 암창巖倉(이와쿠라)에 있는 독립사원으로 이와쿠라 실상원문적巖倉 實相院門跡이라 부르기도 한다. 창건은 가마쿠라시대인 1229년 정기靜基라는 승정僧正에 의해서 건립되었다. 승정은 일본에서 승려에게 내리는 관직의 하나이다. 실상원은 부동명왕이 본존이며 오닌의 난 때에 현재 위치로 옮겨졌다. 실상원은 무로마치시

실상원 본당으로 앞쪽에 향배가 보인다.

대 말기에 전란으로 인해 많은 가람이 소실되었고 에도시대 초기에 이르러 황실과 도쿠가 가문의 원조로 재건되었다. 실상원은 또 여원어소女院御所(뇨인고쇼) 문적사원이라고도 하며 황실과 관계있는 인물이 대대로 주지를 맡았다. 여원은 천황가의 황태후나 황후 또 그에 준하는 여성에게 부여된 칭호로 헤이안시대부터 메이지시대까지 유지된 제도였다.

실상원 정원에 단풍과 이끼가 떨어져 있다.

실상원 고산수 정원으로 정원에는 돌과 모래가 조화를 이룬다.

실상원이 여원어소인 것은 천황가와 관련이 있는 여성이 출가한 사원이라는 의미를 가진다. 실상원 건물로는 본당, 사각문, 객전 등이 있으며 정원은 지천회유식 정원과 고산수 석정石庭 등 2개가 있다. 고산수 석정은 하얀 모래와 돌이 배치된 정원이고 특히 지천회유식 정원은 단풍이 연못과 잘 어울려 있어 낙북에서는 매우 유명하다고 할 수 있다. 실상원은 지천과 고산수가 겸해 있어 정원미학의 한 단면을 한 곳에서 누리는 사원이라 할 수 있다.

삼천원과 그 주변 사원

이제 기후네신사와 실상원에서 더 동쪽 산간지대에 있는 사원들을 돌아볼 차례이다. 먼저 북쪽부터 훑어 내려오면 오하라大原 지역에 있는 삼

삼천원 객전 앞에는 취벽원 정원이 꾸며져 있다.

정원에서 삼천원 객전을 바라 보았다.

천원과 그 주변 사원들이다.

삼천원三千院(산젠인)은 교토의 동북쪽 산간인 오하라에 있는 천태종 사원으로 삼천원문적三千院門跡이라고도 한다. 오하라는 옛날부터 교토에서 귀인貴人이나 불교 수행자들이 은신처로 찾았던 지역에 해당한다. 삼천원은 일본 천태종의 개조이며 헤이안시대 승려인 최징이 788년 히에이산 연력사에 근본중당根本中堂을 건립하며 세운 원융방圓融房에서 시작된다. 삼천원은 청련원靑蓮院, 묘법원妙法院과 함께 천태종 3문적 사원의 하나에 해당한다. 문적은 황족이나 귀족이 주지를 맡는 사원으로 그만큼 사격이 높다. 삼천원은 천태의 3문적 중에서도 가장 역사가 오랜 사원에 속한다. 그 후 원덕원圓德院으로 이름이 바뀌었다가 오닌의 난 때에 소실됨에 따라 1871년에 현재 위치에 자리 잡는다. 사원명도 메이지시기에 들어와 어산魚山 삼천원이라 변경하게 된다. 어산은 중국 천태산 서쪽에 위치한 지역

삼천원 신전 앞에 있는 유청원 정원 모습이다.

삼천원 왕생극락원 주변에 숲을 이룬 모습이다.

이며 자각대사 원인이 공부했던 곳으로 삼천원이 그곳과 비슷하다 하여 그런 이름이 붙었다.

삼천원은 성곽을 연상시키는 돌담과 하얀색 흙담 등으로 문적사원의 풍모를 물씬 느낄 수 있다. 관람객은 삼천원 정문인 남쪽 주작문朱雀門이 항상 닫혀있어 서쪽에 있는 어전문御殿門을 통해 들어가야 한다. 어전문을 통해 들어가면 앞에 객전이 나오고 이어 원융방과 복도가 있음을 볼 수 있다. 객전과 원융방 뒤에는 취벽원聚碧園이라는 지천회유식 정원이 꾸며져 있다. 그 뒤로 왕생극락원과 신전宸殿 사이에 유청원有清園이라는 지천회유식 정원이 다시 나온다. 삼천원 남쪽에는 솔이끼가 뒤덮여 있는 유리광정瑠璃光庭 속에 왕생극락원往生極樂院이라는 건물이 있음을 본다. 왕생극락원은 헤이안시대 말기에 오하라 지역에 있던 아미타당을 삼천원에 옮긴 건물에 해당한다. 팔작지붕을 한 왕생극락원에는 1148년에 만들어진

중앙에 위치한 건물이 승림원 본당에 해당한다.

높이 2.3m의 아미타삼존상이 있다. 헤이안시대 말기에 제작된 아미타삼
존상은 현재 국보로 지정되어 있다.

삼천원 주위에는 작고 아름다운 사원이 많이 있다. 이를 소개하면 다음
과 같다. 우선 승림원勝林院은 천태종 사원으로 삼천원 북쪽에 위치한다.
835년 원인에 의해 창건된 것으로 알려지며 현재의 본당은 1778년에 재
건된 건물에 해당한다. 보천원寶泉院도 천태종 사원으로 1013년에 창건되
었고 1502년에 재건된 서원과 이외에 객전과 정원이 있음을 본다. 정원은
액연정원額緣庭園이라는 별칭이 있는 반환원盤桓園이 있고 연못과 봉래산을
상징하는 귀석龜石의 학귀정원鶴龜庭園 그리고 고산수 정원인 보락원寶樂園
등 3개가 있다.

실광원實光院은 삼천원 뒤에 있으며 승림원의 자원子院으로 세워졌고 경
내에는 객전과 정원이 꾸며져 있음을 본다. 지천감상식池泉鑑賞式 정원인

계심원契心園이 객전 남쪽에 있으며 또 서쪽에는 지천회유식 정원이 있다. 정원은 에도시대 후기에 만들어진 것으로 알려진다. 천태종 사원인 내영원來迎院은 헤이안시대 원인이 창건한 사원으로 알려진다. 내영원은 삼천원에서 나와 산으로 많이 올라가야 있는데 현재의 사원 모습은 16세기 전반에 건립된 건물들에 해당한다.

지천감상식 정원은 시선당 정원에서도 볼 수 있는데 롱석조瀧石組(다키이시구미)를 꾸민 정원을 말한다. 석조石組(이시구미)는 정원 조성기법의 하나로 정원 내에 돌의 배치나 구성을 의미하며 돌로 섬이나 폭포, 산 등을 상징적으로 표현한다. 롱석조는 자연상태의 폭포처럼 정원 안에 물을 떨어트리는 모습을 돌로 연출한 형태다. 폭포 중앙에는 부동석不動石이나 동자석童子石을 설치하고 폭포가 떨어지는 웅덩이에는 수분석水分石이라는 돌도

문을 통해 보천원 정원을 보라 보았다.

설치한다. 롱석조에는 실제로 물이 떨어지는 폭포와 물이 없이 그 형상만을 만든 폭포로 나뉜다. 또 물이 없더라도 큰 비가 내리면 자연스럽게 폭포를 연출하기도 한다. 이렇게 물이 없는 폭포는 이끼 절로 유명한 서방사에도 있다. 롱석조에는 이어석鯉魚石(리교세키)을 설치하여 마치 용문폭龍門瀑을 연상시키기도 한다. 이어석은 금각사 금각 뒷산에 용문폭이 있으며 용문폭은 폭포를 타고 올라간다는 것으로 인해 잉어가 용으로 변신한다는 중국설화에서 기인한다. 이처럼 선불교와 대륙문화 융합이 바로 북산문화의 한 단면임을 보여준다.

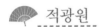 적광원

삼천원이나 적광원은 같은 지역에 있으므로 적광원은 교토역 버스승강

적광원 본당으로 날렵한 모습을 보여 준다.

측면에서 적광원 본당을 바라 보았다.

장에서 오하라로 가는 버스를 타면 방문할 수 있다. 적광원寂光院(쟈코인)은 삼천원에서 서북 방향에 있으며 삼천원에서 좀 떨어져 있지만 그래도 걸어서 가볼만하다.

　적광원도 역시 오하라 지역에 있는 천태종 사원으로 본래 이름은 옥천사玉泉寺이었다. 적광원은 성덕태자가 594년 자기 아버지 요메이用明천황의 명복을 빌기 위해 창건된 사원으로 알려진다. 1185년 적광원은 평가平家(헤이케) 멸망 후에 그들의 은신처가 되었으며 이는 또 『헤이케모노가타리平家物語』와 연관된다. 『헤이케모노가타리』는 가마쿠라시대에 성립된 것으로 평가의 번영과 몰락을 다룬 군기물어軍記物語(군키모노가타리)에 해당한다. 군기물어는 가마쿠라시대부터 무로마치시대에 걸쳐 쓰여 진 것으로 전쟁을 소재로 한 소설을 말한다. 앞서도 밝혔듯이 12세기 말 적광원과 삼천원이 있는 오하라 지역은 염불수행자나 귀족들이 자신의 은신처로 많이 찾던 곳이었다. 적광원 본당은 본래 17세기 초에 지어진 건물이었으나 2000년 5월 알 수 없는 방화로 소실되었다. 이때 본당 안에 있던 지장보살상도 불에 탔으며 현재 본당은 2005년 재건된 건물에 해당한다. 적광원에는 이밖에 고운孤雲이라는 다실이 있다. 삼천원과 적광원은 교토 동북쪽 깊은 산속에 있지만 하루쯤 시간을 내어 이 지역 일대의 사원들을 답사하는 것도 재미있고 의미있는 일이라 할 수 있다. 더군다나 삼천원에서 적광원까지 가는 동안 시골냄새가 물씬 풍기는 일본식 가옥과 길가의 다양한 나무와 꽃을 보며 가는 것도 적광원 만의 특색이라 할 수 있다.

유리광원

유리광원琉璃光院(루리코인)에 가려면 앞서 본 기후네신사와 마찬가지로 데마챠나기出町柳 전철역에서 에이잔叡山전철 본선本線을 타고 야세 히에이잔구치역八瀬 比叡山口驛에서 하차하면 된다. 에이잔전철은 협궤열차로 작은 전철이지만 유리광원은 물론 기후네신사 가는 철로 변에 단풍이 잘 어우러져 있어 가을철에는 특별한 느낌을 준다. 에이잔전철도 1일 승차권이 있는 만큼 기후네신사와 유리광원 또 주변의 작은 사원을 찾아 가기에는 편리하다.

유리광원은 야세 오하라八瀬大原에 있으며 야세는 672년에 덴무天武천황이 태자시절 활에 맞아 상처를 치유했던 곳으로 알려진다. 유리광원은 헤이안 귀족과 무사들에게 평안의 상징으로서 오랫동안 사랑을 받아 왔다. 유리광원은 20세기 전반에 들어와 12,000평 부지에 240평 규모의 다실풍 건물을 짓고 또 자연을 차경으로 한 정원을 만든다. 일본적 정서가 넘치

서원 안에서 유리광원 단풍을 바라 보았다.

는 희학정_{喜鶴亭}이라는 다실과 서원 또 정원으로 인해 수많은 사람들이 찾고 있다. 산문에 들어서면 수십 종류의 단풍과 이끼 그리고 100그루가 넘는 정원용 마취목_{馬醉木}이 반긴다. 마취목은 진달래과 상록관목으로 일본에서 주로 관상용으로 심는다.

유리광원 정원은 '산로로_{山露路} 정원'과 '유리_{琉璃}정원', '와룡_{臥龍} 정원' 등으로 나누어져 있다. 유리광원의 핵심은 바로 유리정원으로 여기에 수십 종류의 이끼가 마치 융단처럼 깔려 있다. 와룡정원은 하늘로 비상하는 용을 물과 돌로 표현한 지천식_{池泉式}

유리광원 와룡 정원에는 이끼밭이 형성되어 있다.

정원에 해당한다. 유리광원은 교토에서 다실과 서원 그리고 단풍이 어우러져 멋진 광경을 연출하는 몇 안 되는 곳에 해당한다. 서원 안에서 바라보는 울긋불긋한 단풍의 묘미는 유리광원에서만 느낄 수 있는 특별함이다. 이 때문에 단풍이 만개하였을 때에 이곳

유리광원 희학정 앞의 정원에는 석등과 돌다리 등으로 구성되어 있다.

을 찾는 사람이 매우 많아 줄을 서서 기다려야 입장할 수 있는 정도이다. 단풍의 맛을 놓고 본다면 그리고 단풍사진이 잘 찍힌다는 측면에서는 이곳이 단연 압도적이라 할 수 있다. 필자가 이 사원을 찾았을 때에도 수많은 사람들이 카메라를 바닥에 대고 단풍사진 찍기에 여념이 없었다. 모두들 사진작가처럼 보였다. 이런 면에서 유리광원은 필자에게 깊은 인상을 주었다. 특히 협궤열차를 타고 가는 주변의 풍광은 어느 면에서도 비교할 수 없었다.

연력사

신라불교의 성지가 경주 남산이라면 백제불교의 성지는 충남 예산과 서산에 걸쳐 있는 가야산이라 할 수 있다. 가야산에는 수덕사를 비롯하여 개심사, 보원사터, 서산마애삼존불 등 수많은 백제관련 사찰들이 있다. 과연 가야산이 백제불교의 성지라고 필자는 자신 있게 말할 수 있다. 서산마애삼존불 하나만 보아도 백제불교의 성지가 어디라는 것은 다 알만

히에이산에서 맞은 편 산들을 바라 보았다.　　　히에이산에서 보는 비와호 광경이다.

하다. 그만큼 서산마애삼존불의 가치는 대단하다. 그런데 고구려는 그 불교의 성지로 추정할 만한 곳이 없다. 백제와 신라에서 그렇게 많이 조성된 마애불도 고구려 지역에서는 찾아볼 수 없다. 요동반도에 수없이 많이 남아 있는 석성이 있다 해도 그 자연석을 이용한 고구려 마애불은 없다. 이는 전쟁으로 바람 잘 날 없던 고구려에서 마애불을 조성할 여건이 되지 않았기 때문일 것이다. 필자는 중국 북경부터 북쪽 끝인 흑룡강성 일대까지 유명하고 의의가 있는 유적지는 대부분 다 돌아보았지만 고구려 마애불로 추정될 만한 불상은 아직 발견하지 못하였다. 하지만 산속에 남아 있는 고구려 산성은 수없이 많이 보았다. 북경부터 흑룡강성 일대는 수많은 민족이 거쳐 간 역사와 문화의 용광로와 같은 존재였다. 이를 문화사적으로 소개하는 작업이 반드시 필요하다.

　다시 교토로 돌아와서 교토불교의 성지라고 한다면 바로 히에이산比叡山이라 할 수 있다. 또 그 중심은 연력사延曆寺(엔랴쿠지)라고 할 수 있다. 연력사는 가을철 성수기에 교토역 버스승강장에서 출발하는 버스도 있어 찾아 가는데 어렵지는 않다. 다만 연력사가 히이에산 산정에 있어 교토 시내보다도 춥고 바람도 많이 불어 11월 중순 쯤 가야 단풍을 만끽하며 사원을 관람할 수 있다. 연력사는 다음에 설명하는 대로 동탑과 서탑, 횡

연력사 동탑 대강당에 단풍이 물들었다.

천 등 3구역을 나뉘어져 있는데 이 3곳을 걸어서 다니기에는 무리가 있다. 때문에 연력사 3구역과 히에이산 정상까지 왕복하는 셔틀버스가 다녀 이곳 모두를 편하게 찾아 볼 수 있다.

연력사는 교토시와 사가현滋賀縣 오츠시大津市 경계에 있는 해발 848m 높이의 히에이산 산정에 있는 사원이다. 교토 북쪽 산에 있어 북령北嶺이라 불리고 헤이안시대 초기 승려인 최징最澄이 개창하였으며 일본 천태종의 본산에 해당한다. 창건 이래 교토 남쪽 멀리에 있는 와카야마현和歌山縣 고야산 금강봉사高野山 金剛峯寺와 함께 헤이안 불교의 중심이 된다. 연력사는 그 오랜 역사와 전통을 유네스코로부터 인정받아 1994년 세계문화유산에 등재된다.

연력延曆 7년인 788년에 최징이 일승지관원一乘止觀院이라는 초암草庵을

연력사 문수루는 근본중당 맞은 편에 있다.

세우면서 연력사는 시작된다. 연력사라는 사원 이름도 당시 연호가 연력
이라는 데에서 기인하며 이후 수많은 명승을 배출한다. 천태종의 기초를
다진 원인圓仁과 융통염불종融通念佛宗 개조인 양인良忍, 정토종 개조인 법연
法然, 정토진종淨土眞宗 개조인 친란親鸞, 임제종 개조인 영서榮西, 조동종曹洞
宗 개조인 도원道元, 일련종日蓮宗 개조인 일련日蓮 등 일본 신불교의 개조나
일본 불교사상 저명한 승려들은 젊은 날 히에이산에 들어와 수행에 전념
하였다. 이 때문에 히에이산은 일본불교의 모산母山이라고 말해 진다.

　12세기에 들어와 히에이산 연력사는 그 권위에 동반한 무력을 가지게
되고 또 물자 유통을 장악하게 됨에 따라 재력도 커진다. 또 당시 권력자
들이 무시할 수 없을 정도로 일개의 독립왕국과 같은 상태인 사사세력寺
社勢力을 형성하게 된다. 사사세력은 중세에 무가정권, 조정에 이어 권력

을 3분할한 대사원이나 신사를 말한다. 이 당시에는 신불습합神佛習合이 이루어지고 있었기 때문에 사원과 신사는 한 몸체에 해당하였다. 사사세력은 무가나 조정처럼 권력의 중추가 따로 있는 것이 아니고 각 사원이 독립적으로 행동하거나 또 이해관계가 틀리면 사원끼리라도 서로 싸운다. 신불습합은 토착신앙인 신도와 불교가 혼합하여 하나의 신앙체계를 이룬 현상으로 메이지유신 때에 신불분리령이 이루어지기까지 1,000년 이상 이어졌다.

연력사 세력은 나라 흥복사興福寺와 비교되어 그것을 남도북령南都北嶺이라 말할 정도로 대단하였으며 연력사 세력은 무가 정권을 위협할 지경에 이른다. 결국 1571년 오다 노부나가는 연력사 세력을 제압하고 많은 건물을 불태우며 승려를 살해한다. 하지만 오다 노부나가가 죽은 후에 도요토미 히데요시와 도쿠가와 이에야스에 의해 연력사는 다시 재건된다. 연력사의 핵심건물인 근본중당도 이 당시 에도막부 3대 쇼군에 의해 재건되었다. 이후에도 연력사는 세속 권력에 여전히 불복하였으나 전처럼 사사세력의 권위를 회복하지는 못하였다.

연력사는 단순한 하나의 사원이 아니고 히에이산을 중심으로 중앙에 동탑東塔과 그 오른쪽에 서탑西塔 그리고 가장 멀리에 횡천橫川(요카와) 등 3개 구역으로 이루어진 대규모 사원이라 할 수 있다. 이들 모두 히에이산을 중심으로 산자락에 넓게 포진하고 있어 찾아가는 데에는 상당한 시간이 필요하다. 충분하게 돌아보려면 하루 정도는 연력사 탐방에 투자하는 것이 좋다. 동탑과 서탑, 횡천 구간을 연력사 3탑三塔이라 하는데 현재 150여개의 건물과 탑이 있음을 본다. 전성기 시절에는 약 3천개가 넘는 건물이 히에이산을 메웠다고 한다.

먼저 동탑 왼쪽에 있는 무동사곡無動寺谷을 찾아 간다. 무동사곡은 동탑의 탑두사원으로 부동명왕을 제사지내며 명왕당과 아미타당, 관정당灌頂堂 등이 있다. 무동사곡은 동탑의 핵심인 근본중당으로부터 남쪽 1.5㎞ 떨어진 지점에 있다. 동탑은 연력사 발상지로 연력사의 핵심구역에 해당한다. 연력사를 찾을 경우 대부분의 사람들은 동탑만을 보고 가는 경우가 많다. 그만큼 연력사가 넓기 때문이라는 증거다. 동탑은 국보로 지정된 근본중당根本中堂이 중심이며 그 앞에 있는 돌계단을 올라가면 문수루文殊樓와 대서원이 있음을 본다. 문수루 주변에 대흑당大黑堂이 동탑 입구에 있고 그 반대쪽에는 청해진대사 장고보 비석이 서있다. 대서원에서 연력사 회관쪽에 난 길로 법연당法然堂을 지나 산속의 작은 오솔길을 한참 가면 자각대사慈覺大師 원인圓仁의 묘가 나온다. 이 원인의 묘를 보기 위해 필자는 현지 관계자에 물어물어 그 위치를 알아내었고 마침내 원인 묘를 사진에 담을 수 있었다. 근본중당을 중심으로 뒤에는 서운원瑞雲院, 대강당, 계단원戒

연력사 근본중당으로 당당한 모습을 보여 준다.

壇院이 있고 언덕 위에는 법화총지원法華總持院 동탑과 아미타당이 있다.

연력사 근본중당은 최징이 세운 일승지관원의 후신으로 오다 노부나가에 의해 불태워 진 것을 1642년 도쿠가와 이에미츠에 의해 재건되었다. 히에이산 총본산에 해당하며 길이가 37.6m에 폭은 23.9m, 높이는 24.2m로 안에는 최징이 만든 약사여래입상을 안치하고 있다. 팔작지붕을 한 대형 건물에 해당한다. 이 근본중당 앞에는 넓은 뜰이 없고 가파른 계단을 통해 문수루로 올라가는 길밖에 없다. 그렇기 때문에 근본중당을 한 컷에 찍는다는 것은 무리이다. 다행히 필자는 방문객도 별로 없고 단풍이 지긋이 든 시기에 찾아가 멋있는 근본중당을 찍을 수 있었다. 다만 근본중당 안에 들어가 사진을 찍는 것은 금지되어 있다. 아무튼 근본중당을 실견하니 그 무게에 압도될 지경이었다.

히에이산 연력사에는 신라인과 관련이 있는 원인의 묘와 청해진대사 장고보 비가 있어 그 특별함이 다가 온다. 그런 것이 있게 된 사연은 다음과 같다. 원인이 15세 때에 당나라에서 돌아온 최징이 연력사에 머물자 그를 찾아가 지도를 받는다. 838년 원인이 당나라로 유학을 떠나며 당시 산동반도 연안에 있던 장보고를 비롯한 많은 신라인들로부터 도움을 받는다. 장보고가 설립한 적산법화원赤山法華院의 신라승려인 성림聖林의 도움으로 원인은 당초 예정지인 천태산에서 오대산으로 행선지를 변경한다. 원인은 공부를 마치고 일본에 돌아올 때에도 신라 선박을 이용하여 돌아오는 등 신라인의 도움을 다시 받는다. 이런 기행 일정은 원인의 저서인 『입당구법순례행기』에 자세히 나와 있다. 이와 같은 사연으로 연력사에 원인과 장보고의 묘와 비가 있게 된 것이다. 이런 면에서 연력사는 한국인이라면 반드시 찾아가야 할 곳에 해당한다. 연력사 근본중당의 정면에 위치하고 있는 문수루는 1668년에 재건된 건물로 다른 사원 기준으

연력사 정토원 배전으로 중앙이 당파풍 모습을 한다.

로 본다면 산문에 해당한다. 법화총지원 동탑은 1980년에 재건된 것으로
다보탑 형식을 가진다.

서탑에는 석가당을 중심으로 혜량당惠亮堂과 상행당常行堂, 춘당椿堂 그리
고 약간 멀리에 정토원淨土院이 있음을 본다. 정토원은 동탑에서 15분 정도
걸으면 당도하며 산내에서 가장 신성한 장소로 히에이산 개조인 최징의 묘
가 있다. 서탑에서 가장 중심적인 건물은 석가당으로 전법윤당轉法輪堂이라
한다. 석가당은 1595년 도요토미 히데요시가 이축한 것으로 현존하는 연
력사 건물 중에 가장 오래되었으며 안에는 석가여래입상이 있다. 유리당琉
璃堂은 석가당에서 오솔길로 올라 흑곡黑谷으로 가는 도중에 있으며 오다 노
부나가가 연력사를 불태울 때에 유일하게 살아남은 건물로 무로마치시대
건축 양식을 그대로 가지고 있다. 흑곡 청룡사靑龍寺는 서탑에서 1.5㎞ 떨어

연력사에는 자각대사 원인의 탑도 있다.

연력사에는 청해진 대사 장고보 비가 있다.

진 흑곡이라는 곳에 있고 법연이 수행한 장소로도 유명하다.

마지막 구역인 횡천은 서탑에서 북으로 4㎞ 떨어진 지역에 위치하며 850년 자각대사 원인이 건립한 수능엄원首楞嚴院이 이에 해당한다. 횡천에는 횡천중당橫川中堂과 원삼대사당元三大師堂, 혜심당惠心堂, 정광원定光院 등의 건물이 있다. 횡천중당은 자각대사 원인이 당나라에서 돌아온 후에 창건되었다. 횡천중당은 횡천에서 가장 중요한 건물로 1971년에 콘크리트로 재건되었으며 관세음보살을 본존불로 모시고 있다. 원삼대사당은 967년 칙명에 의해 법화경을 사계절로 강론하던 사계강당四季講堂이 그 근원으로 본래 천태종 중흥조인 자혜대사 양원慈惠大師 良源이 살던 건물에 해당한다.

원삼대사당에서 남쪽으로 조금 더 가면 혜심원이 나오는데 혜심원은 헤이안시대 중기 천태종 승려인 혜심惠心이 학문과 수행에 힘써 정토교의 기초를 닦은 곳으로 알려진다. 이외에 정광원은 횡천에서도 가장 멀리 떨어져 있어 많은 계단을 오르내려야 도달할 수 있는 곳에 있다. 또 히에이산 행원行院에서도 동북 방향으로 15분 정도 걸어 내려가야만 도착할 수

연력사 서탑 석가당으로 큰 나무가 옆에 호위무사처럼 서 있다.

단풍속의 연력사 횡천중당 모습을 보인다.

있다. 13세기 가마쿠라시대 일련종 종조인 일련상인日蓮上人이 수행하던 곳으로 유명하며 그의 동상이 사원 내에 위치하여 있다. 여러모로 히에이산 지역은 볼 것도 많고 가볼 곳도 많다. 히에이산 정상에서 비와호를 내려다보는 재미도 쏠쏠하다. 일본 불교의 모산과도 같은 히에이산을 이곳저곳 돌아다니면 하루해가 금방 지나간다. 가을철 성수기에는 늦은 시간까지 교토시내로 내려가는 시내버스가 있어 편하게 이용할 수 있다. 필자도 연력사를 다 보고 내려오니 마침 교토로 가는 버스가 기다리고 있어 승차하자 버스는 구불구불한 히에이산 자락을 타고 어둠 속에 빠져 나가고 있었다.

연력사 원삼대사당으로 깊은 산 중에 있다.

9

수학원이궁과 그 주변 사원

🪭 수학원이궁
- - - - - - - - - - - - - -

다음으로 이제 히에이산 남쪽 끝자락에 있는 이궁과 사원들을 돌아볼 차례이다. 진행상 북쪽에서 남쪽 지역으로 내려간다. 제일 먼저 찾아 갈 곳은 수학원이궁이다. 교토역 버스승강장에서 5번 버스를 타고 수학원이 궁도修學院離宮道 버스정류장에서 내려 15분 정도 걸어야 만난다. 수학원이 궁도 교토의 다른 이궁처럼 인터넷으로 예약을 해야 입장할 수 있다. 더 구나 가을철에는 단풍과 함께 감상하려는 사람들이 많아 신청을 해도 탈 락되기 일쑤이다. 그러나 어찌됐든 수학원이궁은 이런 어려움이 있더라 도 실제로 가보면 후회하지 않을 정도의 아름다움에 감탄한다. 필자는 수 학원이궁을 비롯하여 선동어소와 교토어소, 가츠라이궁을 모두 가을에

수학원이궁에 있는 수월관 광경이다.

두 번씩 가보았는데 갈 때마다 느낌이 새로울 정도였다.

　수학원이궁修學院離宮(슈가쿠인리큐)은 한마디로 히에이산 산록에 위치한 천황가의 이궁이라 할 수 있다. 이궁은 천황이 사는 황거皇居 이외에 천황이나 상황의 별저를 말한다. 수학원이궁은 17세기 중엽인 1653년에 고미즈노오後水尾상황의 지시로 조성되기 시작하였다. 가츠라이궁, 선동어소와 함께 교토 천황가 문화의 미의식을 엿볼 수 있는 좋은 사례가 된다. 수학원이궁은 가미노오챠야上御茶屋, 나카노오챠야中御茶屋, 시모노오챠야下御茶屋 등 3개 구역으로 구분되며 각각 정원이 있고 면적은 54만㎡에 이른다. 상, 중, 하 오챠야御茶屋 사이에는 다랑논이 있다.

　시모노오챠야는 지천관상식池泉觀賞式 정원에 수월관壽月觀이란 정자가 있음을 볼 수 있다. 지천관상식은 두 가지로 나누어 이해할 수 있다. 지천정원은 자연산수를 모사해서 산이나 물, 연못 등을 만들어 정원을 꾸미는

방식으로 이 형식에는 물이란 요
소가 반드시 들어간다. 여기에 관
상식은 정원에 내려가지 않고 정
자에 앉아 경치를 조망하는 방법
을 말한다. 지천관상식 정원에서
는 출입문과 담 이외에 간소한 건
물이 주류를 이룬다. 또 히노키

수학원이궁 수월관을 내부에서 촬영하였다.

등 물에 강한 목재를 길이 24㎝ 전후, 폭은 6~9㎝, 두께는 몇㎜로 켠 박판
薄板을 대나무 못竹釘으로 지붕에 고정하는 건물이 주류라 할 수 있다. 이
를 고케라부키柿葺라 한다.

수학원이궁에서 출입문 등을 제외하고는 시모노오챠야에서 유일하게
남아 있는 건물은 수월관이다. 총문總門에 들어서며 오른쪽 돌계단 위에

수학원이궁에는 낙지헌이라는 건물도 있다.

수학원이궁 객전과 주변 풍광을 이룬다.

보이는 문은 어행문御幸門이고 다시 중문을 통과하여 연못에 둘러싸인 곳
에 수월관이 있음을 본다. 총문은 가장 외곽에 있는 정문을 말한다. 정원

수학원이궁 욕용지를 멀리서 바라 보았다.

안쪽 동문을 지나면 길은 오른쪽 나카노오챠야 방면과 왼쪽의 가미노오 챠야 방면으로 나뉜다. 수월관은 고미즈노오상황의 어좌소御座所였던 건물로 18세기 전반 소실된 것을 1824년에 재건한 건물에 해당한다. 방은 세 칸이며 방에는 5첩畳의 다실茶室이 있고 지붕은 널조각으로 우진각지붕과 팔작지붕으로 만들어져 있다. 첩畳(다다미)은 세계에 유례가 없는 일본 고유의 문화로 바닥에 까는 재료를 말한다. 다다미는 이구사藺草라는 단자엽식물單子葉植物을 사용하여 만드는데 이구사는 습지나 물속에서 자라며 진흙 속에 뿌리를 내리는 식물에 해당한다. 첩은 종횡의 비율이 2:1 로 된 장방형과 그 반인 정방형 구조가 있고 크기는 910㎜×1820㎜가 기본 형태이지만 따로 정해진 규격은 없다.

나카노오챠야는 고미즈노오상황의 제8황녀를 위해 1668년에 조성된 주궁어소朱宮御所가 전신이다. 1885년 상황의 제1황녀가 출가하자 이곳에

단풍 속의 수학원이궁 욕용지를 전망해 본다.

수학원이궁 천세교 모습이다.

있던 낙지헌樂只軒과 객전客殿이 수학원이궁의 건물로 들어오게 된다. 건물 입구에 있는 표문과 중문을 통해 이곳에 들어서면 낙지헌과 객전의 모습을 볼 수 있다. 낙지헌은 주궁어소 일부로 1668년에 조성된 것이며 객전은 서원조 건물에 해당한다. 나카노오챠야에서 가미노오챠야 사이에는 수많은 계단식 논들과 좌우에 소나무들로 빼곡히 심어진 오솔길이 있음을 본다. 이 길 또한 관람객들에게 특별한 묘미를 준다.

　가미노오챠야에는 거대한 인공 호수인 욕용지浴龍池와 정원이 장대하게 펼쳐진다. 가미노오챠야의 정문인 어성문御成門에 들어가면 오른쪽은 산길이고 왼쪽은 연못과 연결된다. 욕용지는 13m의 제방을 이루며 연장 200m에 4단 돌담으로 축성된 인공 연못에 해당한다. 어성문에서 돌계단을 통해 올라가면 수학원이궁 안에서 가장 높은 곳인 인운정隣雲亭이 나온다. 이곳에서 바라보는 욕용지와 그 주변 풍광은 수학원이궁에 가장 압권이라 할 수 있다. 여기에서 많은 사람들이 이를 배경으로 풍경 사진을 찍는다.

수학원이궁은 교토에 있는 이궁 중에서 가장 크고 넓으며 단풍 또한 매우 아름다운 곳이라 할 수 있다. 인운정에서 연못 주변 길을 통해 계속가면 풍교楓橋가 나오고 이어 궁수정窮邃亭이 나온다. 궁수정에서 왼쪽으로 가면 천세교千歲橋가 나오고 천세교를 통해 욕용지 안의 작은 섬에 다다르게 된다. 궁수정에서 직진하면 토교土橋를 통해 연못에 도착하고 여기에는 배가 선착할 수 있는 곳이 있다. 배를 타고 다니며 구경할 수 있을 정도로 욕용지는 크다. 토교는 일종의 나무다리로 상판에 흙을 깔은 다리를 말한다. 선착장에서 단풍이 풍만한 오솔길을 계속 걸어가면 곧 출구로 빠져나가게 된다. 욕용지는 회유식 정원으로 그 주변의 산들과 잘 어울린 차경借景 정수를 느끼게 하는 호수다. 더구나 가을철에 이곳을 찾는다면 호수와 어울린 단풍을 만끽할 수 있어 많은 사람이 찾는다. 가츠라이궁이

수학원이궁 천세교에서 욕용지를 바라 본다.

건물과 어울린 평지 정원의 모습을 볼 수 있다면 수학원이궁은 건물과 정원이 적당하게 어울리면서 경사도가 적당히 있어 주변일대를 한 눈에 조망할 수 있다는 점이 다르다. 각각 어느 곳이 더 좋은지는 관람을 다 마친 후에 평가할 일이며 단풍과 정원의 측면만을 놓고 본다면 이곳 수학원이궁이 더 좋다고 할 수 있다.

🪭 만수원과 원광사

수학원이궁에서 약간 떨어진 곳에 만수원이 있다. 때문에 역시 5번 버스를 타고 일승사청수정─乘寺淸水町(이치죠지 시미즈쵸) 버스정류장에서 내려 20분 정도 걸어가야 한다. 교토 1일승차권이 있다면 5번 버스는 교통비 추가 부담없이 만수원은 물론 다음에 보는 시선당 또는 은각사, 영관당,

만수원 칙사문으로 계단을 통해 올라 가야 한다.

단풍에 물든 만수원 외관 모습이다.

남선사까지 갈 수 있다.

만수원曼殊院(만슈인)은 교토 동북쪽 일승사一乘寺라는 지역에 있는 천태종
사원으로 시산국사是算國師가 개창하였다. 만수원은 문적사원으로 삼천원
과 묘법원 등과 함께 천태종 5대
문적사원의 하나에 들어간다. 만수
원은 다른 천태종 문적사원과 함께
최징이 살았던 8세기 후반부터 9
세기 전반 사이에 히에이산에서 그
기원을 이룬다. 그러다가 12세기
에 북산 녹원사 곧 지금 금각사 부
근으로 그 근거지를 옮겼다. 1495
년 천황가의 일가가 26대 문주門主

만수원 정문으로 산문에 해당한다.

만수원 대서원 앞에는 정원이 꾸며져 있다.

가 된 이후 만수원은 대대로 황족이 문주로 있게 된다. 현재의 자리로 이전한 것은 1656년의 일로 본당인 대서원과 소서원 등이 당시에 지어진 건물에 해당한다.

칙사문에 들어서면 대현관과 고리가 있고 대현관을 통해 대서원과 소서원에 들어갈 수 있다. 대현관은 건물의 주출입구이며 고리는 사원의 종무소에 해당한다. 만수원에는 에도시대 초기에 지어진 대서원과 소서원 앞에 고산수 정원이 정연히 꾸며져 있음을 볼 수 있다. 만수원 대서원과 소서원은 가츠라이궁의 신어전이나 서본원사의 흑서원처럼 수기옥풍數奇屋風(스키야즈쿠리) 서원의 대표적인 사례에 해당한다. 수기옥은 다실풍茶室風 요소가 가미된 주택양식을 말한다. 이 때문에 만수원은 작은 가츠라이궁이라는 별명을 얻는다.

여기서 정원에 대해 좀 더 알아보자. 곧 서원書院 정원은 무가武家의 정원과도 다르고 또 사원에 있는 정원과도 다른 공가公家(구게)가 좋아하는 정원에 해당한다. 공가는 일본에서 조정에 나가는 귀족이나 상류 관인官人을 지칭하는 말이다. 공가문화는 오다 노부나가와 도요토미 히데요시

원광사 수금굴로 츠쿠바이라 한다.

시절에 발아하여 에도시대 초기에 만개한 문화를 가리킨다. 가츠라이궁과 만수원은 이 시대 미의식의 최절정기를 한없이 보여준다. 만수원 대서원 앞에는 고산수 정원이 넓게 펼쳐 있고 모래로 물을 표현하며 또 중간중간에 학도鶴島와 귀도龜島를 볼 수 있다. 소서원에는 조용히 수면 위를 거슬러 올라가는 배를 형상화한 것도 볼 수 있다. 고산수 정원에는 본

원광사 앞에는 고산수 정원이 꾸며져 있다.

원광사 본당을 안에서 바라 보았다.

래 봉래산蓬萊山과 학도, 귀도 등 3개가 하나의 세트처럼 등장하는 경우가 많다. 학도와 귀도는 말 그대로 학과 거북을 형상화한 돌에 해당한다. 이 모두 신선 사상의 영향으로 봉래산은 불로불사不老不死를 표현하고 학은 천년, 거북은 만년을 산다는 장생을 표현한다. 이 때문에 이들이 고산수 정원에서 다함께 설치되는 경우가 많다.

원광사圓光寺(엔코지)는 만수원에서 서남 방향에 있으며 임제종 남선사파 사원으로 1610년 도쿠가와 이에야스에 의해 개창되었다. 원광사 정문에

원광사 좌선당이 단풍 속에 숨어 있다.

들어서면 강당 뜰 앞에 분용정奔龍庭이라는 모래와 돌로 꾸민 고산수 정원이 먼저 반긴다. 이어 본당과 그 앞에 수금굴水琴窟이 있고 본당 옆에는 좌선당이 있음을 본다. 수금굴은 정원 장식의 하나로 신사나 불전 앞에서 물로 입이나 손을 씻는 것으로 나중에 츠쿠바이蹲踞로 발전하게 된다. 서원인 좌선당 앞에 있는 십우지정十牛之庭은 선의 수행과정을 표현한 정원으로 이끼와 단풍이 매우 아름다운 곳에 해당한다. 또 교토 북쪽에 가장 오래되었다는 서용지栖龍池 주변을 감싼 지천회유식 정원에도 단풍과 이끼가 많이 심어져 있어 보기에도 멋진 광경을 연출한다. 원광사도 만수원과 더불어 단풍이 유명하여 많은 사람들이 찾는 곳이다.

🪭 시선당과 하치다이신사

시선당詩仙堂(시센도)은 원광사 바로 인근에 있어 찾아 가기가 편리하다. 시선당은 도쿠가와 가문의 가신이었던 이시카와 죠잔石川丈山이 59세이던 1641년에 만든 사원에 해당한다. 그가 1672년 90세로 죽을 때까지 살

시선당 안에서 정원을 바라 본다.

던 곳이며 여기서 시의 삼매에 빠져 생활을 하던 곳으로 죠잔이 죽은 후에 시선당은 장산사丈山寺라는 이름의 조동종 사원으로 남게 된다. 이시카와 죠잔은 아즈치모모야마시대부터 에도시대 초기까지 살은 무인 겸 문인이었다. 원래는 무사였지만 교토의 교외에 은거하며 호를 장산丈山이라 하고 시詩 서書, 작정作庭에 힘썼다. 이시카와 죠잔은 에도시대 초기에 한

시漢詩의 대가이며 또한 일본 문인차文人茶의 개조이기도 하였다. 일본 문인차는 에도시대에 발전한 차문화의 하나로 종래 일본다도에서 중시하던 예의작법禮儀作法 대신에 중국차처럼 향이나 맛을 중시하는 차의 한 기법에 해당한다.

소박한 대나무문인 시선당 산문을 보려면 계단을 통해 올라가야 한다. 또 소유동小有洞이라는 문을 나서면 대나무 숲 사이 길을 지나 돌계단 위에 노매관老梅關이라는 문이 나온다. 양옆에 있는 대나무 숲으로 인해 한낮에도 어두컴컴하다. 노매관 오른쪽에 요철과문凹凸窠門이 있다. 노매관에 들어서면 지붕이 낮은 현관이 있고 이어 객실과 그 앞에 정원이 펼쳐 있음을 볼 수 있다. 객실 옆에 바로 시선당이 있다. 시선당은 본래 요철과凹凸窠, 곧 오토츠카라 하였는데 시선당은 그 안의 한 방에 불과한 말이었다. 요철과는 요철이 심한 땅에 세운 집이라는 의미이다. 요철과는 한나라 시대부터 송나라까지 중국시인 36명의 초상을 에도시대 초기 화가인 가노 탄유

단풍 속의 시선당 모습이다.

시선당 소월루로 지붕 위에 망루가 보인다.

狩野探幽가 그리고 또 각 시인의 시를 이시카와 죠잔이 써서 사방 벽에 걸어
놓아 그 때문에 시선당이라는 별칭이 붙는다. 이어 운치있는 낭하로 연결
된 옆방에 가면 그곳은 지락소至樂巢라는 독서실이 있다. 여기서 누각에 올
라가면 달을 보고 시를 읊는다는 소월루嘯月樓가 3층에 있음을 볼 수 있다.

지락소 옆 밖에는 고황천膏肓泉이 있는데 약도 효험이 없다는 뜻을 가지
며 수심이 깊은 우물에 해당한다. 이 우물 뒤에 약연헌躍淵軒이 나오며 이
곳은 시동侍童의 공간이라 할 수 있고 소월루에서 보면 북쪽 아래에 있음
을 본다. 또 지락소 앞 정원에 내려 가보면 왼쪽에 세몽폭洗蒙瀑이 있다.
무지풍매를 씻는다는 폭포의 뜻으로 동산東山에서 맑은 물이 흘러 내려
떨어진 단풍잎과 함께 정원으로 흐른다. 소월루 왼쪽 아래에는 잔월헌殘
月軒과 좌선당이 있다.

시선당 정원은 한마디로 이시카와 죠잔이 설계한 중국풍 정원으로 당
시의 대표적인 정원의 하나에 해당한다. 이시카와 죠잔은 작정가作庭家(사

영산백과 단풍 속의 시선당 광경이다.

쿠테이카)로 이름을 날려 가츠라 이궁 보수에도 참여한다. 작정가는 정원 작가라는 말로 설계만 하지 시공은 직접 하지 않는다. 시선당 정원은 후세에 보수가 이루어져 현재 당시의 모습은 가지고 있지 않다. 그렇지만 정원에 심어져 있는 나무나 꽃, 폭포소리 등은 산장의 한적함을 더욱 그윽하게 만든다. 또 다양한 꽃과 식물이 심어져 있어 계절별로 색다른 맛을 느끼기에 충분하다. 필자는 겨울과 가을 두 차례 이곳을 방문하였지만 그 감동은 가을철에 더 느낄 수 있었다.

하치다이신사八大神社(하치다이진쟈)는 시선당 위 바로 인근에 있어 그냥 지나치기에는 좀 아까워 찾아가 본다. 에도시대 초기의 검술가인 미야모토 무사시宮本武藏가 큰 결전을 앞두고 이 신사에서 기도하려고 하다가 신에 의지하려는 자신의 나약함을 깨닫고 바로 그만 두었다는 일화가 전해지는 신사다. 미야모토 무사시는 에도시대 초기의 검술가, 병법가로 이도검법二刀劍法의 개조이다. 이도류二刀流(니토류)는 양손에 각각 칼 또는 검을 쥐고 공격과 방어를 취하는 기술이다. 미야모토 무사시를 주제로 한 소설로는 요시카와 에이지吉川英治가 쓴 작품이 유명하다. 하치다이신사는 미야모토 무사시와 관련이 있고 시선당 바로 인근에 있어 한번 들러 볼만하다.

10

은각사에서 남선사까지의
사원들을 찾아서

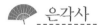 은각사

이제 교토의 동쪽인 동산 자락에 밀집하여 있는 사원들을 찾아갈 차례이다. 이들은 모두 한결같이 단풍의 명소에 해당한다. 제일 먼저 가장 북쪽에 있는 은각사銀閣寺(긴카쿠지)부터 소개하는데 교토역 버스승강장에서 은

은각사 은사탄으로 모래탑 모양을 한다.

각사까지 가는 버스는 매우 많아 방문하기가 쉽다.

은각사 입구에는 철학의 길이라는 독특한 이름을 한 길이 있다. 봄에는

은각사 은각이 단풍 속에 있다.

벚꽃으로 또 가을에는 단풍으로 유명한 길이다. 철학의 길은 은각사 입구
부터 시작하는데 1890년 동산 산자락에 완성된 후 1912년 정토사淨土寺 다
리까지 연장된 약 1.8㎞의 길을 말한다. 필자는 이 철학의 길을 봄과 가을
에 두 번에 걸쳐 가보았는데 역시 철학의 길은 봄철이 더욱 맛이 났다. 봄

은각사 앞 철학의 길은 벚꽃으로 유명하다.

은각사 금경지와 은각이 한데 어울려 있다.

날의 벚꽃이 냇가 주변에 활짝 피어 그 감동을 주기에 충분했던 것이다.

　이 철학의 길 입구에서 조금만 걸어 올라가면 은각사 경내에 당도하게 된다. 철학의 길에서 보듯이 일본 사람들은 이처럼 하나의 길을 만들 때에도 의미가 있는 이름을 부여한다. 지금 덕수궁 정문인 대한문大漢門은 그 의미가 아주 좋지 않다. 치한, 무뢰한, 거한 등 좋지 않을 경우에 '한漢'자가 개입한다. 어서 빨리 이 문의 또 다른 이름이었던 대안문大安門이나 아니면 대한문大韓門으로 바꾸길 기대한다. 대한민국 서울의 한복판에 있는 궁궐문이 '대한大漢'이라니 말도 안 된다. 현판하나 바꾸는 것은 아무 일도 아니다. 다만 그 관심과 의지의 문제일 뿐이다.

　은각사는 본래 명칭이 동산東山 자조사慈照寺(지쇼지)로 임제종 상국사파 사원으로 상국사의 경외境外 탑두사원에 해당한다. 무로마치막부 제8대 쇼군인 아시카가 요시마사足利義政가 금각사의 금각인 사리전을 모방하여 관음전觀音殿을 만들고 은각이라 부른데서 시작한다. 은각사는 그 이름으

은각사 방장과 국보인 동구당이 나란히 서 있다.

로 인해 금각사와 대비되며 은각사 또한 1994년 세계문화유산에 등재된 사원이기도 하다.

　금각사 금각이 북산문화 상징이라면 은각사 은각은 동산문화東山文化의 상징으로 동산문화는 무로마치시대 중기 문화를 대변한다. 무로마치 중기부터 전국시대 초기까지 무로마치 쇼군이었던 아시카가 요시마사가 지은 동산산장東山山荘을 중심으로 공가公家(구게), 무가武家(부케), 선승禪僧 등의 문화가 융합하여 동산문화가 만들어진다. 여기서 공가는 본래 천황과 조정을 말하는 것이었으나 헤이안시대 후기 이후에 조정관리를 공가라 부르며 그 의미가 변한다. 조정에 근무하는 귀족, 상급관인을 모두 불러 하는 말로 공가는 막부에 근무하는 무사를 지칭하는 무가와는 대칭되는 말이기도 하다.

　동산문화는 1467년에 일어난 오닌의 난 이후 사회가 핍박해졌지만 한편으로 다도茶道와 정원, 건축 등 다양한 예술분야가 만개한 시대로 그것이 서민들에게까지 침투해 오늘날까지 이어진다. 귀족적이고 화려한 북산문화에 비해 동산문화는 유현幽玄과 와비侘, 사비寂를 통한 미의식을 구현한다는 평가를 받는다. 와비와 사비는 일본 미의식의 하나로 와비는 한적함을 즐기는 것으로 소박하면서도 고요함을 말한다. 사비는 한적함 속에 심오함이나 여유있는 마음을 자연스럽게 느끼는 아름다움을 지칭한다. 용안사 방장정원에서 밝은 햇살 속에 비추는 석정石庭을 바라보며 즐기는 것이 와비의 세계이다. 또 대덕사 대선원 정원은 고산수 정원의 대표적인 한 예로 심산유곡에서 흘러내리는 물이 폭포가 되거나 큰 강이 되는 과정을 돌이나 하얀 모래로 표현하고 있다. 불교로는 임제종이 성행하였고 다도가 발달하는 것이 동산문화의 전형적인 예에 해당한다.

은각사 창건은 1473년 아시카가 요시마사가 쇼군직을 그의 아들에 물려주고 이곳에 동산전東山殿이라는 별장을 만들기 시작하며 출발하였다. 본래 동산전에는 조추정釣秋亭과 서지암西指庵, 초연정超然亭 등 많은 건물이

은각과 방장이 잘 어울린 은각사 전경이다.

들어섰지만 현재 남아 있는 것은 은각과 동구당東求堂 뿐이다. 1490년 아시카가 요시마사가 죽자 상국사 말사로 시작하며 동산전을 사원으로 개조한 것이 바로 오늘날 자조사에 해당한다.

은각사의 정문이라 할 수 있는 총문에 들어서 오른쪽 돌담길을 따라 가다보면 중문이 나온다. 중문을 들어서면 왼쪽에 고리가 있고 오른쪽에 은각사의 상징이며 정식명칭이 관음전이라는 은각이 다가선다. 관음전은 2층 목조형태의 누각으로 은각사 경내에 있는 금경지錦鏡池라는 연못을 향해 동쪽에 서 있다. 은각은 1489년에 세워진 누각으로 지붕에는 동으로 만든 봉황이 있다. 금각사 금각이 금박을 씌운 것에 비해 은각사의 은각은 은박을 하지 않은 점이 다르다. 본래 은각은 창건 당시부터 은박을 하지 않았으며 다만 건물 2층 안팎에 흑칠黑漆한 것이 특징을 이룬다. 은각 1층은 동서쪽이 8.2m이고 북쪽이 7m이며 남쪽이 5.9m에 이르러 북쪽이 남쪽보다도 1m 정도 길다. 은각 1층은 심공전心空殿으로 주택풍 서원조 양식을 가지며 2층에는 선종풍 불전인 조음각潮音閣이 있다.

은각 앞에는 하얀 모래가 깔린 정원인 향월대向月臺와 모래 탑인 은사탄銀沙灘이 있다. 은각사의 이런 정원 모습은 에도시대 후기 모습을 하고 있다. 은각사 정원은 태사苔寺로 알려지고 있는 서방사 정원을 본뜬 것으로 에도시대에 보수되면서 대부분 원형을 잃어버렸다고 알려진다. 은각과 은사탄 앞에는 금경지가 있고 연못 안에는 선인주仙人洲라는 작은 섬이 있다. 향월대와 은사탄 뒤에는 본당 곧 방장 건물이 서 있으며 그 옆에는 동구당이 있음을 본다. 국보인 동구당 앞에도 백학도白鶴島라는 작은 섬으로 구성된 연못이 있다.

동구당은 히노키 지붕 건물로 1486년에 세워졌으며 여기서 히노키나무는 노송老松이나 또는 회목檜木으로도 불리는 편백나무를 말한다. 동구

당은 본래 아시카가 요시마사의 지불당持佛堂이었는데 불상이나 위패를
모신 곳으로 주택풍 건물에 해당한다. 동구당은 정사각형 건물로 한 면이
6.9m이고 남쪽을 바라보고 있으며 안에는 방이 4개나 있다. 그 중에는
아시카가 요시마사 형상을 모신 불단과 동인재同仁齋라는 서재가 있다. 동
인재는 실제로 아시카가 요시마사가 서재로 쓴 공간으로 일본 다실茶室의
기원이면서 근대 일본식 건축원형이기도 하다. 동구당과 동인재는 아시
카가 요시마사가 지은 이름으로 『육조단경』과 당나라 시대 문장가인 한
유韓愈의 글에서 따온 이름이다. 동구당 연못은 은각의 금경지와 서로 연
결되어 있는데 이곳에 난 작은 다리를 건너 왼쪽으로 간다면 연못과 동구
당을 한 번에 볼 수 있다. 또한 고리와 방장 뒤에는 서원이 있다.

은각사는 금경지를 중심으로 하는 지천회유식 정원에 해당한다. 이는
연못을 한 가운데 두고 연못 주변에 만들어진 순환로를 따라 정원을 감

단풍에 휩싸인 은각사 은각 모습이다.

전망대에서 은각사를 바라 보았다.

상하는 방식이다. 정원 중간중간에 다정茶亭이나 작은 누각이 설치되기
도 한다. 동구당 앞에 있는 작은 오솔길을 따라 산 쪽으로 올라가면 은각
사를 한눈에 볼 수 있는 전망대가 나타난다. 이곳에서 바라보는 은각사는
황홀한 경지를 보여준다. 단풍에 물든 은각사의 건물들이 마치 파노라마
처럼 눈앞에 펼쳐지기 때문이다. 은각사 단풍은 교토 최고의 단풍 명소라
고 할 수 있는 영관당에 비해 손색이 없을 정도이며 영관당 또는 남선사,
지은원과도 다른 무언가의 묘미가 있다. 이러한 것을 느끼게 하는 동산의
첫 번째 사원인 은각사를 가을에 찾으면 바로 실감하게 된다.

법연원과 영감사

법연원法然院(호넨인)은 은각사에서 조금만 내려가면 있다. 철학의 길을
걸으면서 은각사에서 법연원과 영감사에도 갈 수 있다. 이곳 구간에 있는

철학의 길은 단풍이 멋있어 오히려 은각사 입구에 있는 철학의 길보다 호
젓하고 자신 만의 걸음을 걸으며 답사를 진행할 수 있다.

법연원의 정식명칭은 선기산 법연원 만무교사善氣山法然院萬無教寺라고 하
지만 보통 법연원이라 부른다. 사원의 기원은 가마쿠라시대 법연이 제자
들과 함께 살은 초암草庵에서 유래하며 정토종 계열 사원에 해당한다. 에
도시대인 1680년에 지은원의 38대 주지인 만무萬無화상이 법연과 관련이
있는 곳에 염불도량을 세우며 오늘에 이른다. 철학의 길에서 법연원으로
꺾어 들어오면 초가집풍 산문이 제일 먼저 반긴다. 이 산문이 단풍과 어
울려 가장 멋진 광경을 연출한다. 본당은 1688년 재건된 건물로 법연상
인을 본존으로 모시고 있다. 산문에서 계단을 통해 내려가면 바로 좌우에
하얀 모래를 쌓아 올린 백사단白砂壇이 있음을 본다. 물을 상징하는 이 백
사단 사이를 통해 사원에 들어가는 것은 심신을 정화해 사원에 들어간다

법연원 산문에 단풍이 들어 있다.

영감사 정원에 이끼와 단풍이 어울려 있다.

이끼 위에 단풍이 떨어진 모습을 보이는 영감사 정원이다.

영감사 이끼 정원의 또다른 모습이다.

는 의미를 지닌다. 강당은 1694년에 세운 대욕실이었으나 최근 내부를 고치어 강당으로 쓰고 있다.

이외에 경장이 있고 1687년에 이축된 방장과 함께 정원이 있음을 본다. 방장 정원은 아미타 삼존을 상징하는 삼존석을 배치한 정토정원이라 할 수 있다. 정토정원은 정토사상을 크게 받은 정원양식으로 극락정토 세계를 재현하기 위해 금당과 불당 등 사원 건축물 앞에 원형 연못을 배치한 자연친화적인 정원을 말한다. 교토시 남쪽 우지에 있는 우지평등원 봉황당이 그 대표적인 사례에 해당한다. 법연원은 그리 크지 않은 사원이지만 철학의 길을 따라 남선사까지 간다면 그 중간에 있는 코스로 들려볼 만하다.

다음에 보는 영감사靈鑑寺(레이칸지)도 법연원에서 철학의 길을

통해 좀 더 내려가면 있다. 영감
사는 역대 황녀가 출가한 임제
종 남선사파의 비구니 문적사원
에 해당한다. 1654년 고미즈노
오後水尾천황의 황녀가 출가하며
개창된 사원에 해당한다. 메이
지유신 때까지 황녀가 출가하여
주지를 맡는 등 천황가와 관련

영감사 수반에도 단풍 잎이 떨어져 있다.

이 깊어 어소의 인형 200점 등 천황가와 관련된 보물이 많이 소장되어 있
다. 영감사에는 에도시대 중기 정원기법이 들어간 격조높은 지천관상식
池泉觀賞式 정원이 있다. 또 에도시대에 세워진 본당과 고리, 서원, 표문 등
의 건물이 있으며 경내는 한적하고 우아한 풍치를 풍긴다. 여기서 지천관
상식은 정원에 내려가지 않고 다다미 등에 앉아 연못이 있는 정원을 감상
하는 방식을 말한다. 영감사는 앞에서 본 법연원과는 분위기가 좀 다르고
오래된 나무들도 많이 있어 풍경이 볼 만하다. 어차피 철학의 길을 통해
내려간다면 이 두 곳은 각기 특별한 맛을 보여 주는 사원들로 그 가치가
있다고 할 수 있다.

진여당과 금계광명사

진여당과 금계광명사는 서로 인접하여 있는데 단풍이 아름다운 곳이
다. 영관당과 남선사로 내려가기 전에 철학의 길에서 나와 서쪽 큰 길로
내려가야 있다.

진여당眞如堂(신뇨도)은 진정극락사眞正極樂寺(신쇼고쿠라쿠지)가 본명으로 보

진여당 본당으로 사원의 중심을 이룬다.

통 진여당이라 하며 천태종 사원에 해당한다. 진여당은 992년 히에이산 승려인 계산戒算에 의해 창건된다. 계산은 헤이안시대 중기 승려로 히에이산에 올라가 처음엔 천태종을 배우고 나중에는 정토교를 배워 주야로 염불을 외우며 경전을 강의하였다. 진여당은 오닌의 난으로 전소되며 교토 시내 몇몇 곳을 전전한 끝에 도요토미 히데요시에 의해 1693년 현재 자리에 재건되었다. 1717년에 건립된 본당은 교토시내 천태종 사원 본당으로는 최대 규모를 자랑하며 아미타여래를 본존으로 모신다. 진여당에는 1988년에 만든 동산을 차경으로 한 '열반 정원'과 '수연隨緣 정원' 등 고산수 정원이 있다. 이외에 삼중탑, 개산당, 석약사당石藥師堂 등의 건물이 있으며 탑두사원으로 동양원東陽院, 송림원松林院 등이 있다.

　진여당은 생각보다 그 규모가 매우 큰 사원에 해당한다. 여러 건물 중에서 핵심은 본당과 삼중탑에 있다. 본당과 삼중탑은 단풍과 어울러 아름다운 모습을 보여 주며 또 진여당 전체를 놓고 보아도 단풍나무가 매우 많아 가을철에는 많은 사람들이 찾는다. 이 때문에 가을철 교토에는 일본인은 물론 세계 각지에서 온 관광객들로 꽉 찬다. 당연히 이 시기에는 호텔 가격도 올라가고 예약이 어려운 경우도 있다. 요즘은 인터넷 시대이니 미리 교토역 주변에 호텔예약을 해놓고 편하게 여행을 하면 좋다. 먹는 것도 교토역 주변에는 많이 몰려 있다. 교토역 버스승강장 지하에는 수많은 식당이 자리 잡고 있다. 저녁시간에는 줄을 서서 기다려야만 들어갈 수 있는 정도이다. 최근에 들어 세계 각지에서 온 여행객이 교토에 넘쳐 난다. 특히 일본 전통 옷인 기모노를 화려한 색깔로 골라 입은 젊은 여인들이 유명 관광지에서 흔히 볼 수 있다. 교토는 이제 일본의 가장 대표

적인 관광지로 자리 잡고 있다. 또한 한번 찾고 마는 정도의 관광지도 아니다. 보면 볼수록 일본문화의 이해와 아름다움을 느낄 수 있는 곳이다. 교토 말고 인근의 나라와 도쿄 근처의 가마쿠라鎌倉도 있지만 사원 수와 아름다움에서는 교토를 능가하지 못한다. 가마쿠라에선 가마쿠라 대불이 가장 유명하고 나라에서는 동대사와 법륭사가 가장 볼만하다고 할 수 있다. 필자는 나

진여당 삼중탑으로 사원에서 가장 아름다운 모습을 보인다.

건물 안에서 진여당 열반 정원을 바라 보았다.

라와 가마쿠라에도 여러 번 가보았지만 다시 오도록 유도하는 곳은 교토라고 할 수 있다. 교토는 그만큼 콘텐츠가 잘 발달된 관광지에 해당한다고 할 수 있다.

이제 진여당을 다 보았다면 그 바로 옆에 있는 금계광명사 차례이다. 금계광명사金戒光明寺(곤카이 코우묘지)는 진여당과 담하나 사이에 두고 이웃하여 있어 진여당까지 왔다면 금계광명사에 가는 일은 어찌 보면 당연하다. 진여당이나 금계광명사는 외국인에게 별로 잘 알려지지 않은 곳이다. 시간이 없다면 금계광명사는 몰라도 진여당은 꼭 가보아야 한다. 진여당은 금계광명사보다도 단풍이 더 아름다운 곳에 해당한다. 그렇다고는 하더라도 금계광명사는 한국인과 관련된 사원이라 또 무시할 수도 없는 사원에 해당한다. 금계광명사는 구로타니마치黒谷町에 있어 구로타니 코우

묘지黑谷光明寺라고 부르기도 하며 아미타여래를 본존불로 모시는 사원으로 정토종 대본산에 해당한다. 금계광명사는 지은원과 더불어 정토종 7대 본산의 하나로 처음에는 염불도량이었다. 이외 교토 4본산으로는 지은원과 지은사知恩寺, 청정화원清浄華院 등이 있다.

금계광명사는 1175년 법연의 연기緣起로 부터 사원이 창건되었다. 5대 주지 때에 불당을 정비하고 사원 이름을 자운산 광명사紫雲山 光明寺라고 한 것에 기원한다. 금계라는 명칭이 붙은 것은 이 사원의 8대 주지인 운공運空이 고코곤後光嚴천황으로부터 천태종 대승大僧임을 증명하는 원돈계圓頓戒를 받고 나서부터였다. 법연이 처음에 정토종을 포교한 곳이라는 의미에서 천황이 '정토진종최초문浄土眞宗最初門'이라는 칙액을 내리며 오늘날에 이른다.

금계광명사를 찾아 가보면 정문인 고려문高麗門(고라이몬)이 나오며 여기

금계광명사 산문으로 방문객이 맨 먼저 당도하게 된다.

금계광명사 어영당으로 앞에 향배가 있다.

서 조금 더 올라가면 산문이 나온다. 고려문은 일본문의 한 형식으로 정면에 2개 큰 기둥이 있고 뒤쪽 좌우에 작은 기둥을 세운 문에 해당한다. 정면과 뒤에 있는 문은 맞배지붕으로 기와를 입히어 지붕이 모두 3개가 있는 문이다. 주로 신사나 사원의 외곽에 설치되며 여닫는 문이 없는 문이다. 산문은 사원이 주로 산위에 있기 때문에 그 문을 산문이라 하며 사원 그 자체를 산문이라 하는 경우도 있다. 금계광명사 산문은 오닌의 난 때에 소실되고 1860년에 재건되었다. 이 산문 현판에 걸린 '정토진종최초문' 글씨는 고코마츠後小松천황의 친필로 알려지고 있다. 계단을 통해 경내에 들어가면 정면에 어영당이 있고 어영당 옆에 대방장 건물이 있음을 본다. 금계광명사를 처음 방문하면 어영당의 위풍당당함에 놀란다. 어영당이 이 사원의 얼굴이라 해도 과언이 아니다. 1944년에 재건된 어영당은 대전大殿이라고도 하며 법연의 75세 초상을 모시고 있다. 대방장은 어영당과 함께 소실되었고 1944년에 재건된 건물에 해당한다. 대방장 뒤에는 방장북정方丈北庭이 있어 연못과 함께 다실인 자운정紫雲亭과 화봉암花峯庵이 있음을 본다.

대방장 앞에 있는 아미타당은 도요토미 히데요시 3남인 도요토미 히데요리에 의해

금계광명사 대방장 건물로 앞에 고산수 정원이 있다.

1612년에 재건된 건물에 해당한다. 아미타당 뒤편 계단을 통해 올라가면 오른쪽에 법연상인의 어묘御廟가 있으며 여기서 더 올라가면 목탑인 삼중탑이 있음을 볼 수 있다. 삼중탑인 문수탑文殊塔은 1633년에 건립된 것으

연못에서 보는 금계광명사 어영당 뒷 모습이다.

금계광명사 삼중탑으로 석양에 단풍이 물들어 있다.

로 도쿠가와 이에야스 3남인 도쿠가와 히데타다德川秀忠를 추도하기 위해 세운 목탑에 해당한다. 이 삼중탑도 금계광명사에서 가장 아름다운 곳의 하나에 속한다. 저녁노을에 비친 삼중탑의 자태는 주변 풍광과 어울려 촬영코스로는 이만한 데도 없다.

금계광명사에는 서운원이라는 탑두사원이 있다.

이 삼중탑에서 북쪽으로 가면 탑두사원인 서운원西雲院이 있다. 서운원은 임진왜란 당시 조선에서 끌려온 종엄화상宗嚴和尙과 관계가 깊은 곳이다. 종엄은 일본에 끌려온 뒤에 출가하여 이곳에 서운원을 열게 된다. 종엄은 서운원을 연 후에 전신전력으로 염불을 암송하여 그의 문하에 많은 승려들이 모이게 된다. 서운원에는 1628년에 사망한 종엄의 묘탑이 있다. 한국과 관련이 있는 승려의 묘가 이곳 서운원에 있다는 사실은 잘 알려지고 있지 않다. 금계광명사를 찾으면 서운원을 찾아 그 앞에 있는 종엄의 계란형 묘탑을 찾아보는 것도 나쁘지는 않다. 종엄의 묘탑은 서운원 앞에 있는 묘탑 구역 전방에 있다. 서운원 이외에 금계광명사의 탑두사원으로

금계광명사에는 한국과 관련이 있는 종엄화상 부도탑이 있다.

는 어영당 아래쪽에 영운원永運院과 서옹원西翁院 등이 있음을 볼 수 있다. 금계광명사는 주변 나무와 함께 어우러진 산문이 멋지고 또 서운원을 찾아 종엄의 묘탑을 찾아보는 것도 값진 경험이 되는 사원이다.

영관당

이제 5번 버스를 타고 영관당과 남선사로 떠나보자. 5번 버스를 탈 경우에는 진여당 후문으로 나와야만 된다. 만약 금계광명사까지 가서 영관당을 가야한 다면 다시 진여당으로 나와 후문으로 나가야 한다. 금계광명사 정문 쪽으로 나가면 많이 걸어야 하며 마땅한 버스도 없다.

영관당永觀堂(에이칸도)은 본래 이름이 무량수원 선림사無量壽院 禪林寺로 정

토종 서산西山 선림사파 총본산에 해당한다. 853년에 공해空海 제자로 헤이안시대 전기 진언종 승려인 진소眞紹가 세운 사원으로 영관永觀으로 인하여 보통 영관당으로 불린다. 공해는 헤이안시대 초기 승려로 홍법대사라는 시호를 가지며 진언종의 개조에 해당한다. 또 공해는 일본 천태종 개조인 최징과 함께 나라불교에서 헤이안불교로 전환하는 과정에서 중국으로부터 진언밀교를 들여왔다. 진소는 10세 때에 공해에게 사사받고 밀교를 배운 뒤 843년 진언종의 3번째 밀교비법 전수사가 된다. 863년 세이와淸和천황으로부터 지원을 얻어 선림사라는 사원 이름을 받는다. 영관당의 중흥조인 영관이 선림사에 들어온 것은 1072년의 일로 영관은 선림사를 염불 도량으로 재탄생시키고 또 병든 사람을 치유하는 등 자선사업도 활발히 벌인다. 선림사를 영관당이라 하는 것도 바로 이 영관이 있었기 때문이다.

영관당 당문과 석가당의 정원 모습을 보여 준다.

영관당 본존불인 아미타 여래입상은 왼쪽으로 얼굴을 돌린 특이한 모습을 하고 있다. 이에 대해서는 다음과 같은 전설이 전한다. 곧 1082년 2월15일 새벽에 당시 50세의 영관이 염불을 외우며 본당 주위를 수

영관당 어영당이 단풍 속에 어울려 있다.

행을 하던 중에 영관 앞에 아미타여래가 나타나 함께 걷기 시작한다. 꿈이 아닐까 하고 멈추어선 영관 앞에 본존인 아미타여래가 뒤를 돌아보면 "영관 늦구나"라고 말했다 전해진다. 이런 연유로 아미타여래입상은 왼쪽을 바라보는 자세를 취해 '뒤를 돌아보는 아미타불'로 불리게 된다. 그 후 영관당은 가마쿠라시대 전기의 정토종 승려인 정음浄音 시대에 와서 진언종에서 정토종 서산파西山派 사원으로 전환된다. 영관당은 오닌의 난을 거치며 대부분 건물이 소실되지만 1497부터 약 100여 년간에 걸쳐 서원, 방장, 회랑과 아미타당이 재건되어 오늘에 이른다.

영관당은 교토에서도 이름난 단풍명소로『고킨와카슈古今和歌集』에도 단풍이 언급되는 등 그 이름이 높다. 영관당에는 현재 3천 그루가 넘는 단풍나무가 심어져 있어 교토에서도 단연 최고의 단풍명소라고 할 수 있다. 영관당 총문을 통해 들어오면 정면에 중문이 보인다. 총문은 에도시대 말기에 건축되었고 중문은 1744년에 세워졌다. 총문에서 오른쪽으로 가면 남선사 방향으로 이어지는 남문이 나온다. 중문에 설치된 매표소에서 표를 끊고 입장하면 비로소 영관당 경내가 이어진다. 대현관이 있고 그 옆에는 당문 형식의 칙사문과 석가당이 있으며 석가당 뒤에는 방장이 있음

영관당 어영당의 정면 모습이다.

을 본다. 방장은 16세기 초엽 고카시와바라後柏原천황에 의해 세워졌다고 하지만 실제로는 에도시대 이후의 건물로 추정된다. 대현관과 석가당 앞에는 연못인 방생지가 단풍과 어우러져 아름다운 모습을 연출하고 있다.

방생지 안에는 금운교錦雲橋라는 다리로 이어진 작은 섬에 변천사辨天社라는 건물이 있다. 변천사는 음악과 재복의 수호신을 모시는 건물에 해당한다. 석가당 옆에는 복도로 이어진 어영당이 있고 어영당에서 산 위로 와룡랑臥龍廊이라는 복도가 이어지며 그 끝에는 개산당이 포진한다. 1912년에 세워진 어영당은 종조인 법연을 제사지내며 아미타당보다도 그 규모가 크다. 개산당 뒤에는 다보탑이 있고 어영당에서 복도로 이어진 곳을 더 가면 본당인 아미타당이 나온다. 1597년에 세워진 아미타당은 어영당보다도 약간 높은 부지에 있는데 약 77㎝ 높이에 해당하는 '뒤를 돌아보는' 아미타여래 입상이 바로 여기에 있다. 다보탑은 사찰 경내 가장 높은

영관당 방생지에서는 멀리 다보탑이 보인다.

곳에 위치하여 있는데 1928년 한 독지가의 기부에 의해 세워졌다. 어영당은 영관당에서 가장 큰 건물에 해당하며 형태면에서 석가당과 아미타당은 팔작지붕을 하고 있다. 앞에서도 언급하였듯이 영관당은 단풍의 명소로 방생지 주변이 특히 아름답다. 크고 많은 건물과 함께 단풍이 어우러진 영관당을 가을에 찾아가면 그야말로 황홀할 정도이다. 교토에 처음 온다면 금각사와 영관당 또는 청수사가 제일 먼저 볼 대상에 해당한다. 이 때문에 가을에는 수많은 관광객으로 넘쳐 난다. 교토는 가을철에 일

영관당 다보탑을 좀더 가까이에서 바라 본다.

본인과 외국인 수요가 집중적으로 몰리는 시기이다. 청수사는 인파로 인해 짜증날 정도인데 이곳 영관당은 비교적 여유롭게 관람할 수 있다.

남선사

영관당과 남선사南禪寺(난젠지)는 서로 이웃하여 있는데 남선사도 영관당처럼 단풍이 아름다운 사원에 해당한다. 남선사는 임제종 남선사파 대본산으로 동산의 한 자락인 독수봉獨秀峰에 자리 잡은 대사원에 해당한다. 1289년 아들에게 천황 자리를 물려준 가메야마龜山상황은 출가하여 법황法皇이 되며 남선사를 세운다. 법황은 일본에서 출가하여 불교에 입문한 전직 천황 곧 상황을 말한다. 천황이 양위하여 상황이 되고 그 상황이 출가하여 법황이 된다는 의미이다. 가메야마상황이 법황이 되는 바람에 남

남선사 삼문으로 5칸을 이루며 2층 구조를 가진다.

남선사 삼문을 측면에서 바라 보았다.

선사는 일본 최초의 칙원선사勅願禪寺가 되었다. 칙원선사는 천황이나 천황자리에 물러난 상황이 발원하여 국가와 천황가의 안녕을 위해 세운 사원을 말한다. 가메야마상황은 1291년 가마쿠라시대 중기의 임제종 승려인 무관보문無關普門에게 남선사의 초대 주지를 맡긴다. 1334년 남선사는 선종 사찰에서 가장 지위가 높은 오산五山중에서도 더 높은 지위인 별격別格의 위치에 오른다. 남선사는 1467년 오닌의 난 때에 대부분 소실되고 본격적인 복원은 에도시대인 1605년 이후에 와서 이루어졌다.

교토에서도 이름난 단풍의 명소인 남선사를 찾아가 방문객에게 제일 먼저 반기는 건물은 칙사문과 중문이다. 칙사문 뒤로 삼문과 법당, 서원이 독수봉 앞에 일직선으로 길게 늘어서 있음을 볼 수 있다. 서원 오른쪽에는 방장이 있고 왼쪽에는 수도교水道橋를 통해 남선원과 고덕암高德庵이

남선사 삼문에서 법당 쪽 풍경이다.

라는 최승원을 만날 수 있다. 칙사문은 1641년에 교토어소 어문을 옮겨지은 것이고 1606년에 완성된 법당은 화재로 소실되었으며 1909년에 재건되었다. 1628년에 지어진 삼문은 2층을 오봉루五鳳樓라 하며 석가여래상과 16나한상이 모셔져 있다. 천장에 있는 봉황도는 에도시대 초기 화가인 가노 탄유가 그렸다. 삼문에 올라가면 교토시내를 한눈에 볼 수 있을 정도로 전망이 좋다. 남선사 삼문은 지은원, 동본원사 어영당문과 함께 교토 3대문의 하나에 들어간다. 국보인 방장은 대방장과 소방장으로 나뉘며 대방장은 교토어소 건물을 이축한 것이고 대방장에는 고산수 정원이 있다.

남선사 수로각水路閣은 일명 수도교라고도 하는데 메이지유신 이후에 건설된 교토 근대 건축물 중 명물의 하나에 해당한다. 건설당시 교토 경관을 헤친다며 반대의 목소리가 높았지만 지금은 남선사를 방문하는 사람들이 꼭 찾을 정도로 인기가 높다. 수도교는 비와호에 연결된 수로를 통해 물을 공급받는데 비와호는 시가현에 있는 호수로 일본 최대의 저수용량을 가지고 있다. 남선사 수도교는 1890년 비와호 물을 교토에 끌어들이려는 작업의 일환으로 만들어졌다. 수도교의 길이는 93m에 폭은 4m이고 높이는 14m를 이룬다. 수도교는 고대 로마의 수도교를 참고하여 연와색煉瓦色 벽돌을 아치 형태로 쌓아올려 주변경관과 어울리게 만들어졌다. 사실상 남선사 관광에서 이 수도교가 가장 하이라이트라고 할 수 있다. 다른 사원에서 볼 수 없는 광경을 남선사에서 볼 수 있기 때문이다.

남선사 탑두사원은 수도교 인근에 있는 남선원南禪院을 들 수 있다. 수도교 바로 앞에 있는 남선원은 남선사 별원으로 남선사의 발상지에 해당한다. 남선사 법당의 남쪽에 위치한 남선원은 이전에 천황가의 이궁이 있었

남선사 2층 삼문에서 법당을 바라 본다.

남선사 법당으로 2층의 당당한 모습을 보인다.

다. 1287년에 세워진 남선원은 오닌의 난 때 소실되었으며 1703년에 재건

되었다. 방장 앞에는 몽창소석이 만들었다고 하는 지천회유식 정원이 있

다. 남선원도 그냥 지나치기 쉬운 곳인데 남선사를 찾았다면 남선원도 보

아야 의미가 있다. 남선원은 작지만 아름다운 정원과 방장 건물이 마음에

드는 탑두사원에 해당한다.

남선사 방장에는 고산수 정원이 꾸며져 있다.

다음은 남선사에서 가장 높은 곳에 있는 최승원最勝院이다. 수도교를 지나 동산 쪽에 있는 최승원은 남선사 탑두사원 중에서 가장 위쪽에 위치한다. 최승원은 가마쿠라시대에 구도지 대승정駒道智大僧正이 세웠다고 한다.

남선사 수로각은 남선사 관광을 대표한다.

여기에 구도지를 제사지내는 본당이 있고 본당 앞에는 100년이 넘는 소
나무와 또 300년이 넘는 백일홍이 있어 찾는 이를 즐겁게 한다. 남선사는
영관당과 함께 단풍의 명소로 교토를 찾는 사람들이라면 꼭 한번 가보고
싶어 하는 곳이다. 특히 남선사는 건물의 규모가 크고 또 많은 가람으로
수도교와 함께 어울려 있어 영관당에 이어 단풍코스로는 제격이다.

헤이안신궁

남선사에 이어 구간 마지막 여행코스로 헤이안신궁平安神宮(헤이안진구우)
을 추천한다. 남선사에서 걸어 갈 수 있을 정도로 그리 멀지는 않다. 헤
이안신궁은 1895년에 헤이안쿄 천도 1,100년을 기념하여 복원된 신사에
해당한다. 헤이안쿄 천도를 단행하였던 간무桓武천황을 제사지내는 신사

헤이안 신궁 도리이로 거대한 규모를 자랑한다.

로 창건되었다는 말이다. 사전社殿 곧 신사를 이루고 있는 건물은 헤이안
쿄 정청正廳이었던 조당원朝堂院을 축소시켜 복원하였다. 1940년 헤이안쿄
의 마지막 천황이었던 코우메이孝明천황도 합사되면서 헤이안쿄 창시자
와 최후 천황이 같이 제사지내는 결과를 낳았다. 헤이안신궁에서는 매년
5월에 있는 아오이葵祭 마츠리와 매년 7월 한 달간에 걸쳐 열리는 기온 마
츠리와 함께 교토 3대 축제의 하나인 지다이時代 마츠리가 열린다. 지다이
마츠리는 매년 10월 22일 교토가 수도로 지정된 것을 기념하는 축제에 해
당한다. 참고로 기온 마츠리는 일본 3대 마츠리의 하나에 들어간다.

　헤이안신궁 입구에는 높이 24m에 기둥 직경이 3m인 거대한 홍색 도
리이가 우뚝 서있어 찾는 이를 압도하게 만든다. 도리이를 지나 제일 먼
저 만나는 건물은 주홍색 응천문應天門으로 조당원을 모방한 문에 해당한
다. 응천문을 통해 들어오면 넓은 뜰 안의 좌측에 액전額殿과 신락전神樂殿

이 자리하고 있음을 본다. 액전은 신사나 사원에서 신자들이 봉납을 받치는 곳에 해당하고 신락전은 신사에서 신을 맞기 위해 가무가 열리던 건물이었다.

계단을 통해 올라가면 왼쪽에 백호루白虎樓가 있고 오른쪽에는 창룡루蒼龍樓가 있음을 본다. 또 중앙에는 조당원의 정전으로 외배전外排殿인 대극전大極殿이 있고 그 뒤로 내배전과 본전이 자리하고 있음을 본다. 외배전은 헤이안신궁 중앙에 있으며 참배자가 배례를 올리거나 신관神官이 제전을 올렸던 건물로 본전 앞에 설치되어 있다. 헤이안신궁 외배전은 헤이안시대 후기양식을 재현한 건물로 당시 규모의 약 8분의 5수준으로 지어졌다. 헤이안신궁 주변에는 헤이안신궁 신원神苑이 있는데 이곳에 약 2만평 규모의 일본식 정원이 꾸며져 있다. 곧 헤이안신궁 좌측에는 남신원과 서신원이 있고 동쪽에는 중신원과 동신원이라는 넓은 인공정원이 자리하고 있음을 본다. 헤이안신궁은 비록 재현된 궁전에 불과하지만 교토의 역사가 이렇게 오래되었다는 것을 실감하게 하는 장소로 각광을 받는다.

11

청련원과 지은원
그리고 청수사 주변 사원

 청련원

청련원靑蓮院은 지은원 바로 위에 있는 천태종 사원을 말한다. 청련원은
삼천원과 묘법원과 더불어 교토 천태종의 3대 문적 사원에 속한다. 개산
開山은 최징이 하였는데 본래 연력사 청련방靑蓮坊에서 기원한다. 본래 청
련방은 자각대사 원인 등이 거주하였던 연력사 동탑의 주 건물이었다. 청
련원이 문적사원이 된 것은 1248년경에 이른다. 경내에는 본당, 신전, 소
어소, 손님을 맞는 객전客殿인 화정전, 다실인 총화전, 호문정 등의 건물이
있고 호문정을 제외하고 각 건물은 복도로 연결되어 있는 것이 특징을 이
룬다. 신전은 청련원에서 가장 큰 건물로 1893년에 소실된 것을 나중에
재건한 것으로 연고가 있는 천황과 역대문주의 위패가 있다. 소어소는 역

청련원 화정전으로 앞에는 정원을 가진다.

왼쪽에 벚꽃과 오른쪽에 귤나무가 있는 청련원 신전 풍경이다.

시 1893년에 소실된 것을 나중에 에도시대 중기의 건물을 이축하여 지은 것이다.

정원으로는 화정전 앞 용심지龍心池 주변에 지천회유식으로 꾸며진 정원이 있으며 또 에도시대에 만들어진 무도霧島 정원도 있다. 이외에 청련원에는 친란이 심었다고 전해지는 녹나무 5그루가 있어 청량감을 더해 준다. 청련원은 이름 그대로 푸르름이 돋보이는 깨끗한 인상을 주는 사원으로 다가온다. 아울러 봄에 청련원을 찾으면 신전 앞에 한 그루의 벚꽃 나무가 심어져 있어 그 만개함을 볼 수 있다.

 지은원

청련원에 이어 다시 동산 자락에 있는 또 다른 대형사원인 지은원知恩院(치온인)을 찾는다. 여기서 지은원이 위치한 곳의 지리적 배경을 좀 알아보

지은원 삼문으로 사원의 입구에 해당한다.

자. 곧 지은원 남쪽에는 단풍이 아름다운 마루야마 공원이 있고 그곳에서 서쪽으로 내려가면 야사카신사가 나온다. 야사카신사 앞에서 기온거리로 연결되며 그곳에서 남쪽으로 좌회전하면 건인사가 나온다. 기온거리는 교토 최대의 번화가로 이곳을 찾는 여행객은 앞서 거론한 사원들과 신사는 대부분 찾는다.

지은원은 정토종 총본산으로 법연法然이 개창한 유래를 가진다. 지은원은 정토종의 종조인 법연이 죽음을 맞이한 장소에 세운 사원으로 법연이 살던 초암草庵에서 기원한다. 법연에 대해 좀 더 알아보자. 전수염불專修念佛을 주장한 법연은 누구나 열심히 아미타여래를 염불하면 모두 극락왕생한다고 주장하였다. 이런 사상은 기존 불교세력으로부터 공격을 당해 법연은 지방으로 유배를 당하고 유배당한지 얼마 되지 않아 사망한다. 지은원은 법연이 정토종을 창시하는 43세부터 80세로 죽을 때까지 정토종의 중심지가 되었다. 법연의 묘廟가 지은원에 조성되었으나 1227년 연력사 세력들에 의해 파괴되었다. 1234년 법연의 제자인 원지源智가 지은원을 부흥시켜 시죠四條천황으로부터 화정산 지은교원 대곡사華頂山知恩教院大谷寺라는 사액을 받는다.

지은원은 오닌의 난 때에 대부분 소실되었지만 도쿠가와 이에야스의 지원으로 현재와 같은 대가람으로 변신하였다. 오닌의 난은 일본사에 있어 그만큼 중대한 영향을 미친 사건임에는 분명하다. 하지만 이것도 잠시 1633년 대화재가 다시 일어나 삼문과 경장을 제외하고 모두 불에 탔지만 3대 쇼군인 도쿠가와 이에미츠의 재건으로 오늘에 이른다. 지은원이 삼문과 본당인 어영당을 비롯해 넓은 가람이 형성된 것은 에도시대에 들어와서 였다. 정토종을 믿었던 도쿠가와 이에야스는 1608년부터 지은원을 확대하여 여러 건물을 조성하였다. 도쿠가와 집안이 이렇게 지은원을 키

지은원 어묘는 최상층 꼭대기에 있다.

지은원 세지당에서 어묘를 올려다 보았다.

운 것은 지은원을 통해 도쿠가와 가문의 위세를 과시하거나 또는 천황가를 견제하려는 목적이 있었다.

현재 지은원에는 삼문이 있고 대방장과 소방장 그리고 세지당勢至堂이 있음을 본다. 지은원은 삼문이나 탑두사원이 있는 아래 구역과 본당인 어영당이 있는 중심구역 그리고 세지당과 법연의 묘가 있는 상부 구역 등 모두 3부분으로 나뉜다. 사원 맨 위쪽에 있는 지역이 창건 당시에 세워진 것이라면 중심구역과 아래 구역은 도쿠가와 막부의 전면적인 지원 아래에 조성된 지역이라 할 수 있다. 따라서 세지당이 있는 곳이 지은원의 모태이자 중심이라 할 수 있다.

지은원 삼문은 도쿠가와막부 2대 쇼군인 도쿠가와 히데타다德川秀忠의 기진으로 1621년에 건립되었다. 삼문은 높이가 24m이고 폭은 50m에 이르는 등 일본 최대 목조 문루를 자랑한다. 1층 5칸 중에 중앙의 3칸이 출입문이며 건축양식은 선종 양식을 이룬다. 2층 문루에 걸린 '화정산'이라는 편액은 17~18세기 시절에 영원靈元상황이 쓴 것으로 알려진다. 2층 누

지은원 법연상인 어묘 전경이다.

각 안에는 석가여래상과 16나한상이 있고 또 천장에는 용 그림이 있다. 삼문에서 3은 공空과 무상無相 그리고 무작無作을 말하며 이 문을 빠져 나가면 이상의 3가지 번뇌에서 해탈한다는 의미를 가진다. 지은원 삼문은 나라에 있는 동대사 남대문보다도 더 크고 현존하는 산문 즉 삼문 중에서 가장 큰 2층 문으로 일본 3대문의 하나에 속한다. 삼문에서 나오면 남판男坂과 여판女坂이라는 길이 있다. 남판은 급한 돌계단 길이며 여판은 그 옆에 있는 비스듬한 경사진 돌길을 말한다. 여판 길을 통해 천천히 올라가는 것이 관람을 위해 편하다.

　지은원 경내에 들어서면 거대한 본당인 어영당이 있음을 볼 수 있다. 어영당은 1639년 도쿠가와 3대 쇼군인 이에미츠에 의해 세워지며 일명 대전大殿이라 한다. 정토종 종조인 법연의 존영을 모신 사유로 인해 어영당이라 불리며 지은원에서 가장 큰 건물에 속한다. 일본의 사원은 종조를

지은원 어영당은 웅장한 건물로 국보에 지정되어 있다.

사원 안에서 가장 큰 건물인 어영당에 모신다. 반면 한국에서는 대웅전을 중심에 두고 석가불을 모신다. 이런 점이 한국의 사찰과 일본 사원의 차이점이라 할 수 있다. 지은원 어영당은 정면 길이가 44.8m이고 측면 길이 34.5m에 이르는 팔작지붕 형태로 에도시대 불당 건물의 위용을 자랑한다. 어영당은 도쿠가와막부 시대에 건축된 대형 불교 건축물의 대표적인 예로 그 가치를 인정받아 삼문과 더불어 국보로 지정되어 있다.

어영당 왼쪽 옆에는 아미타당이 있고 오른쪽에는 경장이 있다. 아미타여래좌상이 있는 아미타당은 메이지시대에 재건된 것이며 경장은 1621년 삼문과 함께 세워진 건물로 안에는 송판宋板 일체경이 있다. 경장 앞에는 작은 연못을 두고 불보전이 있으며 불보전 뒤 계단을 통해 올라가면 대종루가 있음을 본다. 대종루 안에 있는 범종은 1636년에 만들어졌으며

지은원 어묘에는 빨강색 단풍이 인상적이다.

종루는 1678년에 세워진 건물로 알려진다. 지은원 범종은 높이 3.3m에 구경이 2.8m이고 무게는 70톤에 이르는 거대한 종으로 동산 방광사方廣 寺와 나라 동대사 종과 함께 일본의 3대 범종에 해당한다. 실제가서 보면 그 크기의 거대함에 놀란다.

경장 뒤에는 어묘전御廟前 으로 법연상인法然上人 동상 이 서 있으며 여기서 많은 계 단을 통해 올라가면 어묘御 廟가 나옴을 본다. 이 지역이 본래 모습의 지은원에 해당 한다. 뒤쪽에 위치하여 있어 자칫하면 지나칠 수 있는 공

지은원 세지당으로 기품이 있어 보인다.

지은원 어묘에서 세지당을 바라 보았다.

지은원 종루로 종과 함께 멋진 모습을 보인다.

간이지만 지은원에서 가장 아름다운 곳에 속한다. 어묘 구역에 들어서면 세지당이 나오고 여기서 조금 더 계단을 통해 올라가면 단풍이 아름다운 어묘가 나온다. 세지당勢至堂은 본지당本地堂이라고도 하며 법연의 주방이 있었던 곳으로 알려진다. 세지당은 지은원에서 가장 오래된 팔작지붕 건물로 무로마치시대인 1530년에 지어졌다. 가을철에 찾아가면 어묘 건물과 어울린 빨강색 단풍이 매우 아름답다. 사진촬영 코스로는 이곳이 지은원에서 가장 좋은 곳에 해당한다.

다시 어영당 경내로 내려와 아미타당을 옆에 두고 직진하면 현관 입구

를 통해 지은원 방장 건물이
있음을 본다. 방장은 법연상
인 어당御堂이라는 푯말의 집
회당集會堂이 있고 이어 대방
장과 소방장 등의 건물이 나
온다. 방장 앞에는 연못이
있는 정원이 있다. 1641년에
건립된 대방장은 본당의 오

지은원 대종으로 일본 3대 종의 하나에 속한다.

른쪽에 있으며 안에는 수많은 방이 있는 건물로 서원풍의 팔작지붕 모습
을 하고 있다. 또 대방장 앞에 있는 돌계단을 올라가면 산정정원山亭庭園이
있다. 이곳은 교토 시내를 한눈에 볼 수 있을 정도로 좋은 위치에 있으며
에도시대 말기에 만들어진 고산수 정원을 이룬다. 지은원 소방장은 대방
장 뒤에 있고 대방장과 같이 1641년에 지어진 건물로 그 안의 동쪽 정원
은 '25보살 정원'이라 불린다.

　지은원에서 마지막으로 가 볼 곳은 삼문 여판 옆에 있는 우선원友禪苑이
다. 우선友禪은 일본에서 가장 대표적인 염색기법을 말하며 우선이라는
명칭도 에도시대 화가이던 미야자키 유젠宮崎友禪에서 유래한다. 우선원
은 교토를 대표하는 전통산업인 우선염友禪染의 창시자인 미야자키 유젠
의 탄생 300주년을 기념하여 1954년에 조성된 정원에 해당한다. 우선원
은 연못이 있는 지천식 정원과 고산수 정원인 녹야원鹿野苑으로 구성되어
있다. 우선원도 단풍으로 매우 유명한 곳이다. 이처럼 지은원은 사원의
규모가 크고 건물도 다양하다. 지은원은 인근에 있는 남선사와 청수사의
유명세에 밀려 외국인에게는 잘 알려지지 않았지만 단풍에 어우러진 어
묘 지역은 교토에서 손꼽을 정도로 아름다운 곳에 해당한다.

장락사와 대곡조묘

지은원 남쪽에는 마루야마 공원圓山公園이 있고 이 공원에서 동남쪽으로 올라가면 장락사長樂寺(쵸락쿠지)가 있음을 본다. 장락사 입구에는 대곡조묘와 담을 함께 이루고 있는데 대곡조묘에서 뻗어 내린 단풍나무와 장락사의 긴 등롱이 어울려 찾는 이를 유혹한다.

장락사는 시종時宗 사원으로 전에는 마루야마 공원 대부분과 그 옆에 있는 대곡조묘를 포괄하는 광대한 사원 규모를 가졌었다. 장락사는 805년 히에이산 연력사의 별원으로 최징에 의해 창건된 유래를 가진다. 1385년에 시종을 믿는 승려가 이 사원에 들어오며 시종 사원이 되었다. 장락사 건물로는 본당과 범종각이 있으며 무로마치시대에 만들어진 원지園池

장락사는 그 입구에 있는 등롱이 유명하다.

장락사는 비록 작지만 연못과 정원이 꾸며져 있다.

정원이 있다. 산중턱에 자리 잡은 관계로 사원은 비교적 협소하지만 건물과 단풍이 잘 어울려 있어 지은원을 간다면 오는 길에 들릴 수 있다. 장락사는 숨겨진 사원으로 눈에 잘 띄지 않는 곳에 있지만 가을철에 찾는다면 나름대로 풍치가 있는 곳에 해당한다.

대곡조묘大谷祖廟(오타니소뵤)는 장락사와 바로 인접해 있다. 대곡조묘는 진종 대곡파眞宗大谷派 사원으로 본산을 동본원사으로 하며 종조인 친란親鸞의 어묘御廟가 있는 곳으로 유명하다. 보통 대곡본묘大谷本廟를 서대곡西大谷이라 한다면 대곡조묘는 동대곡東大谷이라 칭한다. 대곡조묘에는 총문과 태고당太鼓堂, 고리, 본당 등의 건물이 있으며 본당에는 아미타여래입상이 있다. 친란은 가마쿠라시대 전반부터 중기에 걸쳐 산 승려로 정토진종 종조에 해당한다. 그런데 친란과 관련하여 논란이 되는 것은 그가 육식대처肉食帶妻를 했다는 점이다. 친란이 살던 시기에 지위가 높은 사람이 유배를 당하면 그 신변을 돌봐주기 위해 처를 두었다는 설과 유배를 당하기 전부터 교토에 살면서 처를 두었다는 설이 있다. 어쨌든 친란은 결혼하여 4남3녀를 두었다.

이처럼 출가 수행자가 처를 두는 일은 중국과 한국불교는 물론 초기 일본불교에서도 금지된 사항이었다. 친란은 대승불교 수행자로서 대처문제에 구애받지 않고 오로지 아미타불 구제만을 믿었다. 일본불교는 1872년 정식으로 승려의 육식대처는 물론 머리 기르는 것도 허가한다. 일본에서 승려의 대처는 당연한 일로 받아들여지고 있으며 자기 자녀에게 주지직을 물려주는 것도 당연시 한다. 현재 일본불교는 대처와 겸업兼業을 하지 않고는 사원을 운영하기 거의 불가능에 가까울 정도의 상황이다. 서본원사 문주門主는 주지와 같은 역할을 하며 친란의 자손이 대대로 문주를 맡는다. 현재 서본원사 문주도 머리를 기른 모습을 하고 있다. 필자가 대

대곡조묘 본당으로 앞에는 향배를 이룬다.

곡조묘를 찾았을 때 많은 일본인들이 친란의 묘소에 헌화하며 예배를 드리고 있었다. 육식과 대처라는 일본불교의 한 단면을 관찰하기 위해 그것의 성지인 대곡조묘를 찾아본 것이다.

야사카신사

지은원에서 마루야마 공원을 통해 야사카신사八坂神社(야사카진쟈) 경내에 들어 올 수 있다. 아니면 기온祇園거리를 통해 야사카신사의 상징과도 같은 서루문을 통해 들어오거나 고대사 방향에서 남루문을 통해 들어 올 수도 있다. 야사카신사는 사방에서 진입할 수 있는 장점이 있는 신사다.

야사카신사는 신화 속의 신인 스사노오素戔嗚尊를 제신祭神으로 하는 신사로 전국에 있는 야사카신사의 총본산에 해당한다. 교토 야사카신사에서 매년 7월에 개최하던 기온제祇園祭(기온마츠리)는 교토 3대 마츠리의 하나에 들어간다. 기온제는 869년 각지에서 역병이 유행하였을 때에 헤이안쿄 궁중의 한 건물인 신천원神泉苑에서 행한 어령회御靈會(고료에)가 그 기원이다.

어령회는 억울하게 죽은 자의 혼을 달래고 재앙을 불러일으키지 않기 위해 제를 지내는 진혼제鎭魂祭다. 헤이안시대에 들어와 억울하게 죽은 자의 혼은 원령怨靈(온료)으로 이름하고 또 그 의미가 바뀌며 천재지변은 모두 이 원령에 의한 것이라는 믿음이 생긴다. 이에 따라 헤이안시대 부터 신천원에서 어령회가 개최된다. 어령회가 개최되면 사람들은『금광명경』과『반야심경』을 외우고 가무와 춤을 춘다. 어령회는 본래 역신疫神을 퇴치하는 기능을 가졌으나 또 일반 민중을 참여시킨다는 점에서 당시 정치나 사회에 대한 불만을 해소하려는 목적도 가졌다고 할 수 있다. 이런 어령회는 역병이 자주 발생하던 5월부터 8월까지 집중적으로 열렸다.

야사카신사의 어령회는 우두천왕牛頭天王을 제사지내는 기온제로부터 발전하였다. 야사카신사는 본래 제신이었던 우두천왕이 인도에 있던 기원정사祇園精舍의 수호신이었기 때문에 기온신사祇園神社라고 불렀다. 우두천왕은 인도 기원정사의 수호신으로 약사여래의 화신이고 도교적 색채가 강한 신으로 알려지며 일본에서는 신불습합의 신으로 추앙되었다. 하지만 1868년에 있은 신불분리 정책에 의해 기온신사는 야사카신사라 불리게 된다. 신불습합은 토착 신앙인 신도와 불교가 혼합되어 하나의 신앙체계를 이룬 종교현상이다. 신불분리는 신불습합을 금지하고 신도와 불교, 신과 부처, 신사와 사원을 구분하는 정책이다. 메이지유신에 의해 금지되면서 일본에서 천년이상 지속된 신불습합 시대는 그 끝을 맺는다.

오늘날 기온제는 야사카신사의 제례祭禮로 970년부터 매년 실시하고

야사카신사 서루문으로 기온 거리 쪽에 나 있다.

야사카신사는 많은 사람들이 찾는다.

있는 것에서 유래한다. 기온제는 헤이안시대 초기 교토에 역병이 만연할 때에 이를 물리치기 위해 신천원에 길이가 6m나 되는 창을 66개 세우면 재앙이 제거되었다는 설에서 유래한다. 7월 한 달 동안 열리는 기온제는 7월17에 열리는 전제前祭(사키마츠리)와 7월24일 열리는 후제後祭(아토마츠리) 사이가 가장 볼만한데 이 기간에 야마호코山鉾라는 수레가 달린 일종의 가마 행렬이 이어진다. 기온제는 경제적인 여유가 있는 교토 민중들에 의해 유지되어 현재까지 이르게 된다. 야사카신사는 교토에서 후시미 이나리신사와 더불어 가장 인기가 많은 신사로 액을 없애주고 장사가 잘되게 해달라는 기원에 효험이 있다는 소문으로 많은 사람들로 늘 붐빈다.

또 야사카신사는 656년 고구려에서 온 조진부사調進副使라는 직책을 가진 이리시오미伊利之使主에 의해 창건되었다고 전해진다. 그런가 하면 876

년 흥복사 승려인 원여圓如가 우두천왕을 맞아 건물을 세운데서 설립되었다는 설도 있다. 기온신사는 본래 나라에 있던 흥복사의 지배하에 있었으나 10세기 말에 일어난 전쟁으로 히에이산 연력사의 말사가 되었다. 1384년에 기온신사는 히에이산으로부터 독립하였지만 그렇다고 막부의 지배하로 들어가지는 않는다. 메이지시대에 들어와 신불분리 정책으로 감신원 기온사感神院祇園社라는 이름이 1868년에 야사카신사로 바뀐 내력이 이어진다. 이어 야사카신사는 조정으로부터 폐백을 받는 관폐대사官幣大社(칸페이타이샤)가 된다.

야사카신사 정문은 고대사 방향의 남루문이지만 기온거리 사조통四條通(시죠도오리)에 접한 주홍색 서루문이 사실상 이 신사의 정문에 해당한다고 할 수 있다. 고대사 방향에서 야사카신사로 들어가면 돌로 된 도리이와 남루문이 있다. 여기를 거쳐 안에 들어가면 무악舞樂이 벌어지던 장소인 무전舞殿과 1654년에 재건된 본전이 있음을 본다. 본전 뒤에는 북문이 있고 본전에서 기온 방향으로는 서루문이 나오는데 이문은 오닌의 난 때 소실되었고 현재의 것은 1497년에 재건된 건물에 해당한다. 야사카신사 경내에는 역신사疫神社라는 작은 신사를 두고 있는데 이를 섭사攝社(셋샤)라 한다. 역신사는 일종의 부속신사로 서루문을 통해 들어가면 바로 나온다. 기온제의 마지막 날인 7월31일에 여기서 나고시노하라에夏越祓라는 행사가 벌어지기도 한다. 이 행사는 1년의 반이 지난 시점에서 나머지 반년 동안 건강과 무사함을 비는 행사로 알려지는데 일본의 다른 신사에서는 매년 6월 30일에 열린다. 야사카신사는 비록 크지 않은 신사이지만 기온제와 관련이 있고 또 번화가인 기온거리에 있어 많은 사람들이 찾는 교토의 대표적인 신사에 해당한다.

고대사

야사카신사에서 '네네의 길'ねねの道(네네노미치)를 통해 남쪽으로 내려가면 오른쪽에 고대사 탑두사원인 원덕원이 있고 왼쪽에는 계단을 통해 고대사高臺寺(고다이지)에 진입할 수 있다. 네네의 길은 마루야마 공원에서 고대사와 청수사까지 갈 수 있는 돌길에 해당한다. 또 네네의 길에는 고대사로 올라가는 돌계단도 있어 아름다운 풍광을 자랑한다. 여기에 네네의 길이라는 표지석도 서 있다. 네네의 길은 도요토미 히데요시의 정실正室 부인인 고대원高臺院(고다이인)이 원덕원에서 여생을 보내자 원덕원 앞에 있는 길을 네네의 길이라 부르기 시작한 것에서 유래한다. 곧 네네는 고대원의 휘諱에 해당한다. 한편 북정소北政所(기타노 만도코로)라는 말은 헤이안시대 3품 이상 공경처公卿妻를 지칭하던 말이지만 나중에는 관백關白(간빠쿠)의 정

고대사 고산수 정원으로 파심정이라 한다.

실 부인을 지칭하는 용어로 변경된다. 관백은 천황을 보좌하는 최고위 관직에 해당한다.

고대사는 교토 임제종 건인사파 사원으로 정식명칭은 고대수성선사高臺壽聖禪寺라 한다. 고대원 또는 북정소라 불리는 도요토미 히데요시 부인이 히데요시의 명복을 빌기 위해 세운 사원에 해당한다. 고대사는 석가여래를 본존불로 모시는 선종사원이며 또한 도요토미 히데요시와 그 부인을 제사지내는 영묘靈廟로서의 기능을 가진다. 도요토미 히데요시가 죽은 것은 1598년으로 그 후 히데요시 부인인 북정소가 출가하여 처음에는 고대원이라 이름하였다.

고대사는 도쿠가와 이에야스의 정치적 배려로 1606년 대사원으로 중흥된다. 이후 1624년 임제종 건인사파 삼강화상三江和尚을 중흥조로 하여 임제종으로 전환한다. 고대사는 에도시대 말기 이후에 몇 번에 걸쳐 화재가 발생하며 건물이 소실되었다. 또 메이지시기에 사원이나 신사에 대한 상지령上知令(아게치레이) 발동으로 약 95,000평이었던 사원 부지가 15,000평으로 대폭 축소되었다. 현재 창건당시 있었던 불전은 소실되어 사라지고 그 후 방장이 남아 사원의 중심 건물이 되었다. 상지령은 1840년대부터 1870년대까지 에도막부나 메이지정부가 시행했던 토지몰수령이다. 이는 막부 직할령을 집중화하여 막부 권력을 강화하려는 정책이라 할 수 있다.

고대사 입구는 표문으로부터 시작된다. 여기서 약간 언덕진 길을 올라가면 고대사 광장이 나오고 이어 칙사문이 보인다. 칙사문 뒤로 당문을 가진 방장과 그 옆의 고리가 있고 방장 뒤에는 개산당이 있음을 본다. 칙사문과 방장은 20세기 초에 재건된 건물로 방장에는 파심정波心庭이라는 하얀 모래가 깔린 고산수 정원이 있다. 방장과 개산당은 관월대觀月臺를 통해 복도로 연결되어 있음을 본다. 관월대는 서원과 개산당을 이어주는

고대사 와룡지에서 개산당을 조망하였다.

건물로 낭하의 한가운데에 있는 작은 집에 해당한다. 여기서 도요토미 히데요시의 부인인 북정소가 죽은 히데요시를 그리워하며 달을 내내 바라보았다는 전설이 내려온다.

고대사 개산당은 서원의 동쪽 정원에 있으며 선종양식을 한 팔작지붕 불당에 해당한다. 개산당은 중흥조인 삼강화상의 목상이 모셔져 있고 1605년에 지어진 건물에 해당한다. 개산당 좌우에는 언월지偃月池와 와룡지臥龍池라는 연못이 있으며 개산당은 와룡랑臥龍廊을 통해 영옥靈屋과 연결된다. 와룡랑은 개산당과 영옥을 이어주는 계단으로 마치 용의 등을 닮았다하여 이런 이름이 붙여졌다. 영옥은 개산당 동쪽의 조금 높은 곳에 위치하고 있는데 노송나무 껍질을 지붕으로 한 특징을 이룬다. 영옥은 도요토미 히데요시 부부의 목상이 안치되어 있으며 1605년에 지어진 건물에 해당한다. 또 영옥 주변에는 다실인 산정傘亭과 시우정時雨亭이 있음을 본다. 산정은 16세기 일본의 다성茶聖으로 알려지고 있는 센노 리큐千利休의 초가집형 다실에 해당한다. 다실 천장이 대나무로 만들어져 있어 그것이 마치 우산과 같다하여 산정이라 한다. 시우정은 산정 남쪽에 있는데 둘 사이는 복도로 연결되어 있으며 2층에는 다실이 있음을 본다. 이곳도 역시 센노 리큐가 만든 것으로 알려진다. 센노 리큐는 16세기의 사람으로 전국시대부터 아즈치모모야마시대 곧 오다 노부나가와 도요토미 히데요시 시대의 상인商人이며 다인茶人으로 알려진다. 또 와비차의 완성자로도 유명하다. 곧 와비차는 초암차草庵茶로도 알려지는데 여기에 '와비'정신을 중요시 한다. 와비차는 단지 센노 리큐 계통의 다도를 지칭하기도 하며 또 와비는 간소하면서도 차분한 아취雅趣를 말한다고 할 수 있다.

시우정에서 대나무가 무성한 오솔길을 따라 내려오면 운거암雲居庵이

왼쪽의 고대사 산정과 오른쪽의 시우정 풍경이다.

원덕원 방장을 앞에서 바라 보았다.

나오고 이어 칙사문 외벽을 통해 출구가 이어진다. 고대사에는 이외에도 탑두사원으로 표문 입구에 있는 춘광원春光院과 원덕원圓德院 또 그 맞은편에 월진원月眞院이 있음을 본다. 이중 원덕원이 유명한데 도요토미 히데요시의 부인인 북정소가 이곳에서 19년간 거주하며 생을 마친 것으로 알려진다. 원덕원에는 방장과 고리가 붙어 있고 방장 앞에는 남정南庭이 꾸며져 있음을 본다. 방장 뒤에는 북서원이 동쪽을 바라보고 있는데 안에는 다실이 있고 북서원 앞에는 북정北庭이 있음을 본다. 원덕원 정원은 모모야마시대 전형적인 고산수 정원의 아취를 느낄 수 있으며 전체적으로 큰 돌을 다수 배치한 점이 특색이라 할 수 있다. 기왕에 고대사까지 왔다면 다른 탑두사원은 몰라도 원덕원 만큼은 둘러보는 것이 좋다. 물론 탑두사원이 대부분 그렇지만 별도의 입장료를 지불해야 한다. 그렇다고 하여도 아깝지 않은 곳이 바로 원덕원이라 할 수 있다.

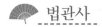 법관사

　고대사에서 남쪽으로 계속 내려가면 청수사가 나온다. 청수사에 도착하기 중간쯤에 오층목탑이 눈에 들어오는데 그것이 바로 법관사法觀寺(호칸지) 오중탑이다. 법관사는 골목길에 위치하여 있어 그 전모를 파악하기 어렵지만 고대사에서 보면 마치 동사의 오중탑 마냥 우뚝 서 있음을 보게 된다.

　법관사는 임제종 건인사파의 관음영장 사원으로 알려지며 오중탑은 보통 야사카탑八坂の塔이라 알려진다. 법관사는 오중탑 이외에 변변한 건물이 없어 오중탑이 이 지역의 랜드마크 역할을 한다고 할 수 있다. 법관사는 592년 성덕태자의 꿈에 여의륜관음如意輪觀音이 나타나 이로 인해 창건되었다고 전해진다. 창건당시 가람은 사천왕사식四天王寺式 가람배치나 혹은 법륭사식法隆寺式 가람 배치로 이루어졌다고 한다. 법관사가 성덕태자와 관련이 있다는 창건설화는 역으로 헤이안 천도 이전부터 법관사가 있었다는 것을 증명한다. 또한 법관사는 도래계인 야사카八坂의 씨족사로 건립되었다는 설도 있다. 이곳에서 출토되는 기와 양식을 보면 사원의 창건은 7세기까지도 거슬러 올라간다.

　여기서 사천왕사식과 법륭사식 가람 배치에 대해 좀 더 알아보자.

　사천왕사는 오사카에 있는 사원으로 성덕태자가 세운 7대사七大寺의 하나에 들어간다. 남쪽에서 북으로 인왕문과 오중탑, 금당, 강당 등을 일직선으로 배치하고 중문 좌우부터 강당까지 회랑이 연결되는 구조가 사천왕사식 가람배치이다. 법륭사는 7세기에 창건된 사원으로 이것도 성덕태자와 관련이 있다. 금당, 오중탑을 중심으로 한 서원西院 가람과 몽전夢殿을 중심으로 한 동원東院 가람으로 분리된다. 법륭사 서원에는 현존 세계

최고最古의 목조건축물이 여러 개 있다. 서원 가람은 오른쪽에 금당과 왼쪽에 오중탑을 배치하고 이것을 凸자형 회랑이 감싼다. 회랑 남쪽에는 중문이 있고 중문 좌우에 있는 회랑은 북쪽에 있는 강당까지 연결된다. 법륭사에서 보이는 금당, 오중탑, 중문 등으로 이어지는 가람 배치는 바로

고대사에서 법관사 목탑을 바라 보았다.

아스카 양식이라고도 할 수 있다.

　법관사는 587년에 창건된 정법사 육각당이나 603년 설립된 광륭사와 함께 교토에서 가장 오래된 사원에 속한다고 할 수 있다. 법관사의 본래 이름은 팔판사八坂寺라고 알려지고 있는데 팔판사라는 이름은 『속일본후기』에도 보이고 있다. 헤이안시대 중기에 편찬된 율령에 대한 시행규칙 책인 『연희식延喜式』에는 이 법관사를 교토 칠대사七大寺의 하나로 기록하고 있다. 그렇지만 현재 법관사는 주변에 있는 청수사와 야사카八坂신사와의 분쟁 등에 의해 여러 차례 소실되고 오중탑 등 일부만이 남아 있는 실정이다. 법관사 오중탑은 1440년에 재건된 건물이지만 그 기초는 창건 당시 것이라고 전한다. 오중탑은 동사와 나라 흥복사의 오중탑에 다음가는 높이인 49m를 자랑하며 1층 안에는 대일여래가 있다. 법관사에는 이 외에 태자당太子堂과 약사당藥師堂, 다실茶室 등이 있으며 태자당에는 성덕태자상이 모셔져 있고 약사당에는 역사여래상이 있다. 법관사를 찾아가면 주변 골목길에 밀집된 일본식 목조주택을 흔하게 볼 수 있다. 이런 고

풍스런 모습은 청수사에 올라갈 때까지 이어지면서 독특한 분위기를 연출한다.

청수사

청수사淸水寺(기요미즈데라)는 동산 지역의 하이라이트로 교토를 찾는 사람이면 거의 대부분 이곳 청수사를 찾는다. 교토소재 사원의 5대 명소를 꼽는다면 천룡사와 금각사, 은각사, 영관당, 청수사를 들을 수 있다. 각각 건물과 단풍이 어우러진 멋진 장소에 해당한다. 은각사는 물론 청수사까지 동산 지역 즉 교토의 동쪽에 있는 사원들은 대개 오후에 찾아가야 한다. 특히 청수사는 맑은 날 오후에 찾아가면 햇살이 석양에 들기 전에 빛을 최대한 빨아들여 청수사의 주홍색 건물과 단풍이 어우러져 보는 이를

고대사에서 청수사 가는 길로 일본식 가옥이 즐비하다.

청수사 정문인 인왕문과 고마이누가 방문객을 맞는다.

눈부시게 한다. 청수사는 그날 코스의 마지막으로 찾는 것이 좋다. 더구나 흐린 날과 맑은 날 청수사의 이미지는 완전히 틀린다. 맑은 날 햇살에 비추는 청수사는 만개한 단풍과 어울려 교토 최대, 최고의 관광 명소를 실감하게 된다. 단풍 시즌에 청수사를 찾으면 발 디딜 틈도 없이 많은 사람들이 찾는다. 이러한 것에 걸맞게 청수사는 세계문화유산에 등재되어 있다.

청수사는 천수관음을 본존불로 모시며 오사카와 교토, 나라 등 긴키近畿 지방에 산재하여 있는 33개 관음영장觀音靈場의 16번째에 해당하는 사원이다. 청수사라는 이름은 교토 이외 지역에서도 보이는데 이를테면 이와테현岩手縣과 나가노현長野縣 등지에도 있다. 교토 청수사는 해발 242m 높이의 청수산 산중턱에 돌로 축대를 쌓아 만든 사원에 해당한다. 사원이

들어서기 적합하지 않은 땅에 이렇게 큰 사원을 구축한 건축 기법이 대단할 뿐이다. 청수사는 778년 나라에 있던 홍복사의 승려인 연진延鎭이 본당을 세우며 사원이 시작된다. 청수사는 헤이안시대 이래 홍복사의 지배 아래에 있던 까닭에 홍복사와 히에이산 연력사와의 다툼인 이른바 남도북령南都北嶺에 휘말려 1165년에 연력사 승려들이 청수사에 난입하며 건물이 소실된다. 또 1469년에는 오닌의 난 때도 불에 타지만 현재 본당은 1633년에 도쿠가와 이에미츠의 기진에 의해 재건되어 오늘에 이른다.

여기서 남도북령에 대해 좀 더 자세히 알아보자. 남도는 흔히 나라奈良를 지칭하지만 특히 홍복사를 중심으로 한 남도 불교집단을 말하며 북령은 교토 히에이산의 연력사를 말한다. 후지와라씨藤原氏의 씨사氏寺(우지데라)였던 홍복사는 고위층 자제들을 입사入寺시키는 등 그 세력을 확대해

청수사 삼중탑으로 빨강색이 인상적이다.

청수사 본당을 멀리서 바라 보았다.

나간다. 씨사는 유력 씨족이나 왕족들이 그들의 제사를 지내기 위한 공간으로 만든 사원을 말하며 중세에는 그 명칭이 보리사로 바뀐다. 그 대표적인 씨사가 성덕태자가 세운 법륭사나 소가씨蘇我氏가 세운 비조사飛鳥寺, 진씨秦氏가 세운 광륭사 등이 있다.

　9세기 초 최징이 히에이산에 천태교단을 개창하며 남도와 히에이산 간에 경쟁이 더욱 치열해 졌다. 10세기 후반부터 출현한 승병僧兵이란 그 배경을 무력으로 한다. 이런 싸움의 배경에는 헤이안시대 이후 국가적 숭상을 받았던 그 역사성과 정통성을 과시하고 또 사회와 정치에 영향력을 행사하려는 사원세력이 있음을 말해준다. 즉 남도에서는 나라의 흥복사가 있고 북령에서는 교토의 연력사가 각각 그 중심에 섰다. 청수사는 남도육종南都六宗의 하나인 법상종 계열 사원으로 광륭사, 안마사鞍馬寺와 함께 혜

청수사 본당에는 많은 사람들로 언제나 붐빈다.

이안 천도 이전부터 교토에 있었던 몇 안 되는 사원이었다. 또 시가현滋賀縣 오츠시大津市에 있는 석산사石山寺와 나라현奈良縣 사쿠라이시櫻井市에 있는 장곡사長谷寺와 더불어 일본에서도 유수한 관음영장으로도 알려진다. 청수사는 본래 법상종 사원이었지만 헤이안시대 중기부터 진언종을 겸하였고 1965년에 들어와 북법상종北法相宗을 만들어 법상종으로부터 독립한다. 남도육종은 앞에서도 설명한 바 있지만 법상종, 화엄종, 율종 등 나라시대에 흥행한 6개의 불교종파로 주로 학승집단學僧集團을 의미한다.

이제 청수사 경내로 발길을 옮겨 보자. 청수사를 찾으면 우선 교토시내에서 가장 큰 인왕상을 가진 인왕문仁王門이 반긴다. 인왕문 좌우에는 크고 하얀 고마이누 석상이 마주하여 청수사의 위엄을 더해 준다. 2층 누각 형태의 인왕문에는 흘림체로 내려쓴 청수사라는 한자가 2층 편액에 걸려

청수사 본당은 단풍의 명소로도 유명하다.

있음을 본다. 주칠朱漆한 인왕문은 석양에 더욱 빛나는데 좌우에 가마쿠
라시대 말기에 만들어진 금강역사상 곧 인왕상이 배치되어 있음을 본다.
인왕문 바로 앞에는 말을 묶어 두는 곳인 마주馬駐가 보이는데 무로마치
시대에 세워진 건물이다. 인왕문을 나가면 이어서 종루와 서문이 나오고
주홍색을 한 삼중탑이 나온다. 주홍색을 가진 서문은 당문 형태를 취하고
있으며 1631년에 재건된 건물에 해당한다. 서문에 오르면 교토시내가 다
보일 정도로 전망이 좋다. 또한 앞에 있는 인왕문과 일렬로 있어 독특한
맛을 느끼게 한다.

청수사 삼중탑은 847년에 창건되었지만 소실되었고 1633년에 재건된
목탑으로 높이가 약 30m에 이르러 일본에서도 최대급 규모를 자랑한다.
삼중탑 뒤로 주칠한 경당經堂이 나오는데 경당 안에 석가삼존상이 있으며
팔작지붕에 해당한다. 경당과 개산당을 지나면 드디어 본당이 나온다. 개

산당은 경당 옆에 있는 팔작지붕 형태의 건물로 청수사 창건 당시 승려인 연진 화상이 모셔져 있다. 이외에 조창당朝倉堂과 석가당, 아미타당 등의 건물이 있고 또한 본당 동쪽의 돌계단 아래에는 '오토와노 타키音羽の瀧'라는 이름의 세 줄기 약수물이 있다. 이 약수물을 오른쪽부터 마시면 연명 장수와 연애성취, 학업성취가 이루어진다는 속설이 전해진다.

청수사 본당은 도쿠가와 가문 3대 장군인 이에미츠의 기진에 의해 만들어진 정면이 36m이고 측면은 30m, 높이는 18m를 가지는 건물이다. 1633년에 재건된 건축물로 팔작지붕 형태를 가진다. 본당 앞은 무대舞臺라 불리는 공간으로 그 아래는 절벽으로 되어 있어 건물이 들어설 만한 자리는 아니다. 이를 극복하기 위해 나무를 13m 높이로 들어 올려 본당 무대와 맞추었다. 본당 아래에는 139개의 느티나무로 짜여 진 기둥이 받쳐져 있다. 이런 구조물을 현조懸造(가케즈쿠리)라고 말하는데 또 다른 관음

청수사 본당은 아래가 나무 구조로 된 특성을 가진다.

영장인 나라현의 장곡사長谷寺에
서도 보인다. 장곡사 본당도 건
물 아래를 나무가 받치는 구조
를 하여 청수사 본당과 똑같은
모습을 보인다. 장곡사 본당을
가보면 마치 청수사 본당에 온
느낌을 받는다. 장곡사도 나라
현의 명소로 단풍이 많고 매우

청수사 경내에는 자안탑이 있다.

아름다운 대사원에 속한다. 청수사 본당 앞 무대는 중요한 법요식이 있을
때 무악舞樂이 벌어지던 장소였다. 본당 무대 앞에는 저 멀리에 주홍색을
한 자안탑이 보이고 단풍에 물든 청수사 전역이 한 눈에 다 보이며 또 오
른쪽에는 교토시내가 내려다보인다.

청수사 경내에는 토지신에 제사하는 지주신사地主神社라는 신사가 있다.
지주신사는 오래전부터 전해오던 신사를 이에미츠가 재건한 것이다. 나
라시대 쌍당雙堂 건축양식을 보인 본전과 배전, 총문 등이 있다. 청수사 인
왕문 좌우에 있는 고마이누는 본래 이 지주신사 앞에 있었다. 메이지시대
이후 신불불리 정책에 의해 신사와 사찰이 분리되지만 신불습합 흔적을
청수사 지주신사에서 느낄 수 있다. 지주신사는 청수사와 함께 세계문화
유산에 등록되어 있다.

청수사의 탑두사원으로 성취원成就院이 있는데 빼어난 경관에도 불구하
고 후면부에 있어 사람들의 관심을 받지 못하고 있다. 성취원은 산중턱에
석등롱을 설치하는 등 에도시대 초기 차경借景기법을 이용한 정원으로 유
명하다. 성취원 정원은 기석奇石을 배치한 지천감상식池泉鑑賞式 정원으로
심자心字 연못에 투영되는 달빛이 매우 아름다워 일명 월정月庭이라고 한

다. 지천감상식은 서원에 앉아 연못에 있는 각종 나무와 돌 등을 감상하던 정원을 말한다. 성취원은 대부분의 사람들이 찾지 않지만 청수사의 숨은 진주라고 말할 정도로 정원미가 돋보이는 곳이다. 다만 북쪽 구석에 있고 별도의 입장료가 필요하여 사람들이 많이 찾지 않을 뿐이다.

본당에서 정면 저 멀리 보이는 탑은 높이 15m의 태산사泰産寺 자안탑子安塔으로 말 그대로 순산順産을 비는데 효험이 있는 탑으로 알려진다. 태산사는 청수사의 탑두사원으로 주홍색을 한 자안탑은 에도시대인 1633년에 건립되었으며 3층 목탑에 해당한다. 청수사에는 인왕문 아래에도 다

멀리서 청수사 삼중탑을 바라 본다.

중탑이 있는데 그것은 최근에 세워진 석탑으로 알려진다. 자안탑을 끝으로 출구로 내려가면서 보이는 것은 삼중탑 아래에 있는 연못이다. 단풍으로 둘러싸인 연못과 그 위에 있는 삼중탑이 어울려 마지막 광경을 관객들에게 선사한다. 청수사는 교토를 대표하는 대사원으로 단풍에 물든 사원과 정원을 동시에 관람할 수 있는 장점이 있다. 다만 가을철에 너무 많은 사람들이 찾아와 관람에 지장을 주는 것은 어쩔 수 없다. 얻는 것이 있으면 잃는 것도 있다. 그것이 세상사는 이치이다.

육파라밀사

청수사에서 서쪽으로 내려가면 기온으로 가는 큰 길이 나오고 그 길에서 작은 길을 따라 서쪽으로 내려가면 육파라밀사六波羅蜜寺(로쿠하라미츠지)가 나온다. 육파라밀사 북쪽에는 9세기 전반에 세워진 고찰로 육도진황사六道珍皇寺가 있지만 작은 사원에 불과하여 여기서는 소개하지 않는다. 건인사는 기온거리에서 들어가는 방법도 있지만 육파라밀사가 있는 남쪽에서도 들어 갈 수 있다.

육파라밀사는 진언종 지산파智山派 사원으로 공야空也가 창건한다. 육파라밀사는 헤이안시대 중기인 951년에 만든 11면관음을 본존으로 하는 사원으로 출발하여 당초에는 서광사西光寺라 하였다. 공야는 당시 역병이 유행하던 교토에 관음상을 실은 수레를 끌고 염불하며 사람들

육파라밀사는 건인사 인근에 있다.

을 구제하였다고 한다. 공야가 죽은 뒤인 977년에 히에이산 승려인 중신 中信이 사원을 중흥시켜 현재의 이름으로 개칭하였고 모모야마시대에 진 언종 지적원의 말사가 되었다.

공야는 헤이안시대 중기 승려로 암송 염불의 시조로 또 정토교의 선구 자로 통한다. 또 공야 염불은 가마쿠라불교 정토신앙의 형성에 일대 토 대를 이룬다. 공야가 개창한 사원은 사실상 존재하지 않으며 그가 살아 있을 당시에 거점역할을 했던 육파라밀사가 살아남아 현재 진언종 지산 파에 속하게 된다. 육파라밀사는 에도시대까지는 대가람을 유지하였으 나 메이지시기에 들어와 폐불훼석으로 인하여 사원 경내가 대폭 축소되 는 수난을 겪었다. 현재의 사원은 주변 민가와 도로에 둘러싸여 있어 좁 은 모습의 규모를 보인다. 건물도 1363년에 재건된 본당과 보물 수장고 등 몇 채 만이 남아 있을 뿐이다. 나무로 만든 11면관음입상은 10세기경 에 만들어진 것으로 951년 공야가 창건할 당시의 서광사 본존불에 해당 한다. 높이가 258㎝에 달하는 큰 불상으로 그 역사성을 인정받아 국보로 지정되어 있다.

🪭 건인사

이제 육파라밀사 관람을 마치고 건인사建仁寺(겐닌지)로 출발한다. 앞서 언급했듯이 건인사는 기온거리에서 들어갈 수도 있는데 필자는 육파라밀 사를 보기 위해 남쪽에서 건인사로 들어갔다.

건인사는 임제종 건인사파 대본산으로 석가여래를 본존불로 모신다. 가마쿠라막부의 2대 쇼군인 미나모토노 요시이에源賴家의해 창건되고 영 서榮西에 의해 개산되었다. 영서는 헤이안 말기부터 가마쿠라시대 말기까

건인사 칙사문으로 임제종 대본산이라 쓰여 있다.

지 산 승려로 일본 임제종의 개조에 해당한다. 영서는 두 번에 걸쳐 중국 송나라에 들어가 임제선을 공부하고 1191년 귀국하는 길에 차茶를 가지고 돌아왔다. 또 당시 폐지되었던 일본에서의 차마시는 습관을 다시 살린 공로로 영서는 일본에서 차의 개조로도 통한다. 영서는 1187년 남송에 건너가 임제종 황룡파黃龍派인 허암회창虛庵懷敞에게 참선을 배우고 1191년 인가를 받은 후에 일본에 귀국한다. 당시 교토에서는 히에이산 연력사의 세력이 매우 강대하여 선종사찰을 열기에 어려움이 많았다. 영서는 처음 규슈 하카다博多에 성복사聖福寺를 세우고 1200년에는 가마쿠라에 수복사壽福寺를 건립한다. 그로부터 2년 뒤에 미나모토노 요시이에의 지원을 받아 교토에 임제종 거점으로 건인사를 세웠다. 건인은 당시 연호가 건인 2년인데서 따온 명칭이었다.

창건 당시 건인사는 천태종과 진언종, 선종을 아우르는 3종 병립 사원이었다. 이는 교토에서 진언종과 천태종 세력이 워낙 강대하였다는 것을 증명한다. 건인사는 창건 후 50여년이 흐른 뒤인 1259년에 송나라 고승인 난계도륭蘭溪道隆이 11세 주지로 취임하며 이때부터 선종사원으로 탈바꿈하게 되었다. 건인사는 오닌의 난 때에 소실되는 등 창건 당시 건물은 현재 남아 있지 않다. 하지만 건인사는 교토 오산의 제3위 지위에 있으며 교토에서 가장 오래된 선종사원의 명예를 가진다. 또 인근 고대사나 법관사는 건인사의 말사에 해당한다.

건인사에 가면 칙사문, 방생지, 삼문, 법당, 방장과 그 옆의 본방本坊(혼보)이 남북으로 일직선상에 놓여 있음을 볼 수 있다. 본방은 주지 스님이 사는 승방을 말한다. 칙사문은 사원 남쪽 정면에 위치한 문으로 야사카八坂거리로 통하는 사각문에 해당한다. 가마쿠라 말기의 양식을 보여주는 문이다. 에도시대 말기 건물인 삼문은 본래 명칭이 망궐루望闕樓로 천황이

건인사 삼문은 망궐루라 칭한다.

사는 어소를 바라본다는 의미에
서 세워졌다. 법당은 1765년에
염화당拈華堂으로 시작해 현재 불
전을 겸하며 천장에는 2002년에
한 화가가 그린 쌍룡도가 있다.
방장은 무로마치시대 건물로 대
현관을 통해 본방과 연결된다.
방장은 1599년 안국사에서 이축
한 건물로 방장 앞에는 대웅원大

건인사 방장 내부로 그 앞에는 정원이 있다.

雄苑이라는 정원이 있으며 여기에 하얀 모래를 깔아 놓았다. 방장 뒷편에
는 조음정潮音庭이라는 정원과 소서원과 대서원, 동양방東陽坊과 청량헌清凉
軒이라는 다실이 있다. 건인사에는 이외에도 1628년에 지어진 욕실과 개

건인사 법당은 웅장한 규모를 자랑한다.

건인사 소서원 앞의 ○△□내정 모습이다.

건인사 ○△□내정의 ○을 상징한다.

산당 등 많은 건물이 있다. 개산당은 개산조인 영서의 묘소가 있는 곳이다.

소서원 앞에는 '○△□내정乃庭'이라는 독특한 이름을 한 중정中庭이 있다. 세 가지 모양은 우주의 근원적인 형태를 표시하는 것으로 밀교의 땅地□과 물水○, 불火△을 상징한다고 한다. 지면에는 하얀 모래가 깔려 있고 대나무로 만든 뚜껑을 씌운 우물 그리고 원형 모양에 녹색 이끼가 낀 곳에는 나무 한 그루가 서 있다. 이 정원은 2006년에 작정가作庭家인 기타야마 야스오北山安夫가 만든 정원으로 ○은 이끼나 원형의 모래 파문이고 △는 원근법에 의한 하얀 모래의 사지砂地, □는 우물을 나타낸다. ○△□내정乃庭은 왼쪽 본방과 안쪽 방장 그리고 오른쪽 소서원에 둘러싸인 작은 정원에 해당한다. 다른 사원에서는 볼 수 없는 독특하면서도 그 의미가 깊은 정원이다.

건인사 탑두사원으로는 메이지시대의 폐불훼석으로 인해 많은 사원이 없어져 현재는 14개뿐이다. 사원 남서쪽에 선거암禪居庵이 있고 북동에는 서래원西來院과 양족원兩足院이 있으며 남동쪽에는 에도시대의 대표적인 선종사원인 영동원靈洞院이 있다. 양족원은 모모야마시대 지천회유식 정원으로 유명하며 또 건인사 방장 뒤에는 정전영원원正傳永源院이 있다.

건인사 방장 안의 원형 창문 모습이다.

폐불훼석은 불교사원과 불상, 경전을 파괴하고 승려나 사원들이 받았던 특권을 폐지한 정책이다. 근대 일본에서 신불습합 제도를 폐지하면서 동시에 신불분리 정책이 추진되었다. 메이지유신 후에 발생한 일련의 불교탄압 움직임이라 이해할 수 있다.

건인사 청량헌은 사원 뒷쪽에 위치한다.

삼십삼간당에서 후시미 이나리신사까지

 도요쿠니신사와 교토국립박물관

건인사에서 남쪽으로 쭉 내려오면 교토국립박물관이 나오고 교토국립박물관 정문 뒤쪽에 도요쿠니신사豊國神社(도요쿠니 진쟈)가 있다. 삼십삼간당을 가기에 앞서 코앞에 있는 도요쿠니신사에 먼저 가기로 한다.

도요쿠니신사는 도요토미 히데요시를 제사하는 신사로 도요토미 히데요시가 죽은 후에 폐지되었으나 1880년에 다시 재건되었다. 도요쿠니신사는 이곳 이외에도 오사카공원 등 일본의 전국 여러 곳에 도요토미 히데요시와 관련 된 신사가 있음을 본다. 모모야마시대에 지어진 당문은 원래 남선사 탑두사원인 금지원金地院에 있던 것을 이전한 것이며 국보로 지정되었다. 도요토미 히데요시 유체가 1897년에 묻힌 곳으로 알려진 신사의

벚꽃과 함께 하는 도요쿠니신사 당문 광경이다.

가을날에 도요쿠니신사 당문을 찾았다.

경외지境外地인 아미타봉 산정에 거대한 오륜석탑五輪石塔이 세워졌는데 이 것을 풍국묘豊國廟(호고쿠뵤)라 한다. 풍국묘에는 1880년 도요토미 히데요시 300년 기일에 맞추어 조성된 오륜석탑묘가 있다. 오륜석탑묘는 주로 공 양탑供養塔으로 세워진다. 풍국묘는 지적원 북쪽 길을 따라 산으로 쭉 올 라가면 있는데 수많은 계단을 올라가야 하는 수고로움이 있다. 필자도 늦 은 시간에 이곳을 찾았는데 주변에 사람이 없어서 그런지 을씨년스러웠 다. 다음 도요쿠니신사 바로 앞 길 건너편에는 이총耳塚이 있어 이곳은 한 국인이라면 꼭 보아야할 장소에 해당한다. 이총은 단촐한 모습을 보이고 있는 묘이지만 임진왜란 당시의 아픈 역사를 가지고 있는 곳이어서 찾는 이에게 더욱 의미를 배가시켜 준다.

도요쿠니신사 바로 앞에는 이총이 있다.

다음으로 교토국립박물관은 1897년에 개관한 유서있는 박물관으로 교토에 비가 온다면 그 대안으로 박물관을 찾는 것이 좋다. 다만 월요일은 휴관이어서 이날은 피해야 한다. 교토국립박물관은 주로 헤이안시대부터 에도시대까지 교토의 문화를 중심으로 한 문화재가 전시되고 있다. 필자

교토박물관에는 이처럼 다층석탑이 있다.

가 교토국립박물관을 찾은 이유는 다른데 있다. 바로 박물관 앞뜰에 있었던 2기의 석탑 때문이다. 우마마치13중석탑馬町十三重石塔이라 하는데 지금은 박물관 뒤뜰로 옮겨져 있어 눈에 잘 띄지도 않는다. 이탑은 본래 교토 낙중에서 야마시나山科로 가는 시부타니가도澁谷街道 연변에 있었다. 1940년 해체 수리 당시 남탑의 기초에서 1295년이란 연도와 법서法西란 승려 이름이 적힌 명문이 나와 탑이 이 시점에 건립된 것임을 알게 한다. 약 6m가 넘는 거대한 2개의 탑은 화강암으로 이루어져 있으며 소유권은 개인이 가지고 있다. 예술작품으로서 그 개성이나 완성도는 떨어지지만 2개의 탑 중 하나에서 승려의 이름이 나와 공양탑일 가능성도 충분히 있다.

나라에 있는 반야사般若寺에도 13중석탑이 있는데 높이는 12.6m로 1253년에 세워진 석탑이다. 우지에 있는 우지천宇治川의 부도浮島(우키지마)에도 13중석탑이 있다. 이 탑은 높이가 15m로 일본에 있는 석탑 중에 가장 크며 1286년에 세워졌다. 우지시에 가면 이 탑은 다시 소개된다. 동아시아에서 불탑은 목탑과 전탑, 석탑이 있는데 중국에서는 벽돌로 만드는 전탑이 발달하고 한국은 석탑이 발전하며 일본은 목탑이 발달한다. 이것

은 각 나라마다 얻기 쉬운 재료를 선택한 결과라고 생각된다. 그런데 일본의 석탑은 많지도 않지만 이상에서 보듯 13중석탑들은 탑신부에 옥개석이 모두 다닥다닥 붙어있어 보는 이에게 답답한 느낌을 준다. 중세이후 일본의 석탑들은 대부분 이런 모양을 하고 있어 한국석탑에서 보는 시원하고 아름다운 미감은 없다고 할 수 있다. 반면 일본의 목탑은 법륭사 오중탑처럼 아름다운 모습을 보여준다. 법륭사 오중탑은 세계에서 가장 오래된 목탑으로 날씬한 모습을 한다. 이러한 목탑의 모습은 법주사 팔상전에서 보이고 있어 일본목탑의 기원은 한국에서 찾을 수 있다. 법주사 팔상전은 조선조 불교탄압에서 살아남은 몇 안되는 귀중한 문화유산이 아닐 수 없다.

삼십삼간당

교토국립박물관 맞은편에 있는 삼십삼간당三十三間堂(산쥬산겐도)은 천태종 묘법원의 경외境外 불당에 해당한다.

삼십삼간당은 정식명칭이 연화왕원 본당蓮華王院本堂이라 한다. 연화왕원은 천수관음의 별칭인 연화왕에서 유래하며 천수관음을 본존불로 한다. 1164년 고시라카와後白河상황이 헤이안시대 말기 무장으로 일본최초 무가정권을 세운 다이라노 키요모리平 淸盛와 함께 교토 법주사法住寺 경내에 연화왕원을 건립하였다. 이때에 세운 본당이 바로 삼십삼간당이다. 사원은 1165년 완성되는데 창건 당시 5층탑도 있는 등 대사원으로 구성되었지만 1249년 화재로 소실된다. 그 후 1266년에 본당만이 재건되며 그것이 오늘날 삼십삼간당으로 이어진다.

삼십삼간당 명칭은 관음보살이 33종류의 모습으로 변하여 중생을 구제

삼십삼간당으로 장대한 규모를 가진다.

한다는 『법화경』 설화에 의한다. 삼십삼간당을 외부에서 보면 33칸에 4면
을 가진 건물이라는 뜻도 된다. 33칸이라는 것은 기둥과 기둥 사이가 33
개 있다는 뜻이고 실제 건물 길이는 121m로 폭은 17m에 이른다. 서울에
있는 종묘 정전 건물 길이가 101m에 이르니 이것보다도 더 긴 건물임을
알 수 있다. 본당은 1266년에 지어진 것으로 교토에서도 몇 안가는 오래
된 건물이며 국보로 지정되어있다. 정면 중앙에 1650년에 세워진 7칸짜
리 향배向拜(고하이)가 설치되어 있는 본당은 팔작지붕 건물을 띤다. 향배는
사원이나 신사 건축에서 중앙 부분이 전방으로 돌출되며 비를 맞지 않는
등 참배객을 위한 공간이며 일본에서만 볼 수 있는 건축 양식이다.

　삼십삼간당은 그 건물 크기에 놀라움도 있지만 안에 있는 수많은 천수

관음입상에 있다. 천수관음입상이 1,001구나 있고 또 풍신뇌신상風神雷神像과 28부중상二十八部衆像도 있으며 이들은 모두 나무로 만들어져 있다. 본당 안 중앙에는 가마쿠라시대의 불상 제작자인 담경湛慶이 만든 천수관음좌상이 있으며 국보로 지정되어 있다. 불상 높이는 334.8㎝로 좌대나 광배까지 포함하면 7m에 이른다. 또 그 좌우와 후면부에 1,001구에 해당하는 166~167㎝ 높이의 천수관음입상이 서있음을 본다. 천수관음입상 중에 1249년의 화재로 인해 창건 당시 헤이안시대 것은 124구이며 가마쿠라시대에 재건된 것은 876구이고 무로마치시대에 추가된 것이 1구로 합해 1,001구에 달한다. 본존 좌우에는 매우 긴 계단 형태의 불단이 있으며 그 좌우에 각각 500구의 천수관음입상이 10단50열로 배치되어 있음을 본다. 천수관음입상은 본존 뒤에 하나가 더 있어 모두 1,001구가 된다. 또 좌우 끝에는 풍신과 뇌신상이 있고 앞 열에는 28부중상이 횡렬로 늘어서 있다. 풍신이 111.5㎝이고 뇌신이 100㎝ 높이를 가지고 있는데 풍신과 뇌신 조각상으로 한정하여 말한다면 이것이 일본에서 가장 오래되었다고 할 수 있다. 28부중상에 사천왕상 4구는 본존 주변에 위치하고 있으며 28부중은 천수관음 권속眷屬으로 천수관음을 보호하는 역할을 한다.

삼십삼간당의 중요성은 건물의 크기도 그렇지만 그 안에 있는 수많은 천수관음입상에 있다. 실내에서 볼 수 있는 광경 중에 가장 놀라운 광경이 바로 삼십삼간당의 천수관음입상에 있다. 일본은 모든 것을 작고 아담하게 만들었을 것이라는 생각을 여기서 또 깨게 한다. 삼십삼간당 내의 천수관음입상이 오늘날까지 보존된 것을 본다면 일본은 불교국가라는 것을 새삼 느끼게 한다. 삼국시대와 고려시대의 유수한 불교유산이 조선왕조에 들어와 파괴된 것을 생각하면 안타깝기 그지없다. 그런 대안으로 교토에 가서 삼국시대와 고려시대의 사원문화를 마음속에 그려본다. 아무

튼 삼십삼간당 내의 이러한 규모와 불상들은 일본을 넘어 동아시아 불교의 귀중한 자산이라 정의할 수 있다.

묘법원과 지적원

삼십삼간당에서 동대로통東大路通(히가시오지도오리)에 올라가면 묘법원과 지적원이 나란히 있음을 본다. 묘법원과 지적원은 대로변에 위치한 큰 사원이지만 외국인 관광객이 잘 안 찾는 지역에 해당한다. 교토에는 많은 유명한 관광지가 있어 묘법원과 지적원에는 관심이 덜 가는 것 같다. 하지만 사원의 규모로는 방대한 측면이 있어 교토의 불교문화 유산에서 빠질 수 없는 곳에 해당한다.

묘법원妙法院(묘호인)은 천태종 사원으로 헤이안시대 승려로 일본 천태종

묘법원 신전으로 항배를 가진다.

가을날의 묘법원 보현당 모습이다.

의 개조인 최징이 개창하였다. 황족이나 귀족들이 주지를 맡는 문적사원
으로 묘법원은 청련원, 삼천원과 함께 천태 3문적의 하나에 들어간다. 묘
법원은 근세까지도 인근 방광사方廣寺와 삼십삼간당을 관리 하에 두는 등
그 위세가 대단하였고 현재에도 삼십삼간당을 말사로 거느리고 있다. 천
태종 사원인 청련원, 삼천원과 함께 묘법원은 히에이산에 있던 작은 사원
에서 출발하며 초대 문주門主는 최징이 맡았다. 문주는 문적사원의 주지
를 말한다. 묘법원은 근세 초기에 지금의 위치로 이전하였다. 18대 문주
에 들어와 묘법원은 천황가와 인연을 맺으며 문적사원이 되었고 근세말
기까지 그 인연이 이어진다.

　건물로는 당문과 1620년에 지어진 현관이 있고 고리와 신전宸殿도 있
다. 묘법원 동쪽에는 대서원과 백선원, 호마당護摩堂이 있으며 이들 건물
사이는 낭하로 연결되어 있다. 보현보살을 안치한 보현당普賢堂은 경내의

봄날에 찍은 지적원 현관 광경이다.

동남방에 있으며 1790년에 건립되었다. 묘법원 고리庫裏는 사원의 부엌
겸 사무소와 같은 역할을 하는 내적인 공간으로 모모야마시대인 1595년

지적원 금당으로 건물 앞에 향배가 보인다.

단풍 속에서 지적원 금당을 바라 보았다.

에 세워졌으며 국보로 지정되어 있다. 묘법원 고리는 도요토미 히데요시
가 자신의 선조들을 공양하기 위해 사용하던 공간으로 매우 큰 건물에 속
한다. 이외에 대서원과 현관은 1619년에 세워진다. 묘법원의 핵심은 당
연 국보인 고리에 해당한다. 고리는 보통 맞배지붕을 하는 경우가 많으나
묘법원 고리는 팔작지붕 형태를 하고 있어 장대한 느낌을 준다. 묘법원
고리 하나만 보아도 묘법원 답사는 마쳤다고 할 수 있을 정도로 고리는
장대하고 웅장한 모습을 보여 준다.

　지적원智積院(치샤쿠인)은 묘법원의 바로 아래쪽에 있다. 지적원은 진언종
지산파智山派의 총본산으로 근래사根來寺라고도 한다. 전국시대부터 에도
시대 전기에 걸쳐 진언종 승려이던 현유玄宥가 개창하였고 금강계 대일여
래를 본존불로 모신다. 지적원은 남북조시대에 대전법원大傳法院의 탑두

지적원 종루는 넓은 대지 한 가운데 있다.

사원으로 출발하였으며 근래산에 세워졌다. 하지만 1585년 도요토미 히데요시의 파괴로 2천여 채에 이르는 건물이 소실되었으나 도쿠가와 이에야스가 집권한 이후에 도요쿠니신사 부속사원 건물을 증여받아 재건되기 시작한다.

총문에서 오른쪽으로 가면 정면에 지적원의 중심인 금당이 있고 그 오른쪽에 명왕전明王殿이 있으며 계단 위에는 대사당이 있다. 금당은 1882년에 소실된 것을 1975년에 재건한 건물에 해당한

지적원 강당으로 뒤쪽에 정원도 있다.

지적원에는 지천정원도 함께 한다.

다. 명왕전은 정토종 사원인 대운원大雲院 본당을 양도받아 이전하여 지은 것으로 명왕전은 부동당이라고도 불린다. 1789년에 세워진 대사당大師堂은 진언종 종조인 홍법대사 공해의 존영을 모신 사당에 해당한다. 이외에 총문 정면에는 대현관과 본방, 대서원, 1995년에 재건된 강당 등이 있다. 대서원 동쪽에 있는 명승정원은 모모야마시대에 만들어진 정원으로 중국 여산廬山을 본 따 땅의 높낮이를 이용해 인공산을 만들었고 그 앞에는 연못을 파서 돌을 배치하는 등 변화를 주었다. 명승정원의 성격을 규정하자면 명승정원은 센노 리큐千利休 취향의 정원에 해당한다고 할 수 있다. 센노 리큐는 1522년에 나서 1591년에 죽은 아즈치모모야마 시대의 다인茶人이었다. 지적원은 넓은 대지 위에 정원이 잘 가꾸어진 사원에 속한다. 지적원은 드넓은 대지에 많은 나무와 꽃이 심어져 있고 또 오후 햇살을 받으며 관람한다면 아름다운 풍경사진을 찍을 수 있는 곳에 해당한다.

천용사

지적원에서 남쪽으로 한참 가면 동복사가 나온다. 동복사 도착하기 중간 정도에 천용사泉涌寺(센뉴지)가 있어 이곳을 먼저 찾아 가기로 한다. 천용사는 천용사입구 버스정류장에서 내려도 10분 정도 걸어 올라가야 하는

천용사 운룡원 용화전 앞 뜰로 석등이 함께 한다.

위치에 있다. 외국인의 입장에서 동복사는 알아도 천용사는 잘 모르는 경우가 많다. 하지만 실제 천용사를 찾으면 사원 규모와 탑두사원의 아름다움에 감탄을 하게 된다. 천용사는 진언종 천용사파 총본산으로 석가여래와 아미타여래, 미륵여래 등 삼세불을 모신다. 천용사는 헤이안시대에 창건된 것으로 전해지지만 실질적인 창건은 가마쿠라시대 월륜대사 준잉月輪大師 俊芿에 의해서였다. 동산 자락 남단의 월륜산에 자리 잡은 천용사는 그 사원 규모가 매우 크다. 또 주변에 월륜릉月輪陵이라 불리는 역대 천황 능묘가 조성되어 있어 천황가의 보리사菩提寺로서 어사천용사御寺泉涌寺라고 부르기도 한다. 보리사는 조상대대로의 묘나 위패가 모셔진 사원을 말한다.

천용사는 인화사와 대각사 등 천황가와 관련이 깊은 사원으로 알려지고 있지만 창건연대에 대해서는 잘 알 수 없다. 헤이안시대에 초창된 사원이 헤이안시대 후기에 황폐화되었다가 가마쿠라시대에 들어와 재건되었다는 것이 현재 정설이다. 가마쿠라시대인 1218년에 준잉이 많은 사람들의 기부를 받아 이곳에 대가람을 만들었고 또 신령스런 샘이 솟아 오르자 사원 이름을 천용사라고 지었다는 전설이 있다. 준잉은 구마모토현 출신 학승으로 1199년 송나라에 건너가 천태학을 공부하고 일본에 돌아와 천용사를 세우며 사원을 송나라 풍으로 건설하게 되었다. 천용사는 율律을 중심으로 진언과 선, 정토 등 4종 겸학 도량으로 발전하게 된다. 천용사는 오닌의 난 때에 소실되었으나 1669년에 재건된 모습이 오늘에 이른다.

천용사 총문에 들어서면 참도参道(산도) 좌우에 산내사원인 탑두사원이 즐비함을 본다. 참도는 신사나 사원에 참배하기 위해 도리이를 지나 사전社殿까지 이르는 길을 말한다. 참도 중앙은 신이 다니는 길로 참배객은 가운데를 피해 좌우 쪽 길로 다닌다. 천용사 대문을 지나 참도 맨 끝에는 가

천용사 불전으로 당당한 자세를 취하고 있다.

천용사 불전은 2층 규모를 가진다.

람 중심인 불전과 사리전이 있고 그 뒤에 영명전靈明殿과 어좌소御座所, 본
방本坊 등 천황가와 관련된 건물이 있음을 본다. 천용사 가람은 대문에서
볼 때에 아래쪽으로 경사진 대지에 위치하고 있어 얼핏 보면 사원이 푹
가라앉은 느낌이 든다. 천용사가 동쪽에 자리 잡고 있음에도 오후에 가면
그늘이 많이 지는 것도 이 때문이다.

　대문은 에도시대 초기에 지어진 것으로 어소문御所門을 이축한 것이다.
양귀비 관음당은 남송 시기의 관음보살좌상이 있으며 대문 왼쪽에 있는
건물이다. 불전은 1668년 도쿠가와 가문의 지원으로 재건된 건물로 과거
와 현재 미래를 나타내는 석가와 아미타, 미륵 3불상이 모셔져 있고 천장
에는 용 그림이 있다. 불전 뒤에 있는 사리전은 석가치아를 안치하고 있
으며 영명전은 역대 천황가의 위패가 모셔져 있다. 어좌소는 불전과 사리

전 뒤에 있고 에도시대 말기 건물로 천황들이 이 사원을 찾을 때에 휴게소로 이용되었으며 이외에 개산당, 욕실 등의 건물도 있다.

어좌소와 그 옆에 해회당海會堂이 남쪽을 향해 있고 그 앞에는 연못과 함께 정원이 꾸며져 있다. 정원에는 연못과 그 뒤에 쌓은 인공산을 중심으로 이끼와 큰 나무, 작은 나무가 골고루 심어져 있어 단풍과 함께 멋진 광경을 보여준다. 연못 옆에는 설견등롱雪見燈籠(유키미도로)이 자리 잡고 있다. 설견등롱은 돌등롱의 하나로 주로 물가에 위치하는데 등롱이 1부터 6개까지의 다리를 가지고 있어 정원 전용으로 만들어진다. 나무로 된 설견등롱을 선동어소에서 볼 수 있다. 어좌소 정원은 에도시대부터 전통적인 기법을 많이 반영하여 지어진 정원에 해당한다. 가을철에 어좌소 정원을 찾으면 빨갛게 물든 단풍이 정원을 화려하게 수놓아 이로 본다면 천용사 관람의 핵심이 바로 어좌소 정원에 있다고 할 수 있다.

천용사 사리전도 2층 형태를 취한다.

단풍 뒤로 천용사 영명전이 보인다.

천용사 탑두사원으로는 총문 옆의 즉성원即成院과 욕실 위의 운룡원雲龍院, 사리전 아래 관음사와 내영원來迎院 등이 볼만하다. 관음사는 천용사 산내에 있는 진언종 천용사파 사원으로 천용사 탑두사원의 하나에 해당한다. 또 이마쿠마노 관음사今熊野 觀音寺라고도 불린다. 810년 전후에 공해空海가 암자를 만들면서 사원은 시작되었고 11면관음을 본존으로 한다. 본당과 대사당, 다보탑인 의성당醫聖堂 등의 건물이 있다. 가을철에 가면 관음사 입구에 있는 주홍색

천용사 설견등롱으로 다리가 여러 개이다.

관음사 본당을 단풍 속에 바라 보았다.

다리가 먼저 방문객을 반겨주고 이어 단풍으로 꽉 물든 관음사 경내를 구경할 수 있다.

운룡원雲龍院은 진언종 천용사파 사원으로 천용사의 별원에 해당한다. 본존은 약사여래로 남북조시대 북조 천황의 칙원에 의해 1372년에 창건되었다. 천황가의 칙원사원으로 천용사 산내에 있으면서도 별격본산別格本山이라는 높은 사격을 부여받고 있다. 본당인 용화전龍華殿은 1389년에 건립되었으나 소실되었고 현재는 에도시대에 재건된 건물이 있다. 황족위패가 있는 영명전靈明殿에는 하얀 모래가 깔린 작은 정원이 있으며 그중앙에 에도막부의 최후 쇼군인 도쿠가와 요시노부가 기진寄進한 석등롱이 있다. 천용사에 간다면 수많은 탑두사원 중에서 관음사와 운룡원 만큼은 찾아가볼 필요가 있다.

관음사 본당 앞에 향배가 있는 것을 확인할 수 있다.

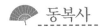 동복사

천용사 관람을 마치면 바로 인접하여 있는 동복사東福寺(도후쿠지)로 향하게 된다. 동복사에 가는 사람들 대부분은 천용사를 모르며 설사 안다고 해도 천용사는 가지 않고 동복사만을 찾는다. 그만큼 동복사는 사원의 규모가 크고 단풍으로 아름다운 곳에 해당한다.

동복사는 임제종 동복사파 대본산으로 구죠 미치이에九條道家가 창건하고 원이圓爾가 초대주지를 맡았던 사원이다. 교토 오산五山 중에 제4위에 해당하는 선종사원으로 중세와 근세를 통하여 동복사는 번창하였다. 메이지시대에 들어와 폐불훼석으로 인해 그 규모가 축소되었지만 현재도 25개에 이르는 탑두사원을 거느린 대사원에 해당한다.

동복사가 위치한 지역은 본래 924년 후지와라씨의 씨사였던 법성사法

동복사 와운교로 나무로 되어 있다.

性寺가 있던 지역이었다. 본격적인 무가武家 정권이 통치하던 시대인 가마쿠라시대에 천황을 대신해 정무를 보던 직책인 섭정攝政(셋슈)과 관백關白(간빠쿠)의 지위에 있었던 구죠 미치이에九條道家가 1236년 자신의 조상을 위해 건립하며 사원은 시작된다. 구죠 미치이에는 이 지역에 높이 15m에 이르는 석가상 조성을 위해 대사원을 건립하려는 계획을 가지고 동대사東大寺의 위용에 흥복사興福寺의 뛰어난 교학을 본받으라는 의미에서 두 사찰의 이름에서 한자씩 따서 동복사라 이름지었다. 구죠 미치이에는 초대 주지

동복사 불전은 비로보전이라 쓰여 있다.

로 당시 송나라에 유학을 하고 돌아온 선승인 원이를 맞이한다. 원이는 송나라 경산 홍성만수선사 徑山 興聖萬壽禪寺의 고승인 무준사범無準師範에 입문하여 인가를 받고 1241년 일본에 돌아와 동복사의 개산조가 되었다.

동복사 동사로 화장실 용도에 해당한다.

동복사는 1881년 큰 화재로 불전과 법당, 방장과 고리 등이 불타 다시 재건된다. 다만 국보인 삼문과 화장실인 동사東司, 욕실, 선당은 화재에서 살아남아 현재도 중세 당시의 모습을 그대로 보여 주고 있다. 한편 1976년 전남 신안 해저선에서 동복사 목간이 발견되어 주목된다. 이

동복사 삼문 앞에는 방생지가 있다.

동복사 삼문을 측면에서 바라 보았다.

는 중국에 파견된 가마쿠라막부의 배가 신안에서 침몰된 것으로 추정할

수 있다. 동복사는 삼문과 본당, 방장이 건물의 중심을 이루며 이외에도

선혜원善慧院과 남명원南明院, 천득원天得院, 동취원同聚院 등 25개 탑두사원

을 거느리고 있다. 동복사가 위치한 가람의 북쪽에는 세옥간洗玉澗이라는

계곡이 있고 여기서 동쪽으로 와운교臥雲橋와 통천교通天橋 그리고 언월교

偃月橋라는 3개 다리가 설치되어 있음을 본다. 특히 통천교는 본당에 가는

길로 통하는 복도식 다리로 가을에는 단풍으로 매우 아름다운 곳이다. 이

다리를 건너면 동복사 개산조인 원이를 제사지내는 상락암을 마주한다.

동복사에 들어가는 방법은 와운교를 통해 통천교를 바라보며 사원 경

내로 들어가거나 또는 중문에 들어와서 직진하는 방법이 있다. 그러면 오

른쪽에 선당과 동사가 마주한다. 선당은 선종사원에서 참선을 행하던 건

물로 선불장選佛場이라고도 하며 동복사 선당은 1347년에 세워진 단층 맞

배지붕 건물에 해당한다. 선당으로는 일본에서 가장 크고 오래된 건물로 유명하다. 남북의 길이가 42m에 동서 폭은 22m이며 400명이 수행할 있는 규모를 가지고 있다. 실제 가서 보면 선당의 장대한 규모에 사진 한 장으로 찍기도 어렵다. 그만큼 건물의 규모가 크다는 뜻이다. 선당 옆에는 동사가 자리하는데 동사는 화장실로 '100인의 변소'라고 불린다. 선종 사원의 동사로는 무로마치시대 건물로 일본에서 가장 오래되고 큰 건물에 속한다. 길이가 30m에 폭은 10m를 이루며 높이도 10m에 달하는 매우 큰 규모를 가진다. 방문객은 선당과 동사의 방대한 규모에 놀란다. 선당과 동사 위쪽에는 거대한 규모의 불전과 삼문이 버티고 있으며 불전 앞에는 방장과 서원이 있음을 본다. 불전은 동복사 본당으로 쓰이고 있는데 화재로 인하여 20세기 초에 재건되었다. 높이가 약 25m로 20세기 목조 건축물로는 최대급에 해당하는데 본존인 석가삼존상은 만수사^{萬壽寺}에서 옮겨온 것으로 가마쿠라시대 작품으로 알려진다. 선당과 동사 그리고 불

장대한 규모를 보이는 동복사 선당 모습이다.

동복사 방장 남쪽에는 정원과 당문이 있다.

전과 삼문 등 이 모든 것이 동복사 건물의 크기를 자랑한다. 방장은 1890
년에 재건되었고 앞뜰에 있는 당문은 20세기 초에 세워진 건물에 해당한
다. 팔상八相정원은 방장을 포위하듯 사방에 배치되어 있으며 20세기 전
반에 만들어 졌고 가마
쿠라시대 정원을 기본
으로 하되 근대예술의
추상적 양식을 섞은 고
산수 정원에 해당한다.
근대일본을 대표하는
작정가作庭家인 시게모
리 미레이重森三玲에 의

동복사 용음암의 동쪽 정원으로 검은 모래가 인상적이다.

해 1939년에 완성되었다.

동복사 삼문은 높이가 22m로 1425년에 재건된 건물이며 현존하는 선종사찰의 삼문으로는 일본에서 가장 오래된 것에 해당한다. 1층은 5칸으로 구분되며 3칸이 통로로 쓰이고 있고 2층에

동복사 방장의 북쪽에도 정원이 꾸며져 있다.

는 석가여래와 16나한상이 있다. 삼문 앞에는 사원지思遠池라는 연못이 있어 이 문과 잘 조화를 이룬다. 삼문 옆에는 욕실이 있는데 전면은 팔작지붕이고 또 후면을 맞배지붕으로 한 단층 건물이다. 동복사 욕실은 1459년에 건립된 선종사원 중에 가장 오래된 건물에 해당한다. 여기까지만 보아도 동복사의 눈 호강은 넘칠 정도다. 하지만 볼거리가 또 있다. 불전의 뒤

동복사 통천교로 많은 사람이 붐비고 있다.

동복사 통천교에서 방장과 불전을 바라 보았다.

를 계속 가면 언월교 넘어에 용음암龍吟庵과 즉종원卽宗院이 나온다. 언월교는 불전과 본방 사이에서 더 가면 용음암과 즉종원 두 탑두사원에 이르는 계곡의 목조다리로 형태는 맞배지붕을 하고 있다. 언월교는 1603년에 재건된 다리로 일본에서 100개의 유명한 다리 중 하나에 들어

간다. 용음암은 동복사 3대 주지인 무관보문無關普門이 살던 곳인데 용음암 방장을 중심으로 동쪽과 서쪽 그리고 남쪽에 각각 고산수 정원이 꾸며져 있다. 용음암 정원은 1964년 시게모리 미레이에 의해 만들어졌다. 용음암 지역은 동복사를 찾은 사람이라도 잘 안 가보는 지역에 속한다. 북쪽 구석에 있는데다가 잘 보이지도 않기 때문이다. 하지만 용음암도 동복사 관람에 있어 빠질 수 없는 공간으로 관람객은 눈 여겨 보아야 한다.

용음암에서 나와 동복사 본방, 방장 앞에 있는 통천교를 건너가면 보문원普門院과 개산당 곧 상락암常樂庵이 나옴을 본다. 통천교 맞은편을 보면 동복사에 들어올 때에 처음 출입하는 와운교가 있어 통천교와 와운교는 서로 마주하고 있음을 금방 알게 한다. 이 두 나무다리 사이에 수많은 단풍나무가 심어져 있어 가을에는 교토에서도 손꼽히는 장소에 해당한다. 통천교는 본당인 불전에서 상락암을 잇는 복도식 다리로 1380년에 세워졌는데 다리 밑에는 세옥간이라 해서 많은 단풍나무가 심어져 있다. 통천교 복도 끝에 다다르면 정면에 개산당인 보문원을 중심으로 한 아름다운 정원과 마주하게 된다. 이상에서 볼 때에 동복사는 대사원으로 건물도 크

고 다양하며 무엇보다도 교토에서 단풍의 명소로 통한다. 이 때문에 가을철에 동복사를 찾으면 많은 사람들로 붐비어 관람에 지장을 줄 정도이다. 그래도 다음에 보는 후시미 이나리신사와 함께 금각사와 청수사 등을 둘러본 외국인이 가장 많이 찾는 교토의 일급 관광지에 해당한다.

후시미 이나리신사

동복사에서 남쪽으로 좀 멀리 떨어져 있는 신사가 후시미 이나리신사伏見稲荷大社(후시미 이나리타이샤)이다. 앞에서도 언급하였지만 외국인이 가장 많이 찾는 신사가 바로 후시미 이나리신사이다. 교통편은 JR서일본나라선 이나리역西日本奈良線 稲荷驛이 신사 바로 앞에 있어 찾아가기가 편하다.

후시미 이나리신사는 교토 후시미구伏見區 이나리산稲荷山에 본전이 있

후시미 이나리신사의 도리이로 주홍색이 인상적이다.

으며 이나리산 전체를 신사의 사역으로 하고 있다. 후시미 이나리신사는 본래 명칭이 이나리신사로 전국에 있는 약 3만여 개 이나리신사의 총본산에 해당한다. 교토에서 가모신사, 마츠오신사와 함께 후시미 이나리신사가 가장 중요한 신사로 인식되었지만 최근에는 장사가 잘되게 한다는 수호신으로서 이 후시미 이나리신사의 인기가 높다.

주신은 우카노미타마노 오카미宇迦之御魂 大神이며 이나리신은 본래 오곡풍성을 주관하는 신이었다. 하지만 시대가 내려오면서 사업번창과 산업흥성, 교통안전 등을 주관하는 수호신으로 그 신앙의 범위가 확대되었다. 후시미 이나리신사의 창건은 711년까지 거슬러 올라간다. 창건자는 도래계인 하타씨秦氏로 알려지고 있으며 이 하타씨 자손이 대대로 후시미 이나리신사의 주인이 되었다. 908년에 본격적으로 신사 건물이 들어서고 927년에는 22사社중 상칠사에 속하게 된다. 22사는 신사의 사격으로 곧

후시미 이나리신사 본전으로 신사의 핵심을 이룬다.

후시미 이나리신사 도리이가 장식용으로 꾸며져 있다.

국가의 중대사나 천재지변이 있을 때에 조정으로부터 특별히 봉폐를 받는 신사를 말한다. 22사는 교토에서 가까운 지역에 한정해 선정되며 상칠사와 중칠사, 하팔사로 구분된다. 상칠사는 미에현三重縣 이세시에 있는 이세신궁伊勢神宮을 필두로 교토의 가모신사와 마츠오신사, 나라에 있는 가스가타이샤春日大社가 있다.

후시미 이나리신사는 1468년 오닌의 난 때에 대부분의 건물이 불에 탄다. 도요토미 히데요시 시절에 와서 대대적으로 복구되며 현재 누문도 1589년에 건립되었다. 하지만 메이지시기인 1868년 신불불리와 폐불훼석 정책에 의해 신사 안에 있던 불전이나 본전 안의 불상 등이 모조리 훼손된다. 또 후시미 이나리신사의 거대한 영역도 압수당해 이전의 4분의 1로 축소되었다. 이후 다른 지역에서 많이 보이는 이나리신사와의 혼동을 피해 후시미 이나리신사라 칭하며 오늘에 이른다.

후시미 이나리신사에 처음가면 후시미 이나리신사는 먼저 도리이로부터 시작하여 누문과 외배전과 내배전, 본전이 일직선상에 배치되어 있음을 본다. 도리이는 신사에서 신의 영역과 인간 세계를 구분하는 주홍색 문에 해당한다. 배전은 참배객이 배례를 올리는 공간으로 보통 본전 앞에 있다. 누문은 남북에 회랑을 두고 후시미 이나리신사에서 본전 다음으로 오래된 건물에 해당하며 1589년에 세워졌다. 본전은 오닌의 난 때에 소실된 것을 1494년에 재건한 건물에 속한다. 무엇보다도 본전 뒤에는 약 1만 개나 넘는 주홍색 센본도리이千本鳥居가 있어 일대 장관을 이룬다. 결국 센본도리이가 후시미 이나리신사 관람의 핵심이라 할 수 있다. 이 이색적인 관경이 서양인 등 외국인에게는 무척 호기심의 대상으로 다가온다. 주홍색 도리이가 하도 많아 끝에 있는 도리이까지 가려면 많은 시간과 인내가 필요하다. 이나리산 주위를 감싸는 도리이의 길이는 무려 4㎞에 달한다.

후시미 이나리신사에서 가장 유명한 곳은 바로 센본도리이에 해당한다.

본전 뒤쪽부터 시작하는 이 도리이는 '천개의 도리이'라고 하며 산 정상에 있는 작은 부속 신사까지 연결되어 있다. 이나리산은 해발 233m로 3개의 봉우리가 있으며 산속에는 무수히 많은 작은 신사가 있다. 여기서 메이지시대 신불분리 이전인 신불습합 형태를 다소나마 엿볼 수 있다. 무려 1만개가 넘는 주홍색 도리이는 에도시대부터 세우기 시작하여 지금은 도리이 터널이 되어 버렸다. 그럼에도 불구하고 이 많은 도리이를 체험하기 위해 많은 사람들이 산꼭대기까지 걸어가고 있다. 더구나 산중턱에 교토 시내를 바라 볼 수 있는 전망대가 있어 많은 사람들이 앉아서 쉬고 있다. 여기서 바라보는 석양은 도리이와 함께 어울려 많은 감동을 준다. 필자도 산정상까지 올라갔다가 내려와 이곳에서 휴식을 취하며 석양을 바라보았다.

후시미 이나리신사에 왔다면 이 신사에서 남쪽 방향에 있는 메이지明治천황릉을 보는 것도 나쁘지 않다. 메이지천황릉은 JR나라선 모모야마역桃山驛에서 내려 걸어가면 볼 수 있는 거리에 있는데 일본 근대사의 명암을 가진 이곳을 찾아 그 의미를 되새겨 본다. 여기서 한 가지 생각해 볼 것은 메이지천황이 교토에서 도쿄로 수도를 옮기면서 그 능이 도쿄가 아닌 이곳 교토라는 점이다. 그만큼 교토가 자신의 고향으로 더 애착이 갔다는 이야기이다. 이는 고구려 장수왕이 평양으로 천도하며 장수왕릉이 어디에 있는지 시사하는 바가 적지 않다. 이런 점을 생각하며 이곳 메이지천황릉을 가보게 되었다. 메이지천황릉은 부부가 따로 묻힌 별개의 능이지만 다른 능에서와 마찬가지로 다소 써늘한 느낌을 주었다.

비사문당에서 제호사 구간의 사원들

비사문당

이제 후시미 이나리신사에서 동쪽 방향에 있는 사원들을 찾아야 할 때이다. 여기에는 버스보다 전철이 편하다. 교통편은 교토시영 지하철 동서선 야마시나역山科驛에서 내려 도로로 20분이면 갈 수 있다.

비사문당毘沙門堂(비샤몬도)은 교토시 동남쪽 야마시나山科에 있는 천태종 사원으로 호법산 안국원출운사護法山 安國院出雲寺라고도 한다. 비사문천毘沙門天을 본존으로 하며 교토 천태종 5문적門跡의 하나에 들어간다. 비사문천은 불교에서 천부天部를 주관하는 불신佛神이며 또 사천왕의 하나로 다문천多聞天에 속하는데 악마를 물리치고 사업번성과 복을 불러주는 신으로도 통한다. 비사문당은 본래 출운사出雲寺란 이름으로 시작하였으며 문

비사문당 칙사문 앞에는 단풍 길로 유명하다.

비사문당 약의문으로 이곳은 문적사원에 해당한다.

무文武천황의 칙원으로 703년 나라시대 승려인 행기行基가 개창하였다. 헤이안시대 말기에 출운사는 폐쇄되었지만 가마쿠라시대 초기에 평가平家(헤이시)들의 도움으로 다시 세워진다. 중세 말기에 다시 황폐화되었지만 에도시대 전기의 천태종 승려인 공해에 의해 현재 자리로 이전하여 재건된다. 고사이後西천황의 황자가 이 사원서 출가하며 문적사원이 되었다. 비사문당은 봄에는 벚꽃이 가득하고 가을에는 단풍이 유명한 사원이다.

비사문당에는 인왕문, 칙사문, 어소에서 옮겨온 신전宸殿 등이 있다. 이 외에 비사문천상을 모신 본당, 아미타여래를 모신 영전靈殿, 복을 불러 준다는 변재천辨才天, 정원인 만취원晩翠園 등의 건물이 있다. 인왕문은 높은 돌계단을 올라가야 만나는 본당의 표문으로 1665년에 건립되었다. 히노키 지붕을 한 칙사문은 1693년에 지어진 문으로 천황의 행차나 문적사원으로 큰 행사가 아닌 경우는 일체 열지 않는다. 신전도 1693년에 이축하여 지어진 서원조 건물에 해당한다. 만취원은 계곡의 물을 끌어 들여 폭포를 만든 에도시대 초기의 회유식 정원에 해당하며 심자心字형 연못에 귀석龜石이나 좌선석座禪石을 배치하였다.

비사문당 관람의 하이라이트는 단풍나무가 우거진 칙사문 앞의 돌계단이라 할 수 있다. 필자가 찾아갔을 때에도 많은 사람들이 단풍 구경하면서 사진을 찍고 있었다. 다음으로 영전에서 바라보는 변재천 주변의 풍광으로 건물과 단풍이 어우러져 가을철에는 최고의 경관을 보여 준다. 비사문당은 외국인

비사문당 변천당으로 변재천이라는 현판이 걸려 있다.

비사문당 변천당 앞에는 작은 연못이 있다.

에게 비교적 잘 알려지지 않은 사원이지만 단풍이 아름다운 야마시나 지역의 대표적인 사원에 속한다고 할 수 있다.

권수사와 수심원

권수사勸修寺(간슈지)는 지하철 동서선 오노역小野驛에서 걸어서 6분 거리에 있다. 진언종이 근대에 들어와 4개 파로 분열되면서 그 중에 산계파山階派(야마시나하)에 속하게 된다. 사원의 유래는 896년 이전에 다이고醍醐 천황이 창건하고 승준承俊이 초대 주지를 맡으면서 시작된다. 승준은 헤이안시대 전기부터 중기까지 활동한 법상종의 승려에 해당한다. 권수사는 황실과 후지와라씨藤原氏와 관계가 깊고 대대로 천황가 가문이 출가하며 문적사원이 되었다. 후지와라씨는 아스카시대 정치가인 후지와라노

카마다리藤原鎌足가 그 시조이며 이후 일본 조정에서 1,200년간 권세를 누린 가문이라 할 수 있다. 권수사는 1470년 병화로 소실되지만 에도시대에 들어와 도쿠가와 가문과 황실의 지원으로 지금과 같은 모습을 갖

단풍 속의 권수사 서원을 찾는다.

추게 된다.

권수사 본당과 신전, 서원, 오대당 등이 이때에 재건되었다. 본당은 무로마치시대에 제작된 다이고 천황의 등신상이 있으며 1672년에 세워졌다. 내부가 서원조로 꾸며진 신전은 팔작지붕에 기와를 입힌 건물로 1697년에 세워진다. 팔작지붕을 한 서원은 널조각 건물로 1686년에 세워졌으

권수사 관음당으로 2층 규모를 가진다.

수심원 서원에서 본당을 조감하였다.

며 앞뜰의 석등롱이 특징이다. 권수사 정원은 고산수로 이루어진 평지 정
원과 헤이안시대 모습이 남아 있는 빙실지氷室池라는 연못을 중심으로 한
지천회유식 정원이 특징이다. 빙실은 헤이안시대에 연못의 얼음으로 인
해 그 해 풍년과 흉년을 점쳤다는 속설이 전해 내려온다. 빙실지 주변에
는 근대 초기에 건립된 누각풍의 관음당이 있다. 권수사는 생각보다 큰
사원이며 빙실지를 중심으로 한 연못과 평지 정원이 잘 꾸며진 사원에 속
한다.

수심원隨心院(즈이신인)도 권수사와 함께 지하철 동서선 오노역에서 내리
면 걸어서 5분 거리에 있다. 권수사가 오노역에서 서쪽에 있다면 수심원
은 동쪽에 있다. 수심원은 1907년 진언종이 분열하면서 선통사파善通寺派

수심원 서원 안에서 밖의 정원을 바라 보았다.

대본산이 된다. 991년 헤이안시대 중기 진언종 승려인 인해仁海에 의해 창건되었으며 6대 주지에 이르러 천황에 의해 칙원사가 된다. 가마쿠라시대인 1229년 고호리카와後堀河천황에 의해 문적사원이 되었고 이후 수심원문적이라 불렸다. 건물로는 1599년 침전조풍으로 재건된 본당이 있고 이외에 약의문藥醫門과 고리, 서원, 대현관 등이 있다. 본당과 서원 앞의 정원에는 작은 연못과 함께 단풍 등 많은 나무가 심어져 있음을 본다. 수심원 뒤쪽에는 헤이안시대 여류가인歌人인 오노고마치小野小町가 만년을 보냈다는 전설이 있는 고마치小町가 있다. 총문 오른쪽에 있는 오노매원小野梅園은 약 230그루가 넘는 매화가 심어져 있어 봄에는 일대 장관을 이룬다. 수심원은 사람들로 늘 북적한 제호사에 가기에 앞서 한적한 분위기를 느끼기에 충분한 아담한 사원이라 할 수 있다.

제호사

제호사醍醐寺(다이고지)는 권수사와 수심원 아래에 있으며 지하철 동서선 제호역에서 내려 15분 정도 걸으면 도착한다. 제호사는 후시미구 동쪽에 있는 제호산醍醐山 아래 약 200만평 이상의 넓은 대지를 사원 영역으로 하며 또 세계문화유산에 등록되어 있다.

제호사는 진언종 제호사파 총본산으로 헤이안시대 전기인 874년 진언

제호사 금당으로 5칸을 구성한다.

종 승려인 성보聖寶에 의해 개창된다. 성보는 공해의 제자인 진아眞雅에게
출가하며 이후 제호사의 기초를 닦는다. 공해는 헤이안시대 초기 승려로
시호가 홍법대사弘法大師로 일본 진언종의 개조에 해당하는데 진아는 공해
의 10대 제자 중 한 사람에 속한다. 제호사는 907년 다이고醍醐천황 지원
아래 약사당과 오대당이 들어선다.

제호사는 제호산 정상을 중심으로 산 위에 있는 상上제호사와 그 아래
위치한 하下제호사로 구분된다. 상제호사가 수도자의 영험지로 출발한
후에 다이고천황이 자신의 기원사祈願寺로 만들면서 하제호사가 발전하게
된다. 그 후 오닌의 난 때에 제호사는 오중탑을 제외하고 모두 불탔지만
도요토미 히데요시 지원과 그 뒤 도쿠가와막부의 원조로 금당을 세우는
등 본래의 모습을 되찾는다. 우선 하제호사를 보면 하제호는 904년에 창

건되기 시작하여 926년에 석가당이 세워지고 석가당은 곧 금당으로 이름
이 바뀌며 또 오중탑이 완성되었다. 이후 이성원理性院, 금강왕원金剛王院,
보은원報恩院 등 탑두사원이 세워진다. 하제호사의 인왕문 앞 왼쪽에는 삼
보원이 있고 인왕문을 들어서면 금당이 보인다. 금당 앞에는 청룡궁靑瀧宮
본전과 오중탑이 있으며 금당 동쪽에는 부동당과 조사당이 있다. 인왕문
은 서대문이라 칭하며 1605년에 세워진 문에 해당하고 금당은 헤이안시
대 후기에 건립되었으나 소실되었다. 1600년 다른 곳에서 이축되어 온 금
당은 정면 7칸에 측면은 5칸으로 구성되었고 또 팔작지붕 형태를 가지며
국보로 지정되어 있다. 부동당은 그 안에 부동명왕이 있고 조사당은 공해
와 성보 스님을 제사지낸다.

제호사 오중탑五重塔은 높이 38m의 5층 목탑에 해당한다. 이 오중탑은
헤이안시대인 951년에 건립된 목탑으로 현존하는 교토 최고最古의 건축

제호사 오중탑으로 국보에 지정되어 있다.

제호사 오중탑을 단풍 속에 바라 보았다.

물로 알려진다. 교토에 오중탑을 가지고 있는 사찰로는 동사, 법관사, 인화사, 해주산사가 있다. 제호사 오중탑은 국보로 그 안에 있는 벽화도 국보이며 또 공해 초상이 있는데 이는 공해의 초상으로서는 가장 오래되었다. 단풍에 가려진 오중탑 모습은 제호사에서 손꼽는 장면의 하나에 들어간다. 대강당이었던 관음당觀音堂은 1930년에 건립되었고 불교 수호신을 모신 변천당辨天堂은 1930년에 임천林泉이라는 연못 북동쪽에 세워졌다. 임천은 물론 변천당 주변도 단풍이 많이 심어져 있어 가을에는 제호사의 상징과도 같은 역할을 한다. 진여삼매야당眞如三昧耶堂은 비교적 최근인 1997년에 지어진 건물에 해당한다.

상제호사와 하제호사는 험한 산길로 연결되어 있는데 걸어서 1시간 이상 거리에 있다. 상제호사는 청룡궁 배전과 본전, 약사당과 오대당, 개산당 등의 건물이 있다. 상제호사 약사당은 정면 5칸에 측면은 4칸으로 되

제호사에는 연못과 변천당이 함께 한다.

어 있는 팔작지붕 건물로 1121년에 세워졌으며 국보로 지정되어 있다. 그 안에는 역시 국보로 지정된 약사삼존상이 있다. 청룡궁 배전은 공해가 당 나라 청룡사靑龍寺에서 가져온 밀교 수호신을 모신 건물로 1434년에 재건 되었으며 이 역시 국보로 지정되어 있다. 하제호사에서 상제호사로 가려 면 현재 산길 밖에는 없음으로 이 두 곳과 삼보원까지 보려면 하루 종일 이 걸린다. 그럼으로 날씨가 맑은 날을 선택해 상제호사를 찾아 가는 것 이 좋다. 필자도 하제호사에 들렀다가 다른 일정으로 인해 상제호사를 가 지 못했다. 때문에 다음에 일정을 하루 잡아 하제호사에서 걸어가며 상제 호사에 당도할 수 있었다.

　제호사의 꽃은 바로 하제호사 삼보원三寶院(산보인)에 있다. 위치상 하제 호사의 입구에 있지만 볼 것이 많아 마지막으로 소개한다. 삼보원은 현재 총문의 왼쪽에 위치하고 있으나 본래 금당 서쪽에 있었다. 삼보원은 제호

제호사 변천당 앞에는 연못이 아름답게 펼쳐 있다.

사의 본방격本坊格 탑두사원으로 문적사원에 해당한다. 본방은 주지 스님이 거주하는 승방이거나 말사에서 본사를 지칭할 때 쓰는 말이다. 1115년 제호사의 14대 주지인 승각승정勝覺僧正이 관정원灌頂院을 연 후에 삼보원으로 개칭한 것에서 유래한다. 1143년 천황가의 칙원사가 되며 오닌의 난 때에 소실되었으나 도요토미 히데요시와 도쿠가와 가문의 도움으로 사원은 재건된다. 삼보원에는 모모야마시대의 기풍을 느끼는 국보인 당문과 표서원表書院이 있고 이외에 본당인 호마당護摩堂과 신전宸殿, 다실인 침류정枕流亭과 송월정松月亭 등이 있다. 정원 전체를 바라볼 수 있는 표서원은 헤이안시대 침전조 양식을 가지며 모모야마시대를 대표하는 건물로 국보에 지정되어 있다.

삼보원 당문은 밖에서 보면 금색 국화 무늬가 선명한 기품있는 문에 해당한다. 국화는 일본 황실의 상징으로 국화하면 루스 베네딕트의 『국화와 칼』이 생각난다. 이 책은 일본문화론에 관한 고전으로 여기서 국화는 천황을 나타낸다기보다는 일본인의 심미성審美性을 의미하고 칼은 무가권력을 상징한다고 할 수 있다. 서두에서 지적하였듯이 일본은 700년 가까이 무가정권이 유지된 나라로 무武가 숭상된 나라이며 동시에 정원과 다도에서 보듯 탐미성도 동시에 가지고 있는 나라이다. 무가정권이 이렇게 장기간 유지된 것을 세계사에서 볼 수 없듯이 일본하면 무가 곧 칼이 연상된다. 또한 일본은 정원과 건물을 아름답게 꾸미는 것에서 알 수 있듯이 심미주의도 가진 이중성을 띤다. 이러한 탐미주의가 삼보원 정원에서도 보인다. 전국시대 무가정권의 최고 권력자인 도요토미 히데요시가 삼보원 정원을 설계한다. 이것이 바로『국화와 칼』을 이해하는 바로미터이다. 무가권력이 칼을 가지고 있으면서 또한 심미주의를 추구하고 있다는 증명이 여기서 나온다.

제호사 삼보원 정원으로 돌과 다리 등으로 구성된다.

제호사 삼보원 정원에는 토교도 있다.

삼보원은 1598년 도요토미 히데요시가 기본설계한 것을 1624년에 완성한 정원에 해당한다. 당초 삼보원 정원은 표서원에서 바라보는 감상식 정원으로 설계되었지만 후에 다실이 추가되며 회유식 정원으로 바뀐다. 정원의 중심에 있는 연못에는 귀도龜島, 학도鶴島가 배치되고 또 돌다리도 설치된다. 삼보원 정원의 동남 구석에는 3단 폭포가 있어 그곳에서 떨어지는 물소리가 청아하여 정원을 더욱 돋보이게 한다. 삼보원 정원은 아즈치모모야마시대의 화려한 분위기를 전해주는 일본식 정원이라 할 수 있다.

이외에 삼보원에는 다음과 같은 건물이 있다. 도요쿠니대명신

제호사 삼보원을 가을철에 조감하였다.

상제호사 오대당은 깊은 산속에 있다.

豊國大明神은 도요토미 히데요시를 제사지내던 사당으로 삼보원 건물에 속하나 정원의 정비 또 오중탑 수리와 금당 재건 등 제호사 살리기에 전력한 히데요시를 보답하기 위해 세워진 건물이라 할 수 있다. 본당은 호마당護摩堂이라고 하며 또 태정苔庭에는 이끼와 하얀 모래가 깔린 정원을 가진다. 송월정도 신전의 동북쪽에 있으며 다실로 쓰이는데 본당부터 송월정까지는 모두 비공개 지역에 해당한다. 비록 삼보원은 제호사의 탑두사원이지만 제호사의 풍광을 능가하며 하제호사 관람의 핵심구역이라 할 수 있다. 더구나 가을철에 가면 곱게 물든 단풍이 삼보원 정원과 어울려 아름다운 풍광을 만끽할 수 있다. 교토에서 세계문화유산에 등록된 사원은 찾아가 보아도 손해를 끼치지 않는다. 제호사도 그 중에 들어간다. 드넓은 사원부지에서 오는 광대함과 삼보원 정원에서 보는 아기자기함이 어울린 뜻깊은 사원이 바로 제호사다.

14

우지지역에 있는 사원과 신사

 만복사

이제 교토 시내에 있는 대표적인 사원과 신사는 모두 소개하였다. 다음으로 갈 차례는 교토시 외곽에 즉 교토부京都府에 있는 사원과 신사들이다. 먼저 교토시 남쪽 우지시宇治市에 있는 만복사萬福寺(만푸쿠지)로 달려가 본다. 만복사는 JR나라선 황벽역黃檗驛(오우바쿠에키)에서 하차해 걸어서 5분이면 당도하여 교통이 매우 편리하다. 만복사는 일본 황벽종黃檗宗 대본산으로 명나라 승려인 은원융기隱元隆琦가 1661년에 개창하였다. 독자들은 일본 선종역사에 대해 좀 더 자세히 알 필요가 있다. 이를 잠깐 살펴보자.

일본에서 선종불교는 임제종과 조동종, 황벽종이 있는데 임제종은 영서榮西이고 조동종은 도원道元이며 황벽종은 명나라 승려인 은원隱元이 종

만복사 삼문으로 소나무가 옆에서 호위한다.

조에 해당한다. 영서는 12~13세기 사람이고 도원은 13세기, 은원은 16
~17세기 사람이다. 영서는 교토에 건인사를 세우고 도원은 교토에 흥성
사興聖寺를 열었으며 은원은 우지에 만복사를 세운다. 이 3개의 선종은 각
각 교토에 임제종이 237개를 가지며 조동종은 49개이고 황벽종이 14개의
사원을 거느리고 있다. 이 중에서 압도적 다수를 차지하고 있는 임제종
은 다시 14개 파로 구분된다. 각파를 대표하는 7개 대본산은 건인사, 동
복사, 남선사, 대덕사, 묘심사, 천룡사, 상국사로 이들 사원은 광대한 영역
과 탑두사원을 거느리고 있다. 중국 임제종은 당나라 때 승려인 임제의현
臨濟義玄을 종조로 한다. 일본 임제종은 영서가 12세기 송나라에 들어가 황
벽파 선종을 받아들인 후에 귀국하여 1202년 가마쿠라막부의 도움으로
교토에 건인사를 열며 시작되었으나 구세력으로부터 견제를 당한다. 이
때문에 영서는 천태, 진언, 선종 삼교겸수의 입장을 견지한다. 영서는 천
황이나 공경公卿들로부터 지지를 받아 건인사에 이어 동복사, 남선사, 대

만복사 방생지에서 보는 삼문 모습이다.

덕사, 묘심사를 개창한다. 또 무로마치막부에 들어 쇼군들도 임제종에 귀
의하며 천룡사, 상국사를 세우게 된다. 임제종은 금각을 대표하는 북산
문화와 은각을 대표하는 동산문화를 일으켰고 영서가 송나라에서 들여
온 차가 이때 널리 퍼지게 되었다. 16세기에 들어 대덕사에서 일본의 다
성茶聖이라 칭하는 센노 리큐의 다도茶道가 등장하게 된다. 황벽종은 일본
의 근세이전 각 불교종파 중에서 가장 늦게 들어온 선종으로 명나라 출신
인 은원을 개산조로 한다. 만복사는 황벽종 본산으로 중국의 영향을 받아
사원 건물과 불상양식이 모두 중국풍을 하고 있다. 만복사는 일반적인 일
본의 불교사원과는 다른 모습을 한다. 은원은 중국서 쓰던 사명을 그대로
쓰고 또 중국풍 건물을 세우며 주지도 13대까지는 중국인이 맡는 역사를
가진다.

만복사를 개창한 은원은 1592년 명나라 복건성 복주福州에서 태어나 29세 때 불문에 들어가 46세 때 고향인 황벽산 만복사의 주지가 되었다. 은원은 명나라는 물론 일본까지 그 명성이 알려지게 된다. 은원이 일본에 간 것은 그의 나이 63세인 1654년의 일이었다. 당시 일본은 쇄국정책을 취하여 해외와의 교류가 어려웠는데 나가사키長崎만이 개항되어 있는 상태였다. 명나라 사람들이 나가사키에 건너와 거주하며 중국식 사원인 만복사나 흥복사를 세웠다. 은원은 나가사키 흥복사 승려인 일연성륭逸然性融의 초청에 의해 일본에 왔다. 1654년 30명의 제자와 함께 일본에 온 은원은 처음에 나가사키 흥복사에 있었고 이후 오사카 보문사普門寺로 옮긴다. 3년 후에 은원은 명나라로 돌아가려 하였으나 1658년 당시 쇼군인 도쿠가와 이에츠나德川家綱의 요청에 의해 지금 우지에 사원을 새로 짓는다. 이로써 당초 3년만 일본에 머물려는 생각을 버리고 은원은 죽을 때까지

만복사는 많은 회랑으로 연결되어 있다.

일본에 있게 된다. 사원은 은원의 고향 이름을 따서 황벽산 만복사라 이름을 짓고 1661년에 개창되었다.

이제 만복사로 들어가 보자. 만복사는 서쪽을 정면으로 하여 좌우대칭이 되도록 배치되어 있다. 또 건물들 사이에는 회랑이 연결되어 있어 비를 맞지 않고 옮겨 다닐 수 있다. 이런 건물 배치는 일반적인 일본 사원건축과는 다른 명나라 시대 말기 건축양식을 보여준다. 만복사 총문에 들어서면 오른쪽에 방생지放生池가 있음을 본다. 방생지 넘어에 삼문이 있으며 삼문에서 천왕전과 대웅보전, 법당, 함덕전咸德殿이 일직선상에 있음을 본다. 총문은 1661년에 건립되었고 1678년에 세워진 삼문은 2층 누문으로 편액은 은원의 필체로 알려지고 있다. 1668년에 세워진 천왕전과 대웅보전은 팔작지붕 건물에 해당하는데 대웅보전 앞에 천왕전이 위치한 형식은 중국식 가람배치에 해당한다. 만복사 본당인 대웅보전은 만복사에

만복사 대웅보전으로 만복사는 중국식 구조를 보인다.

만복사 대웅보전은 처마 끝이 올라간 중국식 형태를 보인다.

서 가장 큰 건물로 2층으로 보이지만 실제는 1층이며 안에 석가여래좌상을 모셨다. 1662년에 세워진 법당은 팔작지붕의 단층 건물로 천왕전의 오른쪽 종루까지 낭하로 연결되어 있다. 종루 남쪽에는 문화전文華殿이 있으며 천왕전 왼쪽의 개산당까지 복도로 연결된다. 개산당 뒤에는 일종의 묘탑인 수탑壽塔과 사리전이 있고 또 개산당 밑에는 송은당松隱堂이 자리 잡고 있다. 대웅보전 오른쪽은 재당齋堂에 낭하로 이어지고 왼쪽은 선당禪堂까지 낭하로 연결되어 있다. 선당 바로 아래에는 조사당과 고루鼓樓가 있다. 조사당은 가람당伽藍堂과 대칭인 곳에 위치하며 달마상과 역대 주지의 위패가 모셔져 있다. 법당 오른쪽에는 동방장東方丈과 쌍학정雙鶴亭이 있고 왼쪽에는 서방장西方丈과 혜광당蕙光堂이 낭하로 연결된다. 총문을 나가면 왼쪽에는 만수원萬壽院과 만송원萬松院, 보장원寶藏院 등의 탑두사원이 있음을 본다.

통현문에서 보는 만복사 개산당 광경이다.

만복사를 찾으면 우선 규모의 방대함에 놀란다. 비록 일본양식이 아닌 중국식 선종 사찰양식이지만 건물이 모두 크고 웅장한 맛이 나는 것이 이 사원이 주는 매력이다. 중국식 선종 사찰이어서 그런지 찾는 이가 별로 없고 특히 외국인라면 우지에 이런 큰 사원조차 있는지도 모른다. 우지에 오면 대부분 우지평등원이나 우지상신사와 같은 유명한 곳만 들르기 때문이다. 필자가 이 만복사에 처음 찾았을 때 그 규모의 광대함에 깜짝 놀라고 또 찾는 이가 거의 없는 것에도 놀랐다. 이는 만복사가 우람한 사원임에도 불구하고 일본식 사원이 아닌 중국식 사원이라는 점이 작용했으리라 생각된다.

 귤사 방생원과 우지신사 우지상신사

귤사橘寺(하시데라)는 JR나라선 우지역宇治驛에서 내려서 도보로 10분 정도

우지에서 보는 무라사키 시키부 상이다.

면 도착할 수 있다. 쿌사는 JR우지역에서 오른쪽으로 가다보면 우지천宇治川과 우지교宇治橋가 나오고 이어 우지신사로 가는 작은 길에 접어들면 된다. 우지교를 건너기 전에 눈길을 끄는 것은 무라사키 시키부紫式部의 석상으로, 무라사키 시키부는 『겐지모노가타리』를 쓴 헤이안시대 중기의 여류작가에 해당한다. 이 소설은 당시 궁정사회에 나타난 인과응보와 인생관을 탐구한 장편소설로 일본 중세문학을 대표하는 작품이다.

입구에 나있는 돌계단을 통해 올라가면 쿌사 경내가 나온다. 쿌사는 방생원放生院(호죠인) 또는 상광사常光寺라고도 하는데 진언율종에 속하며 우지교를 수호하는 사원으로 알려진다. 쿌사라는 명칭은 우지천에 세워진 우지교를 이 사원이 관리하고 있기 때문이다. 쿌사는 성덕태자가 발원해서 도래인인 진하승秦河勝(하타노 카와카츠)이 604년에 창건하였다는 설과 승

쿌사 방생원 정문 모습이다.

려인 도등道登이 646년에 우지교를 설치하며 아울러 이 사원도 세웠다는 설이 있다. 1286년 나라에 있던 서대사西大寺 승려인 예존叡尊이 우지교를 수리할 적에 우지천에 물고기를 방생하였다

하여 방생원이라는 명칭이 새로 붙는다. 예존은 1286년 우지교를 수리할 때 부도浮島(우키시마)라는 섬에 13중석탑도 세우는데 이 탑은 현재 일본에서 가장 큰 석탑에 해당한다. 이후 우지교 보존이나 관리는 귤사에서 도맡아 한다. 귤

우지공원 안에는 우지13중석탑이 있다.

사는 전에 사원 규모가 컸다고 하지만 지금은 본당을 중심으로 한 작은 사원에 불과하며 본당 앞 비각에 우지교 단비宇治橋 斷碑만이 볼 수 있을 뿐이다. 우지교 단비에 의하면 우지교는 원흥사元興寺 승려인 도등道登에 의해 646년에 세워졌다고 한다. 다리는 1479년 병화兵火에 의해 파손되었으나 무

우지13중석탑으로 다닥다닥 붙은 모습을 보인다.

로마치 막부의 도움으로 재건되었고 1631년 다시 화재를 만나 소실되었다. 귤사는 우지신사와 우지상신사에 가기에 앞서 잠시 들려 볼 수 있는 작은 사원에 해당한다.

우지신사宇治神社(우지진쟈)는 귤사에서 우지천을 따라 올라가면 조무교朝霧橋가 나타나는데 그 바로 앞에 주홍색 도리이와 함께 나타나는 신사이다. 우지신사는 오진應神천황 아들을 제신으로 삼고 있는데 이 신사에서 150m 더 올라가면 우지상신사宇治上神社가 나오며 이 둘을 합하여 우지이

궁 명신宇治離宮明神이라 불린다. 우지신사와 우지상신사는 모두 창건연대가 확실하지 않으며 우지신사와 우지상신사는 이사일체二社一体로 구분되고 있다. 메이지유신 이후에 이 두 신사는 우지신사와 우지상신사로 분리되어 오늘에 이른다. 우지신사 본전은 가마쿠라시대 후기에 지어진 것이고 배전은 동원전桐原殿이라 하며 팔작지붕 건물에 해당한다. 우지신사는 우지천 쪽에 있는 주홍색 도리이가 주변에 있는 단풍과 어울려 멋진 장면을 만들어 낸다. 우지신사에서 우지천 주변을 계속 올라가는 길은 단풍의 명소로 이름나 있고 우지천 건너편에는 앞서 언급한 13중석탑이 공원 안에 자리 잡고 있는 모습을 볼 수 있다.

우지상신사宇治上神社(우지가미진쟈)는 앞서 본 우지신사와 달리 유네스코 세계문화유산에 등재되어 있는 신사에 해당한다. 우지상신사는 오진應神

우지상신사 배전으로 참배객을 위한 향배가 있다.

천황과 닌토쿠仁德천황을 제신으로 삼고 있다. 본래 우지상신사는 상사上社 또는 본궁本宮이라 하였고 우지신사는 하사下社 또는 약궁若宮이라 불리었으나 메이지시대에 와서 우지신사는 우지상신사와 분리된다. 우지상신사 배전은 헤이안시대 귀족 주택풍 양식을 보이며 본전은 헤이안시대 후기 건물로 고풍스런 분위기를 자아낸다. 2004년에 우지시 조사결과 본전은 일본에서 가장 오래된 신사 건축물로 1060년에 조성된 것임이 밝혀졌다. 본전 좌우에는 돌로 만든 고마이누 한 쌍이 자리하고 있어 본전의 위엄을 더

우지신사의 정문에 도리이가 설치되어 있다.

세계문화유산임을 알리는 우지상신사의 도리이 모습이다.

해준다. 본전 앞의 배전은 가마쿠라시대 전기에 세워진 것으로 본전과 함께 국보로 지정된 맞배지붕 건물에 해당한다. 우지신사와 우지상신사는 굴사에서 출발하여 우지천 일대를 단풍과 함께 감상한다는 측면이 있는 곳이라 할 수 있다.

🪭 우지평등원

우지평등원宇治平等院(우지뵤도인)은 JR나라선 우지역에서 내려 동쪽으로 걸어서 10분 거리에 있다. 우지는 본래 『겐지모노가타리』무대이기도 하고 헤이안시대 초기부터 귀족들의 별장이 있었던 곳으로 유명하다. 우지 평등원은 9세기말 천황가의 별장으로 운영되다가 998년 당시 섭정인 후지와라노 미치나가藤原道長가 자신의 별장으로 개조하여 이름을 우지전宇治殿으로 바꾼 데서 유래한다. 후지와라노 미치나가는 헤이안시대 귀족으로 천황의 외조부에 해당한다. 섭정은 천황이 어리거나 병약할 경우 그 임무를 대신하는 직책으로 천황의 형제나 어머니 또는 어머니 쪽의 조부

우지천 변은 단풍길로 유명하다.

나 숙부 등 외척이 맡았다.

미치나가 아들은 1052년에 우지전을 천태종 평등원으로 개조하며 아미타당과 법화당, 다보탑 등을 세운다. 하지만 오닌의 난 때에 아미타당을 제외하고 모두 불에 타버리고 만다. 아미타당을 봉황당鳳凰堂으로 부르기 시작한 것도 에도시대 이후 일로 지붕에 있는 봉황으로 인하여 그런 이름을 얻게 되었다. 우지평등원은 17세기 이후에 천태종과 정토종을 겸하였고 지금은 어느 특정 종파에 속하지 않은 독립사원으로 발전하였다. 현재 우지평등원은 천태종 계열 최승원과 정토종 정토원이라는 2개의 탑두사원이 공동관리 하고 있다. 우지평등원은 그 역사성을 인정받아 현재 유네스코 세계문화유산에 지정되어 있다.

우지평등원에 들어가면 우선 표문이 있고 표문 왼쪽에 관음당이 있음을 본다. 관음당은 헤이안시대 후기에 만들어진 십일면관음입상이 있었던 가마쿠라 초기의 건물에 해당한다. 현재 십일면관음입상은 우지평등원 안에 설치된 봉상관鳳翔館이라는 박물관에 이전되어 있다. 관람객은 이어 거대한 아자阿字 연못이 봉황당鳳凰堂을 중심으로 둘러 싸여 있는 모습을 볼 수 있다. 우지평등원 중심은 바로 봉황당으로 안에는 국보인 아미타여래상이 있으며 1053년에 세워진 건물에 해당한다. 봉황당은 중당中堂과 북익랑北翼廊, 남익랑南翼廊, 미랑尾廊과 같은 4동의 부속 건물을 가지고 있다. 중당인 봉황당은 정면이 14.2m이고 측면은 11.8m로 지붕에는 한 쌍의 봉황이 세워져 있다. 중당 벽면에는 운중공양보살雲中供養菩薩이라고 하는 52개의 작은 불상이 마치 구름에 걸린 모습을 하고 있으며 아미타여래상도 모셔져 있다.

봉황당 뒤편에는 최승원最勝院과 그 부속 건물인 부동당이 있고 최승원 옆에는 정토원淨土院이 있는데 대서원을 부속 건물로 하고 있다. 부동당은 1073년에 세워지고 최승원은 17세기 중반에 건립되며 정토원은 15세기 후반에 창건되었다. 봉황당 뒤쪽 왼편에는 봉상관이라는 박물관이 있으며 그 앞에는 종루가 있음을 본다. 봉상관은 2001년에 개관하여 각종 유물을 전시하고 있다. 봉상관 앞에 있는 종루는 가마쿠라 초기에 지어진 건물로 원래 범종이 걸려 있었으나 그 범종은 현재 봉상관 안에 전시되고 있다. 범종은 11세기에 제작된 것으로 추정되며 국보로 지정되어 있다. 봉황당은 중도中島에 위치하여 있고 그 둘레에 아자阿字 연못이 둘러싸고 있다. 우지평등원에서 가장 멋진 경험은 아자 연못 주변에 있는 길을 걸으며 봉황당을 바라보는 일이다.

우지평등원 봉황당은 아자 연못을 중심으로 한 정토식淨土式 정원으로 극락정토를 정원 안에 표현한 기법을 가진다. 정토는 불교에서 부처나 깨달음을 얻고자하는 수행자들이 사는 곳으로 욕망과 고통이 없는 사후 세계도 극락의 일종이라 말해 진다. 일본 정토교에서 해가 뜨는 동쪽은 약사여래 곧 정유리淨瑠璃의 세계이며 또 해가 지는 서쪽은 아미타여래가 있는 극락정토의 세계라고 한다. 해가 지면 다시 다음날 해가 동쪽에 나타나는 것처럼 서쪽은 재생再生과 미래 세계의 입구를 상징한다. 때문에 그곳에서 극락왕생을 염원한다.

정토식 정원은 헤이안시대 이후에 발달하며 이후 불교적 세계관을 표현한 지천회유식 정원이 대세를 이룬다. 헤이안시대 귀족 주택 양식은 침전조라 해서 주택에 해당하는 주전主殿과 그에 부속시설을 연결하는 중문中門과 조전釣殿이 있음을 본다. 침전 남쪽에는 향연이나 중요한 행사를 위하여 연못이 있는 넓은 정원을 꾸민다. 연못에는 봉래 신선도蓬萊神仙島를 의미하는 중도中島를 만들고 물은 동북쪽에서 끌어오도록 설계한다. 이는 당시 유행한 음양오행설 영향으로 동쪽에서 하천을 끌어오고 서쪽에 길

우지평등원의 아자 연못 광경이다.

을 내며 남쪽은 연못을 파고 북쪽에는 산이 있는 환경을 고려한다는 측면
이 있다.

말법사상의 도래와 더불어 발생한 정토식 정원은 침전조 정원의 평면
적 구성에 정토세계를 적용하는 형태로 발전하였다. 아미타당을 연못 서
쪽에 설치하며 동쪽을 바라보고 또 연못을 동쪽부터 순례하는 것이 정토
식 정원의 주류를 이룬다. 침전 위치에 아미타당을 세워 그 맞은편에 약
사당을 두고 그 주변에 조전과 종루를 배치하며 그 사이는 회랑을 두른
것이다. 연못은 신선들이 산다는 신선도神仙島나 극락정토의 황금지黃金池
를 연상하도록 설계한다. 연못 안의 섬인 중도는 봉래도蓬萊島와 함께 극
락정토에서 향연이 베풀던 장소라 한다. 중도로 가는 다리는 현실세계로

단풍 속의 우지평등원 봉황당을 바라 보았다.

부터 극락정토로 가는 길에 해당한다. 우지평등원 봉황당은 극락정토 세계를 재현하려고 아자 연못을 금당이나 불당 등 사원 건물 앞에 크고 넓게 배치하였다. 이런 정토식 정원은 침전조 정원, 서원조 정원과 함께 자연 풍경식 정원을 대변한다. 우지평등원 이외에 교토 남쪽 기즈가와시木津川市에 있는 정유리사浄瑠璃寺도 정토식 정원으로 유명하다.

15

교토시 외곽 지역의 사원

나가오카 광명사

이제 교토시 서남쪽에 있는 나가오카쿄시의 사원과 교토시 남쪽 멀리
에 떨어져 있는 기즈가와시로 떠난다. 나가오카 광명사로 가려면 한큐阪
急전철 교토본선 나가오카텐진역長岡天神驛에 내려 한큐버스를 타고 10분
정도 가면 된다. 일정이 좀 고되지
만 그래도 찾아가 본다.

　나가오카 광명사長岡光明寺(나가오
카 코묘지)는 서산 정토종西山浄土宗 총
본산으로 법연法然이 염불을 설파
한 곳으로 유명하다. 법연 제자인

나가오카 광명사 석가당의 방장 현판으로 힘찬
느낌을 받는다.

나가오카 광명사에는 아미타당이 있다.

연생蓮生이 1198년 법연과 인연이 깊은 이곳에 염불삼매당을 건립하며 광명사는 시작되었다. 1876년에 광명사는 정토종 서산파西山派의 서본산西本山 사원으로 전환된다. 나가오카 광명사도 오닌의 난 때에 대부분 소실되

나가오카 광명사의 석가당 정원과 건너편에 서원군이 보인다.

나가오카 광명사 칙사문 앞은 단풍의 명소로 통한다.

고 지금은 에도후기에 세워진 건물들이 남아 있다. 나가오카 광명사 총문인 고려문에 들어가면 1754년에 재건된 어영당이 있고 그 옆에는 18세기 중후반에 세워진 아미타당이 있음을 본다. 어영당 왼쪽에는 낭하를 통하여 방장인 석가당과 연결되고 어영당 뒤에는 정토종의 개조인 법연 묘당이 있음을 본다. 석가당에서는 왼쪽 낭하로 소서원과 대서원으로 연결되고 이어 현관과 고리, 강당 등의 건물이 차례로 나온다. 석가당 앞에는 신락정信樂庭이라는 고산수 정원이 있으며 그 앞에는 칙사문이 있다. 칙사문 앞에는 약의문藥醫門이 있고 이 문 앞에 광명사 관람의 핵심인 아름다운 단풍 길이 총문까지 조성되어 있음을 본다. 나가오카 광명사는 생각보다 큰 사원으로 건물도 많고 무엇보다도 단풍의 명소로 알려진 곳이다. 교통이 좀 불편하지만 이를 참고 찾아간다면 그만큼 보람을 찾는 사원에 해당한다.

해주산사 산문과 그 옆의 종각을 이룬다.

해주산사海住山寺(가이쥬센지)는 산속 깊은 곳에 있어 JR가모역加茂驛에서 내려 택시를 타고 가야한다. 해주산사는 기즈가와시木津川市 해주산海住山 산 중턱에 자리 잡고 있는 진언종 지산파智山派 사원에 해당한다. 사원의 정식명칭은 보타락산補陀洛山 해주산사이며 11면 관음을 본존으로 한다. 쇼무聖武천황 칙원에 의해 735년에 등미산藤尾山 관음사라는 이름으로 개창되었다. 기록에 해주산사가 보이는 것은 가마쿠라시대이지만 현존하는 11면

깊은 산속에 해주산사 본당이 있다.

해주산사에는 문수당이라는 건물도 있다.

관음상이 10세기 작품으로 보여 지고 있어 그 이전 시기에 해주산사가 있었을 가능성도 있다. 관음사는 11면관음상을 본존불로 해 관음사라 하였으나 1137년 관음사는 불에 타 폐사된다. 1208년 가마쿠라시대 전기의 법상종 승려인 정경貞慶이 해주산사라는 이름으로 다시 세워지고 50개가 넘는 부속사원을 거느리며 대사원으로 거듭난다. 하지만 도요토미시대에 와서 사원은 다시 축소되고 당시 모습이 오늘날 비로소 전해진다. 해주산사는 법상종 본산인 나라 홍복사 지배하에 있었고 메이지시대 이후에야 진언종 지산파로 전환하게 된다. 해주산사 이름은 바다와 같이 관음 서원에 안주한다는 의미를 가지고 있다. 또 인도에서는 관음 거주지가 남방 바다 속의 보타락산에 있어 이 사원이 바다에 있는 산이라는 의미에서 보타락산이라는 이름을 가지게 되었다.

이 때문에 해주산사는 산중턱에 있으면서도 사원 방향을 동쪽으로 틀고 있다. 해주산사 산문에 들어서면 정면에 본당이 마주한다. 이어 오른쪽에 문수당文殊堂이 있고 왼쪽에 오중탑이 있음을 본다. 본당은 1884년에 세워졌으며 문수당은 가마쿠라시대인 1225년에 지어졌고 이외에 약사당 건물도 있다. 오중탑은 1214년에 건립된 목탑으로 높이가 17.7m를 이루며 국보로 지정되어 있다. 해주산사는 비록 크지 않은 산사에 불과하지만 단풍과 함께 아늑한 분위기를 더해 주는 사원이다. 특히 해주산사를 찾아오는 목적은 바로 오중탑을 보는 데에 있다. 단풍 속에 감추어진 아름다운 오층 목탑을 바라보면 이 깊은 산중에 잘 왔다는 느낌을 가지게 한다.

해주산사 오중탑이 이 사원 관람의 핵심이다.

정유리사와 암선사

  JR가모역에서 마을버스 도오노선當尾線을 타면 정유리사와 암선사가 같은 코스에 있음을 알게 한다. 정유리사淨瑠璃寺(죠루리지)도 기즈가와시에 있는 진언율종 사원으로 소전원산小田原山이라는 산에 있다. 정유리사는 아자阿字 연못을 중심으로 건물이 배치되어 있고 아미타여래와 약사여래를 본존으로 하는 사원에 해당한다. 의명상인義明上人이 창건하였으며 사원명은 약사여래 주거지인 동방정유리세계東方淨瑠璃世界에서 유래한다. 정유리사는 1107년에 아미타당이 세워지고 1150년에 연못과 정원이 만들어 지며 1178년에 삼중탑이 세워진다. 중세와 근세에 들어 정유리사는 나라 홍복사 일승원一乘院의 말사였지만 메이지 초기 폐불훼석 시기에 진언율종으로 전환하여 나라 서대사西大寺의 말사가 되었다.

  정유리사 경내에는 정토식 정원이 있는데 커다란 연못은 홍복사의 승려인 혜신惠信이 조성한 것으로 중앙에는 섬이 있다. 연못 동쪽에는 약사

정유리사 아자 못과 본당을 멀리에서 바라 보았다.

정유리사에는 아자 못과 삼중탑이 있다.

여래를 안치한 삼중탑이 있고 서쪽에는 본당이 있으며 아미타여래를 본
존으로 한다. 본당과 삼중탑 모두 국보로 지정되어 있다. 삼중탑은 높이
가 16m로 안에는 약사여래상과 16나한상을 그린 벽화가 있으며 1178년
에 건립된 목탑에 해당한다. 또한 정유리사에서 암선사로 가는 도중에 와
라이 마애불을 볼 수 있다. 와라이 아미타삼존 마애불은 중앙에 관세음

와라이 마애불로 삼존불 형식이다.

보살좌상과 좌우에 아미타여
래좌상, 세지보살좌상 등 삼존
상을 세긴 부조다. 제작연대에
대해서는 1299년이라는 명문
이 있어 그 시기에 조성된 것
으로 보인다. 정유리사는 연못
에서 바라보는 삼중탑과 본당

정유리사 본당은 단풍 저 멀리에 있다.

정유리사 본당으로 앞에 행배가 보인다.

그리고 단풍과 잘 어울려 풍경이 아름다운 사원에 속한다. 이 때문에 깊은 산속에 위치한 산사임에도 불구하고 가을철에는 많은 사람들이 찾아온다.

　암선사巖船寺(간센지) 역시 기즈가와시에 있는 진언율종 산사로 헤이안시대를 대표하는 사원에 해당한다. 정유리사와 마찬가지로 아자阿字 연못이 사원의 중심이며 아미타여래를 본존불로 한다. 암선사가 위치한 지역은 행정적으로는 교토부에 속하지만 지리적으로는 나라에 가깝고 또 인근에 정유리사가 있으며 창건자는 행기行基로 알려진다. 행기는 나라시대 승려로 동대사 대불을 조성한 실질적인 책임자로 알려지고 있으며 동대사에서는 사성四聖의 한 사람으로 추앙되고 있다.

　암선사는 가마쿠라시대 사원의 세속화에 염증을 느낀 승려들이 도심지

암선사 본당으로 비 차단 시설인 향배가 있다.

암선사에는 아자 못과 삼중탑이 있다.

를 떠나 수행처로 삼은 곳으로도 유명하다. 에도시대에는 정유리사와 마
찬가지로 나라 흥복사의 말사가 되었다. 본당은 1988년에 재건된 건물로
그 안에는 헤이안시대 조성된 아미타여래좌상이 있다. 1442년에 건립된
삼중탑은 3층 목탑에 해당하며 이외에 높이 6.3m짜리 13중석탑도 연못
주변에 있다. 암선사는 연못이 중앙에 있는 등 정유리사와 비슷한 구조를
보이지만 13중석탑이 있는 측면에서는 다소 다른 모습을 보인다. 규모도
정유리사보다 좀 작아 보이지만 삼중탑 주변에 물든 단풍은 아름다운 장
면을 연출한다. 기왕에 정유리사에 갔다면 암선사도 둘러보는 것이 여행
의 만족도 면에서 더욱 배가할 수 있다.